U0770825

XIAO SHUO KE YI
ZHE YANG DU

小说可以这样读

——初中语文小说文本写作思维化解读

王　清　著

山东文艺出版社

非构思解写：
语文工具性与人文性的真正统一

马正平

很多年前，我便十分关注江苏省特级教师王清老师的"非构思"写作教学研究。近日，他将课题研究的部分成果结集后发给我，征求我的意见，并请我作序，我欣然允诺。这是因为他所研究的课题是全国关于"非构思"语文教学研究的第四个省级课题，值得鼓励。其次，他的研究并未停留在记叙文写作教学领域，而是自然地扩展到小说阅读教学领域，这是文体类型和语文教学类型的双重突破的深入研究，而这正是我的"非构思"语文教学的应有之义。第三，王清老师的学术基础良好。他在文学理论、写作学理论、语言学理论、语文课程与教学论以及文本解读学等方面用力甚勤且深。他的研究成果丰硕，令人十分高兴。第四，也是最为重要的，他既不是我的硕士生也不是我的博士生，而是一个"非构思"写作学的自学者、研究者和实验、检验的成功者。他是反复研读我的写作学专著《写的智慧》、"高等写作学教材书系"和我指导的相关硕士论文之后，才喜欢上"非构思"理论，最后走上研究、实践道路的。他的成功再一次验证了"非构思"写作学和"非构思"语文课程与教学论的客观性、有效性、普适性。他的研究与实践对于深化语文新课改具有非常重要的典范意义。

"非构思"理论认为，"非构思"写作是一种生长性写作，它所依赖的写作思维是一种非形式逻辑思维。"非构思"写作教学便是一种以此思维为语文知识，建构学生写作核心素养的全新的教学范式。这种写作核心素养主要包括重复与对比的赋形思维能力、综合与分析的路径思维能力以及直观与折射的审美思维能力。由于阅读从本质上讲就是一种文章解写，它与写作是互通的。阅读的过程便是运用上述写作核心素养分析文章的情感、思想、精神的过程。因此，"非构思"阅读教学主张引导学生通过文章表层结构背后的重复与对比的赋形思维，以及路径思维，对上下文进行连续性分析，来理解文章的情感思想内容，然后，运用直观与折射的审美思维感悟文章之美，从而完成阅读教学立德树人的教育目标。

在"非构思"语文教学中，"非构思"文本解读具有十分重要的意义。它既不是西方后现代的"读者中心论"，也不是伽达默尔"哲学阐释学"的多元主义、虚无主义的后现代阅读观、文本解读观，而是一种比意大利著名阐释学家贝蒂的"逻辑阐释学"更为深化、更为科学深入的"本义阐释学"或"作者阐释学"。与贝蒂的"逻辑阐释学"的含义不明的"逻辑"概念相比，"非构思"文本解读学的"逻辑"概念十分清晰，而且原理明朗。"非构思"文本解读学是一种"实践逻辑学""创造思维逻辑学"，一种广义的"艺术逻辑学"。

读完王清老师的书稿，我很高兴地看到，作者已经基本把握了"非构思"写作和阅读的基本理念，尤其是正确理解了重复与对比的写作赋形思维原理。这保证了该书对初中小说文本的"非构思"解读，保证了"非构思"阅读学、文本解读学、本义阐释学的基本精神的实现。我还高兴地看到，作者把"非构思"写作学中的"写作胚胎"理论，即"文章开笔"概念引入文本解读实践，并形成了自己的阅读分析解读模型。

首先，在解读的引言部分，先对以往各种预设性、理性化阅读和多维性文本解读中出现的种种问题、矛盾进行剖析，从而引出作者运用"非构思"阅读理念对小说本义进行文本解读。接着，他通过重复与对比的赋形思维或因果性路径思维操作模型对文章写作胚胎的深刻内涵进行解读，从而引出文章基调，并以此为主体部分的渲染与反衬思维的对象。然后，对文章主体部分进行多重渲染与对比的"非构思"解读。

在这里，他所谓的多重"非构思"分析策略具有两个或三个分析层次：

首先，是宏观层次的赋形思维和操作模型分析，即对重复与对比的赋形思维对象进行总体性、分类性、跳跃性、论证式分析。例如，在《故乡》的"非构思"解读中，首先从宏观层面分成三类进行对比，即少年闰土与中年闰土的对比、"豆腐西施"与杨二嫂的对比、成人之间与儿童之间的对比；在中观层面则是对上述三组对比的赋形思维关系从显性和隐性两个方面进行分析；第三个层次即微观层次，是对各种各样的描写对象，例如外貌的对比，行动、神态、语言、景物的对比的赋形思维关系进行分析。

大家可以看到，每经过一个层次的对比分析，文章作品所塑造的人物形象就感受、体验得更强烈、浓郁一些。当三个层面的对比性分析完成之后，人物形象就感受、体验得十分鲜明了，文学作品所塑造的人物就十分典型了。小说的典型形象就是通过这样的重复、对比或渲染、反衬的赋形思维、形象思维、艺术思维、审美思维创造出来的。这样，小说作者的艺术表达的本义，就被非形式逻辑化地无懈可击地解读了出来。

例如：在《驿路梨花》的"非构思"解读中，首先从宏观层面进行多重赋形思维分析，即从意象（物象）渲染和情节渲染两个方面进行赋形思维关系分析；在中观层面上，又分成两个方面进行分析，即首先把意象渲染分成梨花和小屋两个方面的渲染，进行重复性赋形思维关系的分析，然后把情节渲染分成误会瑶族老人和误会哈尼姑娘两个方面，进行重复性赋形思维的人物关系的分析。作者对阿来小说《溜索》、对《智取生辰纲》的赋形思维分析也是如此。在这里，每一个层次上的分类性赋形思维分析又是一种宏观上的重复性、渲染性赋形思维、形象思维分析。

我们发现，王清老师在引进我的"非构思"写作和阅读的基本理念的同时，还吸收了国内外一些文学理论和文本分析的理论充实自己的理论素养。例如，他吸收了巴赫金的"复调"文学理论进行小说文本的"非构思"解读（《故乡》中的"沉郁哀婉的复调式叙事"）。同时更多地吸收了中国当代语文解读领域中贡献与影响最大的著名文艺理论与写作学家、著名语文教育家孙绍振先生的"还原"分析、"错位"分析等先进的分析解读理念。这些都是很科学的文学理论和文本分析理论，因为从本质上讲，它们仍然是重复与对比的赋形思维、形象思维、艺术思维的基本原理的表现形态与现象。

此外，王清老师还吸收了韩礼德的"语篇学"分析理论。事实上，韩礼德的"语篇"概念，在"非构思"写作学中，是一种"渐进"与"平列"的言语表层的表达结构，它的深层结构是重复与对比的赋形思维。"非构思"解读，其实，就是从"渐进"与"平列"的语言表层结构的"语篇"中去揭示背后、深处的情感、思想、感受、感觉的重复与对比的赋形思维。

从这里看出，王清老师在本书中，建构了一种"非构思"解读的工作思维模型、分析技术，即从宏观、中观、微观的不同层次上对作品中的写作对象（人物、情感、性格、外貌、心理、景物、器物、环境等）的重复与对比或渲染与反衬的赋形思维关系进行分析，从而把作者所希望塑造的典型形象的性格、精神、情感充分地解读出来。而这种文本解读的思维模型，仍然是重复与对比的赋形思维，是一种非形式逻辑的实践思维模式。王清老师的"非构思"解读模型不仅能帮助人们感受、理解文本中所隐含的主题思想和情感、态度、价值观，而且他在赋形思维、路径思维的反复分析中，所运用的写作赋形思维的操作技术原理，对于中小学语文解读教学工作来说，是非常重要、非常有效的策略与方法。

应该看到，王清老师用重复与对比的赋形思维操作模型这个"过程与方法"，既分析出了文本所隐含的作家想竭力表达的作品人物与作家的情感、态度、价值观，还能培养学生和老师的语文核心素养，尤其是语文思维素养。这里我们发现，运用"非构思"解写便可真正实现国家语文新课改所念兹在兹的"工具性与人文性统一"的终极目标，这才是语文新课改目标真正的实现状态，因此，我认为，这是值得大力推广的，是可喜可贺的。

不过，如果要追求读写一体化的当代或未来的语文教学课型新形态，这就需要建构新的"非构思"解写工作模型。这样的语文阅读课、分析解读课希望语文阅读教学，一方面通过文本分析感受、理解作家塑造的典型形象、典型性格和作品背后作家的情感、态度、价值观；另一方面，像写作课的范文分析那样，进行阅读课的文本"非构思"分析，即作"文本解写"。"非构思"文本解写，要求对写作思维过程，即写作赋形思维控制下的因果、构成、过程、程度、相似等写作路径进行分析。

第二，对全文整体的篇章结构章法进行连续性的重复与对比的写作赋形思维分析，并对从文本中分析出来的情感、思想、精神主体以及背后作者的情感、态度、价值观进行分析之后，还要运用直观与折射审美思维对这些分析成果进行审美生产、审美创生，从而折射生产出这些情感、思想、精神、性格背后的人物和作家的无限心灵时空、思维时空、生命时空，这就是文学之美。这种作品上下文之间的连续性赋形思维与路径思维的双重分析，实际上就是对作家的创作思维、艺术思维、美学思维的还原与重现，让我们清晰地看到作家在进行文学创作过程中，究竟是怎样进行写作思维运动的。

第三，还要对文本中具有较高艺术表达效果的句子主干和枝叶的展开性修辞行文中的重复与对比的赋形思维规律进行细读分析，从而揭示语感生成、艺术技巧生成的赋形思维、修辞手法原理，提炼出修辞思维模型、公式。让学生进行"思维描红"式的描写模仿，通过"每课一练"的"随读微写"，反复模仿，熟能生巧，提高学生的言语艺术表达能力。这是语文教学、写作教学的难题，因为宏观结构章法的赋形思维操作容易学会，而微观语句艺术表达的思维操作较难掌握。

由此看出，"读写一体"化的文本解写，不仅能够生成作品所表达的情感、思想、精神主题，生成作品人物或作家的情感、态度、价值观，而且能让老师和学生清晰地看到作家的写作思维规律，从而直接掌握写作赋形思维和路径思维。这样就完成了语文新课标"过程与方法"的课程目标。不仅如此，由于这种"非构思"文本分析完成之后，还对文章内容和形式进行了审美活动，这样就在更高的思维、美学层面上实现了"工具性与人文性的统一"。

应该说，这种文本解写是"非构思"阅读教学的另一种工作模型。大家可以根据自己的情况和价值取向自由选择。相较而言，后一种文本解写的"非构思"解读模式有一定难度，因为其必须建立在当代最新的时空美学原理和审美素养与能力建构的基础上。而对于真正的语文美学教学，过去我们没有太多关注，但这却是语文课程与教学必须进入的最高境界。因为教育部关于"语文核心素养"的内涵界定就是"言""思""文""美"，所以，没有真正审美活动环节的语文教育还处于初级语文教育的境界。在语文审美活动教学问题上，需要更多人像王清老师一样继续努力。

　　"非构思"解读是一种科学的、民族的、有效的、全新的语文教学理念，真正实现了语文"工具性与人文性的统一"。相信本书出版后，肯定会引起广大语文教师的共鸣，继而试验与推广，因此，这篇序文不局限于介绍推荐本书，还对"非构思"语文教学的基本理念和"非构思"文本解读的整体内涵和环节进行了展开介绍，这或许对广大读者有所帮助。

　　是为序。

四川师范大学教授、博导 马正平

2022 年 1 月 7 日

绪论　写作思维化文本解读探索

人们普遍认为，没有科学有效的、审美化的（指文学作品）文本解读，语文知识的传授与语文核心素养的形成将无以实现；对于一线教师而言，失去上述解读的支撑，甚至连教学内容的确定与教学方法的选择都有问题，更遑论语文教育质量的提升了。由此足见文本解读的现实意义与实用价值。

然而，认识上理解是一回事，如何实践操作则是另外一回事。

其实，关于文本解读，我国是有着悠久的历史的，完全可以从中国传统文论中汲取营养。如南朝文学理论家刘勰的《文心雕龙》是一部理论系统、结构严密、论述细致的文学理论专著。它以创作论为核心，总结了齐梁时代以前的美学成果，细致地探索和论述了语言文学的审美本质及其创造、鉴赏的美学规律。其文本解读的价值非常显豁。再如，中国古典文论中大量积存的诗话、词话，小说、戏曲的评点，同样对文本解读有着非同寻常的意义与价值。然而，由于种种原因，对于这些丰富而深刻的传统文论，许多专家、学者或者视而不见，或者弃而不用，至少缺少这方面的传承意识，转而大量引进西方文论，从定义、概念出发进行文本解读研究。广大的一线语文教师紧随其后。久而久之，中国传统文论的继承与发展便发生了严重断层。

当然，我们得承认，西方那种以定义的严密、概念的演绎、逻辑的统一和论证的自洽为特征的学术范式，相比中国的传统文论，的确有它特有的优势。例如它能维持基本观念的统一性，学术衍生的有效性，且学术成果在继承与发展中能得以累积性发展，等等。然而，成也萧何，败也萧何。不但越来越多的学者强烈地意识到，这种学院式的学术范式，如果超过一定的限度，就很容易使人们陷在概念与演绎的泥潭中难以自拔，而且一线语文教师在教学实践中也一次又一次地发现，运用西方文论进行解读，稍有不慎便跑偏了。

这其实是西方文论的固有缺陷，我们本该有这方面的理论自觉。然而，当西方文论陆续引进我国后，在某段时期内，由于对某种理论的盲目迷信与崇拜，再加上实践过程中没有理由没有底线地放任自流，这种缺陷又被进一步放大，致使文本解读的效度与信度严重受损。例如，当创作背景论和作者中心论成为主流思想时，文本解读便唯创作背景和作者马首是瞻，其余一概不论，不但不论，而且还排斥其他学说；当文本中心论成为主流思想时，也是一味地排除文本之外的作者和读者因素；当读者中心论引进之后，尤其是语文课程标准的相关表述中部分地采用了这一理论时，这一理论在教学实践中被有意无意地放大。在多元解读的大旗下，任由读者"自发主体"的随意发散而产生了许多啼笑皆非的解读，其负面影响着实不可等闲视之。

于是，文本解读的"边界"问题被许多有识之士提上了议事日程，文本解读的多理论协同运作的问题也被日益看好。但是，由于对西方文论的引进缺乏细致而深入的梳理，对这些学术理论本源性的缺陷缺乏清醒认知，更重要的是由于缺乏构建中国学派的文本解释学的学术自信和学术自觉，文本解读的"边界"虽可遥看，却不可近观，多理论协同解读文本看似头头是道，却由于缺乏基本的操作性，最终成为"高头讲章"，而被"束之高阁"，其实用价值大大受限。

要想解决上述问题，首先必须对西方文论的引进做一个基本的梳理，在梳理的基础上，再对文本解读的应然路径进行合理的分析与规划。然后，从中找到一条适合一线语文教师的路径，进行文本解读的个案化的实践操作研究和理论概括研究。这样，或许可以蹚开一条不一样的路。

一

为什么西方文论看似美好，却在具体的文本面前屡屡败下阵来，不但解读缺乏操作性，而且解读的结论无论是效度还是信度，常常引来质疑？

首先，作为西方文论的源头，柏拉图的最高"理念"具有明显的超验性质，再加上西方文化源远流长的宗教超验的深远影响，使得西方文论长期以来都有美学化、哲学化的倾向。西方文论这种形而上的学科取向，使得它一开始便以概括、抽象为本质追求，以殊相中求共相为其学术价值的本质诉求。而个案化的文本解读，实际上是一种形而下的操作，它追求的是个案的特殊性、唯一性，是共相中求殊相。这就是说，西方文论与个案化的文本解读在学科取向上是矛盾的。而这种矛盾无疑严重影响了西方文论在解读具体文本时的效度与信度。学术追求上也有意淡化个案文本所特有的审美性、审丑性与审智性，而一味地强化意识形态，再加上主客二元对立的学术思维的局限，使得西方文论越来越倾向于超验性，越来越远离形而下的文本解读。[①]

除此之外，西方文论固有的理论缺陷，也加剧了这些理论的非实用性倾向。

（一）作者中心论：写作状态的瞬时性

所谓作者中心论，主要以探讨作者寄寓于作品中的本意为根本诉

---

① 孙绍振，孙彦君. 文学文本解读学［M］. 北京：北京大学出版社，2015：2-4.

求。主要有"实证主义批评""社会—历史批评""传记式研究"和"创作心理分析研究"等。其中，前三个属于外在研究，第四个属于内在心理研究。但无论是外在研究，还是内在心理研究，有三点是共同的：

第一，认为文本有一个先在的意义。

人们普遍认为文本有一个先在的意义，至于这个先在的意义究竟是由谁来确定的，这一点学术界一直存疑，且争论不休。有人认为是由作者先在性设定的，有人认为是文本的自我言说，还有人认为那是读者的心灵性建构。事实上，这种非此即彼式的论争，学术价值并不大。更多的情况下，或许是三者相互融合、相互妥协和互为生成的结果。

第二，远离文本本身探寻文本的内在含义。

不可否认，任何文本都有它本身的含义，这种含义也许是多重的，但是不论如何多重，只要文本在就必然有一定的规定性和边界性。也许，这种规定性、边界性不一定是作者的本意，也不一定为所有读者所认可，但它不会以人的意志而随便转移，它终究相对客观地存在着。完全绕开文本，从作品外围和作者内在心理两个路径去研究文本的含义，是要慎重的。当然，作为一种补充性的研究策略和方法，自然有它特有的学术价值。其实，无论作者所处的社会环境什么样，无论作者经历了什么，也无论作者的潜意识是什么，其最终呈现的文本意义，都必须体现在文本之中。也就是说，只要解读文本意义，文本本身是绕不过去的。

第三，认为作品中的"我"就是作者，最极端的说法是作品中的"我"就是作者本人的外在表现。所谓"文如其人"，说的大概就是这个意思吧。然而，作品中的"我"跟作者本人真的是同一个人吗？真实情况可能要复杂得多。

我们不否认作品中的"我"与作者本人有某种相似性，尤其是自传性的作品。但更多的情况是，作品中的"我"是"自由"的，是"复合"的，是"虚拟"的，而且在不同文体中"我"也是不一样的，如诗中的"我"大都侧重于形而上，而更为感性，散文中的"我"常常侧重于形而下，而更为现实。也就是说，"和生活中的自我相比，作家在作品中的形象是艺术化了的，并不等同于日常相对稳定的自我"。尤其在"在文学作品中，作家的自我并不是封闭的、静态的，而是随着时间、地点、条件、文体、流派、风格的变化，以变奏的形式处于动态之中"①。也就是说，作品中的"我"，并不完全是作者本人，更多的情况下是"变奏"的"我"，是处于"瞬时性"写作状态中的"我"。

所以，我们要特别关注作者写作状态的瞬时性，忽略了这一点，一味地从日常生活中作者的角度来解读文本的含义，很可能失之毫厘，谬以千里。

（二）文本中心论：自身结构的封闭性

文本中心论是以作品本身为理解作品意义的前提、根据和归属，主要包括俄国形式主义、英美新批评以及结构主义批评等。这些理论有一个共同的特点，都拒绝时代背景和作家思想的介入，单纯地从文本感知差异，从陌生化、反讽的修辞性去解读。

实际上，这是从一个极端走入了另一个极端。学术研究不是刮风，不能今天东南风，明天西北风，要兼收并蓄才行，若非万不得已，是不能走向极端的。这是因为任何极端的思维，都可能隐藏着致命的缺陷。如上文所论述的作者中心论，远离文本去研究文本意义，就走向极端，而一旦走向极端便不可避免地产生致命的缺陷。本来，回归到文本本身去研究文本的意义，是有着相当的积极意义与价值

---

① 孙绍振，孙彦君. 文学文本解读学［M］. 北京：北京大学出版社，2015：7－9.

的，但是，如若走向另外一个极端，唯文本论的话，那就另当别论了。

再者，即便从文本本身来解读文本是绝对正确的，通向文本意义的道路也未必一马平川，这是因为任何文本都具有自身结构的封闭性。如果不打破这种封闭性是无法把文本的真正要义解读出来的。英国功能语言学家韩礼德认为，任何语篇都具有概念功能、人际功能和语篇功能。如果读者没有语篇学的基本学养，他如何从表现主客观世界的事物和过程的反映来解读文本的概念功能，如何从人与人之间的关系，从语气、情态和语调来解读文本的"人际功能"，又如何与语境发生联系，从而解读文本的语篇功能呢？孙绍振认为文本结构有三个层次，分别是意象、意脉和文本形式。非专业读者能把文本中的意象完整地解读出来已经很不错了，如果不具有相当的阅读学的学养和文本解读学的功力，想要更进一步把文本的意脉和文本形式的特殊性解读出来，根本无从下手。

因此，即便完全排除时代背景和作家思想对文本的影响，排除读者对文本意义能动性的解读，单从文本本身来讲，由于文本结构的非澄明性，加之不具备相关的理论修养和丰富的解读经验，面对一个封闭的文本，一个非专业读者不但一望不知，很可能再望也还是不知。

（三）读者中心论：读者心灵的选择性

读者中心论把读者对作品意义的创造性阐释，提到了批评史上前所未有的高度。这种理论断言作品完成以后作家就退出了作品，作品只是提供了某种意义框架，作品的意义与价值的实现，完全由读者主体来实现。主要代表为接受美学和读者反应理论等。

这种理论自有它的独特性和合理性。我们必须承认，读者的确是作品解读和文本阅读中一个极为重要的环节，一旦离开了读者，无论什么样的文本解读可能都无法实现——解读者本身就是一位特殊的读者。当然，这样说并不表明在文本解读中就可以摒弃其他的因素，而唯读者中心论。如果唯读者中心论，那便是从一个极端走向了另一个极端，同样隐藏着巨大的理论缺陷。

这个巨大的理论缺陷就在于，唯读者中心论中隐藏着两个默认的前提：一是读者可以无条件看见文本的所有内容；二是读者是不分层次不分类型的。

然而，这两个前提真的存在吗？

首先，人是有局限的。先不要说心理，单从人的感官来讲，就不可能想听就听，想看就看，想闻就闻。科学研究表明人能听到16—20000赫兹的声音，低于16赫兹的次声波和高于20000赫兹的超声波，人类是听不到的。但是听不到并不表示不存在。同样道理，人类的视觉、嗅觉、味觉都有一定的范围，超过了这个范围，人类是感觉不到的，但是感觉不到并不代表不存在。

人类的心理也是一样的。人类的心理具有指向预期的封闭性。所谓封闭性，实际上是一种特殊的选择性。这种选择性使得文本只对自己的目的开放，其余是封闭的，即预期中没有的，即便文本中存在，人们也看不见。人类的心理还具有主观同化性，即把自己的心理预期投射到文本中，这样，只要有某种心理预期的投射，即便文本中并不存在，也能"活见鬼"。所谓仁者见仁，智者见智，文本解读跟读者心灵的选择性有着莫大的关系。文本并不完全向读者敞开，每个人所看到的只是自己想看到的那部分罢了。这便严重动摇了读者中心论的科学性。

读者中心论的第二个默认前提是读者是不分层次不分类型的，且对于同一个文本，任何读者看到的文本内容似乎是一样或者基本相仿的（这里指呈现在读者面前的文本内容，而不掺杂读者自身的理解）。实际情况真是如此吗？

通常来说，读者可以分为两大类，一类是专业读者，一类是非专业读者。这是就整体而言的，具体到语文教育，为了研究与表述的方便，可以细分为三类：专业读者、准专业读者和非专业读者。一般来说，文艺评论教授、专家是专业读者，如果再延伸一点，也可以把教研员和在这方面学有专长的特级教师算为专业读者；广大的一线语文教师是准专业读者；至于千千万万学生，则是非专业读者。

专业读者由于有着深厚的学术功底和丰富的生活积累，远比其他两类读者看到的、感受到的多得多，而且理解更深。长期的语文教学工作使然，准专业读者也能进行一定深度的解读，但是相比专业读者要弱许多；而作为非专业读者的学生，如果没有语文教师的引领，是很难较为深入地理解文本的。这就是说，面对同一个文本，不同类型的读者即便带着同样的心理预期去阅读，所看到的内容，所理解的深度也是有巨大区别的。然而，读者中心论却有意无意地忽略了这一点，再加上读者心灵的选择性，更是加剧了文本对读者的封闭性。所以，唯读者中心论是有巨大理论缺陷的。

二

然而，很遗憾的是，西方文论的上述缺陷似乎并没有引起人们的足够重视，当人们尝试着用它们来解读个案文本时，便不可避免地出现了许多问题。如运用作者中心论来解读文本时，常常忽视作者写作状态的瞬时性，远离文本从内外两个层面来解读文本，然而，由于年代久远，许多经典文本的创作背景和作者的生平资料多有缺失，而难以展开。再比如，由于文本结构的封闭性和读者心灵的选择性，也难以独立运用文本中心论和读者中心论去解读文本。为了解决这些问题，人们便尝试着从各个方向进行突围。

（一）从融合西方文论的角度建构文本解释学

人们首先想到的是，从理论层面进行突围，然而，一种全新理论的建立是十分困难的，并不是某个个体就能轻松成就的，有时，即便耗费整整一代人的努力也难见太大的成效。最直接、最现实的办法，便是在现有理论的基础上进一步完善。于是，人们便尝试着把上述三种理论结合起来。需要注意的是，把三种理论结合起来并不是成就一种全新的具有独创性的理论，而是在应用层面上把西方文论加以整合，期盼着能找到一条新的路径来解决文本解读的现实尴尬。比如以文本为主、以作者和读者为辅的实践探索，便是其中最有代表性的尝试。由于这并不是一种全新的具有独创性的新理论，西方文论的固有局限依然存在，再加上，以文本为主很难说清，以文本为主，以作者、读者为辅的边界又很难界定，于是，看似美好的理论整合，最后，还是不了了之。

再比如说最近讨论得比较多的、关于教学化文本解读的边界问题，其实质是对作者中心论、文本中心论和读者中心论的一种理性反思与实践反拨，它同样不是一种新的理论。其固有的理论缺陷依然存在，而且相关讨论中提出的文本边界、作者边界、读者边界和文本理解的规则边界等，① 由于原始理论的形而上的超验性，而很难在实践层面加以落实。

这就是说，从理论层面人们并没有取得重大突破。一线语文教师运用上述理论整合或设想，依然难以解读个案文本。

（二）从阅读学的角度建构文本解释学

第二个路径，是对西方文论的超验性进行反向突破。西方文论的超验性决定了它天然地偏向于形而上，偏向于美学、哲学，这显然跟倾向于形而下的以具体操作为本质诉求的文本解读学背道而驰。于是，不少有识之士，便反其道而行之，从文本阅读学的角度寻求突

---

① 张家军，杨艺伟. 解释学视角下课程文本理解的边界［J］. 教育研究，2020（4）：52－62.

破，把形而下的实践取向当作文本解读的应然诉求。其中，成就最大的有孙绍振、钱理群等学者。如在微观层面上，可以从隐性矛盾——原生状态与艺术形象的差异矛盾、理性逻辑与情感逻辑的矛盾等角度进行分析；中观层面上，可以分析比较同一内容的不同形式，分析比较不同流派与篇章的风格；宏观层面上，可以进行历史语境的还原和母题的比较等。[①]

这种探索的最大意义在于有着较大的操作性，无论是微观的、中观的，还是宏观的，都可以找到合适的切入角度进行有实际意义的文本解读。这种原创性的实践操作与理性概括，为创建中国学派的文本解释学打下了坚实的基础。

当然，在实践操作过程中，也存在着一些必须面对的现实问题。通常来说，一线语文教师经过必要的努力基本可以从微观层面进行文本解读。但是，若要进一步从中观层面进行形式分析和流派、篇章分析，或是再进一步从宏观层面进行历史语境分析和母题比较，那就不是普通语文教师所能胜任的了。它对语文教师的学术素养有着极高的要求。

（三）从写作思维的角度建构文本解释学

我们知道，文本之所以难以解读，除社会背景、作者、读者等重重因素的影响外，还在于作为成品的文本，对于写作过程的遮蔽，正如音符、音色、节奏之于乐曲的遮蔽，钢筋、水泥之于建筑物的遮蔽一样，"文本生成以后，其生成机制、其艺术奥秘蜕化为隐性的、潜在的密码"[②] 而难以解读。然而，令人遗憾的是，过程常常决定结

---

① 孙绍振. 孙绍振如是解读作品 [M]. 福州：福建教育出版社，2007：1 – 18.

② 孙绍振，孙彦君. 文学文本解读学 [M]. 北京：北京大学出版社，2015：5.

果，决定文本的性质和功能，决定文本的深刻性。这就是说，要想深入地解读文本，别无他途，必须从隐蔽的生成过程中探寻艺术的奥秘，"必须超越仅仅作为读者的被动性，以作者的身份与作品进行对话，才能打开自身心理的封闭性和文学文本的封闭性"①。也就是说，除了从阅读学的角度切入外，我们还可以以作者的身份与作品对话。

那么，如何才能以作者的身份与作品对话呢？

策略一：从作家创作的"未定本"切入。

我们知道，完全直接地以作者的身份与作品对话，即以读者的生命来替代作者的生命进行解读，那是有违科学，不现实的。不要说许多作者已故，即便还在世，也未必跟读者（解读者）在同一个国度、地域，而很难有机缘与之交流。再退一步讲，即便能够交流，毕竟是两个完全不同的生命个体，作为读者的解读者也很难分毫不差地了解作者内心深处的真实思想与情感，因此，从作者的角度与作品交流、对话是十分困难的。从二手文献资料入手进行解读，虽然也是一个路径，可也只能尽力贴近作者的真实思想与情感。从这个意义上讲，无论读者（解读者）有多么深厚的理论修养和解读实践能力，都无法完全以作者的生命样态去体验、解读文本。我们所能做的只能是通过某种方式方法，努力贴近作者，以假想作者的身份，进行文本解读。

那么，如何以假想作者的身份进行文本解读呢？

可以从作家的"未定本"着手。找到未定本，并将其与定稿本进行对比、分析，找出两者的差异和矛盾处，便可以假想作者的身份与作品对话，进行文本解读了。不过，这里有一个问题难以解决，那就是作家的未定本并不容易找到，尤其是一些经典作品，由于年代久远，大都已经散失。即便是当代作家的作品，也并不容易找到。这是因为当代作家大多在电脑上进行写作，边写边修改，很难有严格意义

---

① 孙绍振，孙彦君. 文学文本解读学［M］. 北京：北京大学出版社，2015：34.

上的未定本。所以这个办法看似美好，却很难行得通。

策略二：从写作思维的角度切入。

人类之所以能够沟通，文本之所以能够被解读，其根本原因就在于人类有着共同的心灵结构和相同的体验形式。[①] 这便可以解释，为什么人类难以理解其他物种的思想、情感，其他物种也难以理解人类的思想、情感了。

当然，人类的心灵结构包括很多类型，体验形式也有很多种，因此文本解读所涉及的并不是单一样态的心灵结构和体验形式，这里主要指的是思维。我们知道，思维的载体是言语，有什么样的言语便有什么样的思维，因此，通过外在的言语便可以较为方便地看到作者隐蔽的思维，看到了作者隐蔽的思维，实际上，便容易深入作者的心灵结构了。而一旦深入作者的心灵结构，以假想作者的身份与作品对话，便有了可能。

不过，需要特别指出的是，在文本解读中，"思维"并不仅限于逻辑思维，更多的是指写作思维。逻辑思维是广义的，它泛指人们运用概念、判断、推理等反映事物本质与规律的理性认识的过程。而写作思维并不局限于此，尤其在文学作品中，它更多的是一种可操作的"艺术性"思维。

在实际教学中，从写作思维的角度进行文本解读，还有特别的现实意义。它能最大限度地缓解作为准专业读者的一线语文教师，在受限于学术背景和文献资源匮乏的情况下，进行专业级别的文本解读所遭遇的困窘。当把这些解读策略、方法传授给学生，并使他们形成解读能力时，便能切实提高语文教学质量。这是因为相较于一线语文教师，作为非专业读者的学生，他们更缺乏相关的学术背景，而且在平时练习和考场那样的特殊情境中根本就谈不上什么文献支持，他们所

---

① 曹明海. 语文教学解释学［M］. 济南：山东人民出版社，2007：3.

接触到的文本可以说是一个孤立的文本，有的甚至连作者都没有标出来。在这种极为特殊，甚至是严酷的学习情境下进行文本解读，其难度之大可想而知。当然，相较于专家和语文教师的文本解读，平时练习与考场中的文本解读，由于只是为了完成阅读习题，所以要求上要低许多，只能算是理解性的文本解读。但是再如何低，那也是文本解读，解读的难度依旧是很大的。不过，当学生具备从写作思维的角度进行理解性的文本解读的能力时，情况就不一样了，他们不但能够正确地理解文本，而且能运用写作思维较为轻松、正确地完成阅读习题。

这样，无论从一线语文教师的角度，还是从学生的实际境况来考量，从写作思维的角度切入，确实有助于读者以假想作者的身份与作品对话，进行切实有效的文本解读。而当这种策略及方法，被一线语文教师和学生真正掌握，并形成解读能力时，语文知识的传递，语文素养的提升，便成为可能，语文教学质量的提高，便不再是一句空话。

三

从写作思维的角度进行文本解读跟传统的文本解读有什么区别呢？在具体操作过程中，应该注意些什么呢？

要想弄明白这些问题，似乎有必要先来简略回顾一下科学研究的路径。

我们知道，传统自然科学研究大多采用的是拆分法。科学家们认为，只要弄清楚各个组成部分，就可以把整体研究透。然而，随着时间的推移，科学家们无奈地发现，即便把部分研究透了，也未必能弄明白整体的特性、功能，尤其是生命科学。于是，改变策略，转而研究局部发育成整体的连续的过程，终于取得了重大突破。

写作学的研究历程与此相似，起初也是采用了拆分法，即分别从

"材料""主题""结构""叙事与抒情""议论与说明""描写与对话""修改"和"文风"等八个方面展开研究，以期全面揭示写作的内在规律。经过多年的研究，写作学家发现，跟早期的自然科学研究一样，即便把写作行为的各个组成部分研究透了，也还是无法真正揭示写作行为的内在规律。后来，马正平、张伟德、佘佐辰、李尚才、舒咏平等写作学家借鉴自然科学界从局部发育成整体的研究方法来研究写作学，终于取得了突破性进展。

从写作思维的角度进行文本解读，本质上是一种创作论文本解读。那么，在解读的过程中，我们可否转变思维，适当吸纳当代写作学的最新研究成果，尝试从传统的拆分式分析型解读，走向局部发育成整体的生长性解读呢？这样做难度很大，但是坚持下去，或许能为文本解读开辟一片新的天地。

（一）从胚胎思维的角度进行解读

写作分形生长论的一个重要观点是：

"文章胚胎即最先使作者产生写作冲动的情节、形象、感受，它浓缩了后来文章整体的主要信息，文章整体上是这个文章胚胎的生长、展开、放大、变形，即分形论所谓的自我复制。"①

很显然，在写作分形生长论看来，写作胚胎在一篇文章中处于无可撼动的核心地位。这是因为它是"使作者产生写作冲动的情景、形象、感受"，因为它"浓缩了后来文章整体的主要信息"，而更为关键的是，所谓的文章写作，其实质就是对这个写作胚胎的主要信息的自我复制，文章材料及其结构系统等便是这种自我复制的结果。所以，写作分形生长论认为，要想写好一篇文章首先要做的便是写好文章胚胎，这就是胚胎思维。

---

① 马正平. 高等写作学引论［M］. 北京：中国人民大学出版社，2011：38.

那么，作为以创作论为基本取向，从写作思维的角度构建的可操作的文本解释学，胚胎思维自然成为其文本解读的一个重要路径、策略及方法。因为解读好一篇文章的写作胚胎，会为进一步解读全文的思想、情感及艺术特色打下坚实的基础。

通常来说，写作胚胎就是文本的第一段或第一句话（特殊情况下也可能是文末最后一段或一句话），它具有"全息"特性。虽然表面看来，它并不直接呈现文章的具体意图，但整篇文章的推进，显然是由这个语句（或语段）所设定的特殊的文章基调（如情感基调、叙事基调等）进行情境化的渲染和意图性的展开的结果。那么，如何解读写作胚胎呢?

可以从关键词句处展开。

如解读美国作家莫顿·亨特的小说《走一步，再走一步》一文时，可抓住写作胚胎中的"酷热""直到""仍能"和"灼人的热浪"等关键词进行解读。如此便会发现，原来人生启迪只是《走一步，再走一步》一文较为重要的文学价值之一，除此之外还有更为丰富的语文内涵，而这需要我们从语言、结构入手，从小说的内在因果关系入手，进行更为深入的解读。

可以从特别意象处展开。

如解读当代作家李森祥的小说《台阶》时，可通过对"草鞋"意象的六次渲染和对"烟"意象的十次渲染，来解读写作胚胎中"台阶"这个意象。虽然表面看来，草鞋、烟和台阶是三个独立的意象，但是它们在通过造高台阶提升地位以便获得更多的尊重这个精神理想上是统一的。从某种意义上讲，草鞋和烟是实现高台阶、高地位的精神理想的手段、方法、路径，而台阶中蕴含的提升地位获得更多尊重的精神理想，才是父亲一生的终极目标。

还可以从矛盾错位处展开。

如解读俄国作家契诃夫的短篇讽刺小说《变色龙》时，可抓住写作胚胎中衣着错位的矛盾、外表与行为的矛盾、环境描写的矛盾进行深层解读。看起来该小说的写作胚胎很是平常，仅仅描写了两个人物的出场，以及这两个人物将要表演的舞台，然而，在平常的表象下，却潜藏着三重矛盾。正是这三重矛盾的层层渲染，悄然埋下了人性扭曲的种子，为下文进行情境化的渲染和意图性的展开设定了特殊的文章基调。

(二) 从赋形思维的角度进行解读

波兰尼的默会认识论认为：个人知识是将附带觉知整合到焦点觉知上形成的整体结构系统，其中附带觉知具有行为技能的决定性力量。

在文本解读中，对文本意义的理解是焦点觉知，对文本语言的表达结构、写作思维、写作思路的意识是一种附带觉知。所谓"附带觉知具有行为技能的决定性力量"，是指"对文本意义的获得，这种焦点觉知，必须通过对文本的写作思维的附带觉知才可能生成"[①]。换句话讲，要想解读好文本，就不能一味地在文本意义的理解——焦点觉知上滑行，而应该在具有决定性力量的写作思维等的意识——附带觉知的维度上展开。

赋形思维是写作思维的核心思维，它包括渲染思维和对比思维（也称反衬思维）。

1. 从渲染思维的角度来解读文本

所谓渲染思维就是"指在主题展开（材料生成、结构生成、起草行文）的写作过程中，选择那些和自己的写作主题、文章立意的主题信息、性质、意思、情调相同、相似、相近的文章因素（文章材料、结构单元、段落、语段、句子、词汇）进行谋篇、结构、构

---

① 马正平. 高等写作学引论 [M]. 北京：中国人民大学出版社，2011：61－62.

段、造语、行文，以增强（渲染）文章的感染力、说服力、说明性程度"①。

在这段话里有两个关键点值得注意：第一，选择什么样的材料进行写作？第二，渲染思维的目的与指向是什么？对基于写作学构建的文本解读学来说，这实际上为个案文本解读提供了两个可操作的策略——

策略一：通过相同、相似、相近的文章因素找到文本的渲染思维，并通过文本的渲染思维来解读文本是如何结构内容的。

策略二：解读的重点落在渲染思维所产生的感染力、说服力和说明性上。

很显然，策略一侧重于对渲染思维形式，以及通过渲染思维所呈现的内容进行解读，而策略二有所不同，它更多地指向渲染思维的功能，即通过渲染思维所表达的思想和情感的解读，来指向文本更深层次的审美属性。在这里，渲染思维是解读策略、手段及方法，是一种凭借，而通过这个凭借所要解读的内容、思想和情感的审美属性，才是文本解读真正的意义指向。换句话讲，通过渲染思维是可以解读出文本的内在涵义的。

那么，如何进行解读呢？

可以通过意象渲染来解读文本。

如通过对当代作家阿城的小说《溜索》中，鹰、铃铛声这两个意象的解读可知，它们不仅是作者的叙事对象，还融铸了作者的主观情感，具有明显的诗性意味。阿城的这一自觉的美学追求，成就了他新笔记小说独特的艺术风流。

可以通过人物渲染解读文本。

如刘绍棠的《蒲柳人家（节选）》中的何满子虽然不是主要人

---

① 马正平. 高等写作思维训练教程：第二版 [M]. 北京：中国人民大学出版社，2010：80 - 81.

物，但通过对这一人物多重渲染的解读，同样能够从一个侧面体会到文本独特的审美韵味。

还可以通过情节渲染解读文本。

如小说《变色龙》中，本是十分平常的"狗咬人"事件，作者契诃夫进行了五次陌生化的情节渲染，不但使文本具有喜剧性，还更具张力，更能凸显主题，更能展现奥楚蔑洛夫高度扭曲的人性，而这恰恰是情节渲染的审美价值之所在。

2. 从对比思维的角度来解读文本

所谓对比思维是"指在主题展开（材料生成、结构生成、起草行文）的写作过程中，选择那些和自己的写作主题、文章立意的主题信息、性质、意思、情调相反、相对、相背的文章因素（文章材料、结构单元、段落、语段、句子、词汇）进行谋篇、结构、段落、造语、行文，以增强（反衬）文章的感染力、说服力、说明力的清晰度，即反差"①。

在这段话里，同样有两个关键点值得注意：第一，选择什么样的材料进行写作？第二，对比思维的目的与指向是什么？这对基于写作学构建的文本解读来说，同样提供了两个可操作的策略——

策略一：通过相反、相对、相背的文章因素找到文本的对比思维，并通过文本的对比思维来解读文本是如何结构内容的。

策略二：解读的重点落到对比思维是怎样增强文章感染力、说服力和说明力的清晰度的。

跟渲染思维一样，策略一主要指向对比思维的形式及其内容；而策略二则指向对比思维的功能，即通过对比思维所表达的思想和情感的解读来指向文本更深层次的审美属性。在这里，对比思维同样是解读的策略、手段及方法，同样是一种凭借，用于解读文本的内容、思

① 马正平. 高等写作思维训练教程：第二版［M］. 北京：中国人民大学出版社，2010：80－81.

想和情感的审美属性。需要说明的是，相比渲染思维，对比思维更是一种审美思维，且对比的力度越大，文本的审美属性便越是得到彰显。

如何通过对比思维进行解读呢？

可以从多种要素的对比展开。

如法国作家让·乔诺的小说《植树的牧羊人》，通过陆续逃离与默默留守的对比、悲惨身世与平静种树的对比、战火纷飞与宁静执着的对比，以及纷纷返回与悄然隐去的对比，读者可以深刻地认识到，文本所表现的不仅仅是文本表层结构意义上的善待自然、坚持、创造环境等真实意义，更多的是表现了对希望与幸福的守望和对人的精神救赎等虚构意义与隐喻意义。

可以从人物形象的对比处展开。

如解读鲁迅的小说《故乡》，可以通过少年闰土与中年闰土的对比、"豆腐西施"与杨二嫂的对比，来理解显性外貌、动作、形态对比背后的深层含义。

除此之外，还可以从环境、心理、细节的对比进行解读。

（三）从审美思维的角度进行解读

文学文本一个最为本质的属性便是具有情感的审美价值，但是，情感的审美价值并不容易解读。这是因为实用价值是一种显性价值，是人们普遍追求的价值，所以很容易对思想、情感的审美价值形成遮蔽。要想解除这种遮蔽，解读出文本的审美价值，那就必须借助审美思维的解读来实现。

1. 从超越实用价值的审美思维角度解读文本

既然在生活中实用价值是一个普遍的客观存在，那么，无论是创作还是文本解读，都要有意识地超越实用价值，追求情感、思想的审美价值。如《范进中举》的故事是有原型的，它来自清朝刘献廷的

《广阳杂记》。吴敬梓在改编时，首先把病人病愈和医生的高超医术这一实用价值尽量淡化：将"神医"置换成毫无医疗技能的胡屠户。其次，力求使人物情感线从单条走向多条，而且使其相互交织，从而，形成一个立体的情感网络。并且在其相互交融、相互映衬的过程中，使读者从多个层面对社会、人生以及整个世界做深层的考量和人性的反思，进而使文本具备足够的审美价值。

2. 从多重错位的审美思维角度解读文本

生活中实用价值通常占据核心地位，即便包含审美价值，也由于各种构成因素的交叉与纠结，根本无法直接拿来进行审美化的创作。这便需要运用错位的审美思维进行重新构画。而基于写作学构建的文本解读，便得以循着错位审美思维的路径进行个案性的文本解读。如鲁迅的小说《孔乙己》的解读，通过对赤裸文化与三位一体的错位、身份坚持与社会评判的错位，以及叙述自我与经验自我的错位的审美思维的解读，不仅可以深刻体悟文本独特的叙事风流，而且为进一步解读文本的多重意蕴打下了坚实的基础。

此外，还可以通过戏剧冲突、矛盾纠结、人物个体多情感并行与交织以及多人物多情感交织等审美思维来解读文本。

综上所述，西学东渐以来，我国引入了许多西方理论。在文艺理论方面，西方文论独特的概念体系与演绎体系，的确有着巨大的优势。人们运用西方文论来解读文本，本无可厚非，但是由于没有对西方文论进行深入的梳理，尤为重要的是对西方文论形而上的超验性和理论的局限性，缺少必要的理性自觉，因而在运用这些理论的过程中，常常陷入巨大的概念旋涡而难以自拔。

近年来，人们试图从多个层面寻求突破，然而一直收效甚微。主要原因在于没有正视西方文论的固有缺陷，没有在形而下的操作性上下功夫。其实，我们完全可以在借鉴西方文论的基础上，充分继承中国古典文论的理论核心，来构建中国学派的文本解释学。孙绍振在文本阅读学的基础上所创建的独特的文本解读学便是一个很好的例证。除此之外，还可以基于写作学，从写作思维的角度切入。

　　我们知道，因为人类拥有共同的心灵结构和经验形式，所以人类才能相互沟通、交流，文本才能被解读。写作思维便是这个共同的心灵结构和经验形式中的一个重要组成部分，这便在本质上保证了以此进行文本解读的可能性。不过，有了可能性还不够，还得找到恰当的切入点。这个切入点，便是言语。因为言语是思维的外在呈现形式，通过外在的言语可以较为方便地看到作者隐蔽的思维。看到了作者隐蔽的思维，实际上，便深入到了作者的心灵结构。而一旦深入作者的心灵结构，便可以假想作者的身份与作品对话，便可打开文本的封闭性和读者心灵的封闭性，进行文本解读了。而更为关键的是，写作思维是一个相对显性的可操作的策略及方法，大都指向文本独特的审美价值，具有不可忽视的学术价值。尤其对于准专业读者一线语文教师和非专业读者学生来讲，更是如此。

　　当然，基于写作思维的可操作文本解读的构建是一个十分庞大的工程，如要据此创立中国学派的文本解释学，显然，还有一段较为漫长的道路要走，或许不是一两代人能轻易完成的。本书所做的细微探索只是打开了个案性实践操作研究和理论概括研究的一扇小门而已。

目 录

1. 守望与救赎：从表层叙事走向深层隐喻

——《植树的牧羊人》解读

法国作家、电影编剧让·乔诺的小说《植树的牧羊人》（下称《植》文）节选自绘本《植树的男人》，对其主旨的解读，历来众说纷纭。较为典型的有歌颂人性说、善待自然说、寻找幸福说、创造说、拯救大地说、人定胜天说等。统编教材教师教学用书则干脆舍弃单一说，认为可以多方面、多层次地解读，如人与自然的关系、坚持的意义等。而且，还鼓励学生自主、多角度地思考，以得出自己的结论。① 这几乎没有任何限制，仿佛只要自圆其说即可。

之所以会出现这样的状况，首先跟文学作品的本体性的召唤结构有着莫大的关系，它在本质上决定了文学作品的模糊性与多义性。《植》文作为一篇小说，对其主旨出现多样化的解读，也就不奇怪了。其次，跟人们有意无意混淆了主旨与文本多重意义的区别，也有着很大的关系。文学文本从不同角度、不同层面来解读，便有不同的意义，这没有错。但那只是文本的部分意义，并不能作为文本最为本质的意义——主旨。例如把坚持作为牧羊人的行为品质是可以的，然

---

① 人民教育出版社课程教材研究所中学语文课程教材研究开发中心. 义务教育教科书教师教学用书语文七年级上册［M］. 北京：人民教育出版社，2016：184.

而作为《植》文的主旨来解读，那就要慎重了。这是从总体来说的。就《植》文而言，还跟《植》文特有的故事内容、情节结构、行文方式以及解读路径、策略的偏差有着较大的关系。

《植》文中的故事的确是让·乔诺虚构的，其主人公艾力泽·布菲也并非实有其人，不过，它跟一般虚构性的小说还是有区别的。从内容上来看，它以真实事件为基础。如普罗旺斯高地的确荒芜，村庄确实废弃了，还有作者应征入武当过步兵也是事实。一般情况下，基于事实创作的小说，多少会跟叙事散文（含叙事记叙文，下同）的行文风格有着某种相似性。从情节结构上来看，《植》文没有传统小说激烈的矛盾冲突，没有戏剧化的情节，看起来更像是纪实故事或者叙事散文，而不是小说，再加上它采用了一种极强的纪实笔法，这便使得许多人把它当作纪实故事、叙事散文来解读。

这里需要说明的是，纪实故事（含纪实性叙事散文）与小说是不一样的，文体的差异性，决定了解读思路维度和阅读指向的不同。通常，纪实故事解读的着力点大都落在故事的真实意义上，如善待自然说、人定胜天说等。但是作为虚构的小说来解读，那就不一样了，它通常落在文本的关键词语的复义上和文本的空白处（省略处）所隐含的虚构意义与隐喻意义上。就《植》文而言，这两个关键词语是"牧羊人"和"种树"。而对这两个词的解读，在相关的积存文献中是多有缺失的。除此之外，还跟人们有意无意地远离文本进行"凌空舞蹈"式的解读有关。

笔者以为，由于《植》文是一篇在事实基础上虚构的小说，要想解读好这篇文章，就要适当关注故事内容的真实意义，但更为本质的应该是贴着文本，从写作思维的角度切入，从关键词语的复义处和文本空白处着手，关注文本的虚构意义、隐喻意义，这样，或许才能更准确、更深透地走进《植》文。

一、守望与救赎：在写作胚胎的渲染中

那么，《植》文究竟有什么样的虚构意义与隐喻意义呢？这就需要从文本的写作胚胎的渲染着手进行解读。先请看《植》文的写作胚胎：

> 想真正了解一个人，要长期观察他所做的事。如果他慷慨无私，不图回报，还给这世界留下了许多，那就可以肯定地说，这是一个难得的好人。（课文第 1 自然段）

通常，人们在解读这段话时，大都从记叙文的结构展开。如，这是一篇以叙事为主的文章，采取先总起议论……然后展开叙事，最后又以议论升华主题。一般记叙文往往采取这样的写作思路。① 但是仅仅这样解读，那就太表层化了。其实，这段话里含有较多的信息需要解读。

（一）从关键词语解读

《植》文的写作胚胎中，我们首先要关注的是"慷慨无私""不图回报"和"留下了许多"这几个词语或短语。这几个词语（或短语）从字面上看，并没有什么深文大义，都是讲无私奉献，即便联系"长期"这个词语来解读，也没有太多的意味。尽管从艾力泽·布菲五十二岁开始种树算起，到"我"最后一次见他时他已经八十七高龄止，艾力泽·布菲坚持种树至少持续了三十五年。这的确非常难得，非常了不起，其坚持的时间之长，取得的成果之丰硕实在令人

---

① 人民教育出版社课程教材研究所中学语文课程教材研究开发中心．义务教育教科书教师教学用书语文七年级上册［M］．北京：人民教育出版社，2016：185.

感佩。然而，即便如此，他还仅仅是个"人"，如愚公一般坚定移山的凡人，如雷锋一样无私奉献的平常人。然而，对于西方人来讲，就不一样了。我们先来看《植树的男人》中的三处渲染：

渲染一：

> 当我想到，眼前的一切，不是靠什么先进的技术，而是靠一个人的双手和毅力造就的，我才明白，人类除了毁灭，还可以像上帝一样创造。　（课文中把"上帝"改为"上天"）

渲染二：

> 宁静而有规律地工作；高地上的新鲜空气，粗茶淡饭后还有安详、平和的心态。这一切让这位老人的身体格外结实。这是一位上帝派来的勇士。　（课文中已经删除了这段话）

渲染三：

> 可是，想到要做成这样一件事，需要怎样的毅力，怎样的无私，我就从心底里，对这位没有受过什么教育的普通农民，感到无限的敬佩。他做到了只有上帝才能做到的事。　（课文中把"上帝"改为"上天"）

上述三处渲染中，都含有"上帝"这个词。上帝是什么？在西方人的话语系统里，上帝是宇宙万物的创造者、主宰者，是至高无上的统治者。在《植》文中，作者竟然把一个平凡的普通人跟上帝等同起来，说他是一个跟上帝一样可以创造世界的男人，是上帝派来的勇士，是一个可以做出只有上帝才能做出的丰功伟绩的男人。这是非同寻常的，远远不是"慷慨无私""不图回报""留下了许多"和"长期"等词语或短语的表面意思——无私奉献，所能涵盖的。那么，这些词语或短语背后隐含着什么深意呢？作者为什么要把一个普通人跟至高无上的上帝等同起来呢？

（二）从叙事基调解读

统编教材教师教学用书上说，"这是一个难得的好人"是《植》文的叙事基调。这没有错。但是，对于什么样的人是"好人"，写作胚胎中并没有说清楚。也就是说，这个叙事基调并不十分明晰。

那么，究竟什么样的人才算是"好人"呢？

从《植》文整体来看，应该不仅仅是"慷慨无私""不图回报""留下了许多"和"长期"等词语表面意义上的"无私奉献"式的"好人"，至少，不完全如此。我们似乎应该把"好人"跟原文中三次含有上帝的渲染联系起来思考。但问题是，上帝怎么会跟一个平凡的牧羊人扯上关系呢？他们之间究竟有什么特别的关联呢？要想解开这个谜，我们不妨另辟蹊径，从《植》文的三个题目说起。

1. 从标题《种植希望与幸福的人》解读

1953 年，法国作家让·乔诺应美国《读者文摘》杂志专题"你曾经见过的最非凡、难忘的人是谁"的约稿写了一篇文章，文章的题目是《种植希望与幸福的人》，即《植》文最初的题目。文中牧羊人的故事发生的小背景是普罗旺斯地区的村民只索取不奉献，土地荒芜后纷纷离开；大背景是两次世界大战。两次世界大战造成了巨大的破坏和毁灭，但是都没有影响牧羊人，他一心一意地种树，若干年后，给自己带来希望与幸福的同时，也给村民，给这片土地带来了希望与幸福。从这个意义上讲，《植》文的主旨主要侧重于寻找希望与幸福。所谓"好人"，就是为人们、为土地，也为自己寻找希望与幸福的人。

2. 从标题《植树的男人》解读

后来，让·乔诺跟弗瑞德里克·拜克合作把这篇小说改编成绘本时，把题目改为《植树的男人》。从题目上看，小说的中心似乎有所转移。植树是一种行为，勉强算是一种职业，这没有特别要说的。倒是这里的"男人"一词有些微妙。"男人"是一种社会学意义上的分工与标签。男人总是跟坚强、勇敢、无私、担当等联系在一起的。也就是说，改名为《植树的男人》后，其文本更多地指向对这个男人行为品质的歌颂。所谓"好人"，就是坚强、勇敢、无私、有担当的人。

3. 从标题《植树的牧羊人》解读

当《植》文被选进统编教材把题目改为《植树的牧羊人》之后，就不太一样了。这里的"植树"跟绘本中的"植树"并没有什么区别，不过，这里的"牧羊人"跟绘本题目中的"男人"却有着很大的不同。"男人"一词多含社会学意义，而"牧羊人"则不同，它不仅是个职业，更重要的，它在西方话语体系中，是诸神、上帝、上帝使者的代称，牧羊人的职责就是救助行善。①

通读《植》文可知，"长期""慷慨无私""不图回报"地奉献，为世人"留下了许多"的牧羊人虽然像上帝一样创造了世界，做出了丰功伟绩，但他并没有高高在上，咄咄逼人，也没有令人畏惧的权威，他的身上更多地体现了一种"诚心守护的责任、全心全意地付出和无尽的勤勉"②，体现了一种对希望与幸福的守望，一种对"颓败的生态"和"麻木病态的人心"的修复③。很显然，这样的"好人"跟单纯地寻找希望与幸福的人，跟坚强、勇敢、无私、有担当

---

① 马志英. 毁灭与创造：《植树的牧羊人》对人类二重性的揭示［J］. 中学语文教学，2020（1）：42.

② 同①.

③ 李传鹏.《植树的牧羊人》美点寻踪［J］. 读写月报，2018（17）：37.

的男人是不一样的。《植》文的主旨也从单纯地寻找希望与幸福、从对男人行为品质的歌颂，走向了对希望与幸福的守望和对人的精神的救赎。而这才是《植》文真正的虚构意义与隐喻意义。

二、守望与救赎：在多重对比与反衬中

上文已经提到，《植》文跟传统小说是不一样的，它并不讲究情节的曲折性和矛盾的冲突性，而是做了不同程度的淡化与消解。它用一种散文化的笔调波澜不惊地叙述了"我"与牧羊人的三次见面及所见荒漠的变化。本来戏剧化的情节发展是小说极为重要的叙事动力，既然在《植》文中这样的叙事动力被消解了，那么，就只能从"我"与牧羊人的三次见面入手进行解读；然后再向前走一步，从牧羊人放弃原有环境居住荒漠，放弃养羊专心植树，村民返回他却悄然隐去的三次抉择处入手。但是无论从三次见面的表层结构，还是从三次抉择较深的结构处入手进行解读，都难以解读出《植》文真正的虚构意义和隐喻意义，这是因为，从总体上来讲，这基本上是一种基于真实故事的真实意义的解读。而这，对于一篇虚构性的小说来说，是远远不够的。我们应该从文本中具有隐喻意义的"牧羊人""种树"等词语入手，从空白处入手，从《植》文特有的对比与反衬的张力思维入手，去努力寻找《植》文内在的虚构意义和隐喻意义。

（一）陆续逃离与默默留守的对比

《植》文进入统编教材时，编写者进行了较大幅度的删减。删减后，篇幅短了，人物形象、故事情节也相对集中、紧凑了。这显然是有利于课堂教学的。但是由于删减过多，不可避免地造成了部分情节逻辑和思想情感逻辑的断裂。这便需要我们在还原原文的基础上进行解读。尤其在解读《植》文的虚构意义与隐喻意义时，更

需要如此。

1. 村民陆续逃离的渲染

渲染一：

> 村子里，住的大多是伐木工和烧炭工，日子过得很艰苦。这里，一年到头，气候都很恶劣。村里的房子，一家紧挨着一家，人们却只顾自己，从不关心别人。这里的人们只有一个念头——赶快想办法，逃离这个鬼地方。 （节选自《植树的男人》原文）

这里从日子的艰苦、环境的恶劣和村民的自私来渲染村民陆续逃离的原因。其中，稍稍需要注意的是，村民多是伐木工和烧炭工，这两种工作都是以对环境的索取和破坏为代价的。

渲染二：

> 男人们把烧好的木炭送到城里，然后再回来。重复这种没有尽头的枯燥生活，再坚强的人，也会被折磨得发疯。女人们互相怨恨，无论什么事都要争个高低：争木炭卖的多少，争教堂里的座位……争来争去，没完没了。再加上这刮不完的风，吹得人发狂，自杀和精神病夺去了很多人的生命。 （节选自《植树的男人》原文）

这里从生活的枯燥、相互怨恨、争执、发狂、自杀和精神病等角度来渲染村民逃离的原因。需要注意的是，普罗旺斯地区的村民陆续逃离，并不仅仅是因为生活环境的恶劣和生活的枯燥，更重要的是人性的病态扭曲。

只可惜，《植》文选进教材时，删除了这两段话，这便使得小说

8

的主旨发生了一定程度的偏移，而侧重于对恶劣环境的修复与挽救和对人物形象的刻画与塑造，而不是对人的麻木、病态、扭曲的人性的救赎，从而使文本的审美价值大幅减损。

2. 牧羊人默默留守的渲染

渲染一：

> 他从一口深井里给我打了一些水，井水甜丝丝的。井台上，装着简单的吊绳。这个男人不太爱说话，独自生活的人往往这样。不过，他显得自信、平和。在我眼里，他就像这块不毛之地上涌出的神秘泉水。　（课文第4自然段）

这里从井水的甘甜、陈设的简单和牧羊人的安静、独居来渲染牧羊人自信、平和的生活态度。

渲染二：

> 他不住帐篷，而是住在一座结实的石房子里。看得出，他是一点一点地把一座破旧的房子修整成现在的样子的。屋顶很严实，一滴雨水也不漏。风吹在瓦上，发出海浪拍打沙滩的声音。房间里收拾得很整齐，餐具洗得干干净净，地板上没有一点儿灰尘，猎枪也上过了油。炉子上，还煮着一锅热腾腾的汤。看得出，他刚刮过胡子。他的衣服扣子缝得结结实实，补丁的针脚也很细，几乎看不出来。　（课文第5自然段）

这里从房子的整修、屋顶的严实、风吹屋瓦的声音、房间的整齐、屋内陈设的干净等居住环境，从热汤、刮须、缝扣、针脚等生活细节，以及第6自然段大狗的角度侧面渲染了牧羊人的安静、忠厚、不张扬。

上述渲染中，有一个词很是特别，需要引起足够的重视。这个词便是"神秘泉水"。水对于荒漠的意义是不言而喻的，作者把牧羊人比喻成严重缺水的荒漠里的"神秘泉水"，难道有什么特别的用意吗？

我们先来看渲染一和渲染二。可能有人会质疑，这两处渲染看起来很平常，不就是在渲染牧羊人自信、平和的生活态度和安静、忠厚、不张扬的性格特点吗？其实，不然。试想，如此荒蛮之地，怎么会有如此平静生活的人呢？他为什么要一个人独自生活在这里？他为什么不跟村民们一起逃离？之所以会产生这么多的疑问，都是缘于《植》文入选教材时，村民逃离的原因被删减了。或许从编写者的角度来看，这是很有必要的，但是从小说的情节逻辑的角度来讲，就显得比较突兀了，尤其是第5自然段对居住环境和生活细节的多重细致的渲染更是失去了存在的理由。

但是，当我们把原文还原之后，就不一样了。从原文可知，村民们因为日子艰苦、环境恶劣、人性扭曲等原因陆续逃离了这片土地，这与牧羊人的默默留守形成了强烈的对比。而更为关键的是，留守的牧羊人同样生活在艰苦恶劣的环境里，却不骄躁、不气馁、不沮丧、不怨恨，相反，还那么自信、平和，那么安静、忠厚，不张扬。这便跟村民们扭曲的人性与心灵形成了第二层更为强烈的对比。而且对比的力度越大，便越是促使人们反思：牧羊人为什么像神一样存在着？他在为谁守望希望与幸福？在妻儿离世的巨大悲痛和无边的孤独中，他在救赎自己的同时，还在救赎谁的精神与灵魂？从后文可知，他守望的不仅仅是自己的希望与幸福，还有村民们的，还有他人的；他救赎的也不仅仅是自己的精神与灵魂，还有村民们的，还有他人的。这一切不是跟"牧羊人"在西方话语体系里的隐喻义很相似吗？从这个意义上再来审视渲染一中的"神秘的泉水"，就会发现那不只是一个平常的比喻，还大有深意。

（二）悲惨身世与平静种树的对比

1. 悲惨身世的渲染

《植》文涉及牧羊人悲惨身世的渲染只有两处，分别是：

渲染一：

> 他说，他五十五岁，叫艾力泽·布菲，原来生活在山下，有自己的农场。可是，他先是失去了独子，接着，妻子也去世了。他选择了一个人生活，与羊群和狗做伴，平静地看着日子一天天地流走。 （课文第 11 自然段）

渲染二：

> 我就从心底里，对这位没有受过什么教育的普通农民，感到无限的敬佩。他做到了只有上天才能做到的事。 （课文第 21 自然段）

这两处渲染，透露了这样几点信息：他是个农民，没有受过什么教育；他已经年老；他失去了独子和妻子。中国有句古话，人生最悲哀的莫过于三件事情：少年丧父，中年丧偶，老年丧子。所谓"少年丧父"是指失去了依靠，"中年丧偶"是指失去了生命伴侣，而"老来丧子"则是失去了希望。依靠和伴侣或许还会再有，但是希望没有了，人生的意义何在？

人们在解读这两段话时，通常把牧羊人的悲惨身世与荒野的广袤进行对比，以突显人物的渺小与坚强。这显然没什么问题，不过，仅仅从表层结构来解读故事的真实意义是不够的。我们还应该关注的是，牧羊人在失去生命伴侣和人生希望之后，他在抚慰、守望自己的

11

心灵、精神与生命的同时，又是如何抚慰、守望村民（人们）的心灵、精神与生命的。而这，需要从平静种树的渲染去解读。

2. 平静种树的渲染

《植》文中对牧羊人平静地种树多有渲染，其中，课文第7自然段对牧羊人选橡子的渲染最为详细、最为典型。可惜，却常常被人们有意无意地忽略了。

> 牧羊人拿出一个袋子，从里面倒出一堆橡子，散在桌上。接着，一颗一颗仔细地挑选起来。他要把好的橡子和坏的橡子分开。我抽着烟，想帮他挑。但他说不用我帮忙。看他挑得那么认真，那么仔细，我也就不再坚持了。这就是我们所有的交流。过了一会儿，他挑出了一小堆好的橡子，每一颗都很饱满。接着，他按十个一堆把它们分开。他一边数，一边又把个儿小的，或者有裂缝的拣了出去。最后，挑出了一百颗又大又好的橡子，他停下手来，我们就去睡了。　（课文第7自然段）

这里不厌其烦地渲染了牧羊人挑选橡子的过程，先按好坏分开，接着挑出一小堆好的橡子，再按照十个一堆分开，最后，挑出一百颗又大又好的橡子。这不禁让人疑惑起来，作者为什么一而再再而三地渲染牧羊人选种的过程呢？课文的题目不是"植树的牧羊人"吗，应该把主要笔墨放在牧羊人如何植树上才对啊？而且，更让人疑惑的是，《植》文中竟然有十六处提到"种"，却只有三处提到"植树"。其中有什么玄机吗？或者有什么特别的意味？

要想解开这个谜，还得从牧羊人的悲惨身世跟他平静种树的对比着手。牧羊人经历了人生最为悲惨的两件事情，受到了沉重的打击，却没有沉沦，没有一蹶不振，没有自暴自弃，这已经很让人震惊了。而更让人震惊的是，他竟然选择了种树，来抚慰自己受伤的灵魂，因为在他看来，有树才能有生命。这样，牧羊人的身世越是悲惨便越是跟他"既然没有重要的事情做，就动手种树"的平静形成强烈的对比，而这样的对比越是强烈，便越能凸显他对希望与幸福的艰难守望是多么弥足珍贵。

需要引起注意的是，这里作者用的并不是"植树"，而是"种树"，这有什么隐喻吗？

通常来说，"植"的意思是培植，往往从幼苗开始，并不必然包含选种这部分内容；而"种"就不一样了，"种"是播种，是从种子开始的。于是，我们明白了，这里的"种"更多的是含有"埋下精神种子、信仰种子"的隐喻。① 事实上，有些绘本就译作《种树的男人》或《种树的牧羊人》。难怪作者要如此一次又一次渲染牧羊人选种的过程。这便再一次契合了西方话语体系中"牧羊人"的隐喻义。也就是说，悲惨身世与平静种树的对比，再次指向了《植》文的虚构意义和隐喻意义：对希望与幸福的守望和对人的精神的救赎。

（三）战火纷飞与宁静执着的对比

牧羊人的故事发生于两次世界大战期间，不过，文本对这两次大战的破坏性与毁灭性并没有做多少正面的渲染，倒是对牧羊人坚持种树做了详细的渲染：

> 战争并没有扰乱他的生活。他一直在种树。种橡树，种山毛榉，还种白桦树。　（课文第 14 自然段）

在这个渲染里，"并"字很有味道。通常情况下，战争对人类社

---

① 马志英. 毁灭与创造：《植树的牧羊人》对人类二重性的揭示［J］. 中学语文教学，2020（1）：43.

会的破坏力是极大的，但令人奇怪的是，却没有影响到牧羊人的生活。所以，这个"并"字有着轻微的转折意味，它在强调牧羊人的与众不同。"没有扰乱"是说牧羊人一直处于一种宁静的生活状态之中。

其次，要关注的是"一直"和三个"种"字。这句话初看并没有什么特别之处，但是如果跟下面一句话进行比较阅读的话，我们就能发现这几个词是颇有意味的。

> 他一直在种树。种橡树、山毛榉和白桦树。

很显然，文本强调"种"，牧羊人在"种"橡树，"种"山毛榉，"种"白桦树，意在突出"一直"。这个"一直"和四个"种"里包含了牧羊人的执着。

这里需要注意的是，仅仅看到牧羊人的宁静和执着，显然是不够的，还要看到牧羊人是在什么背景下如此生活和种树的。于是，我们这才明白：外部世界的战火纷飞与牧羊人内心世界的宁静执着形成了强烈的对比。而且，这样的对比越是强烈，便越能凸显牧羊人内心的宁静，我们便越能感受到他在这样的背景下还执着于种树的可贵。解读至此，虽然已经较为深入，但是我们的关注点基本上还是在牧羊人的心理状态和行为品质上，还是在纪实故事的真实意义的解读上。

然而，《植》文终究是一篇虚构性的小说，小说的虚构意义和隐喻意义才是《植》文更为本质的追求。所以，还需要解读它的第二层意义。

请看下面的渲染：

> 当我想到，眼前的一切，不是靠什么先进的技术，而是靠一

个人的双手和毅力造就的，我才明白，人类除了毁灭，还可以像上天一样创造。　　（课文第15自然段）

上面这段话中，人们通常关注的是"创造"这个词，认为牧羊人在荒漠上以一己之力创造了绿洲，是非常伟大的。这仍然是一种实用性的解读，一种基于纪实故事的真实意义的解读。其实，这句话中我们还应该关注"像上天一样"这个词组。牧羊人的确不简单，他做到了常人做不到的事情，但是也不至于把他跟上天等同起来。很显然，作者是另有深意的。

我们回过头来再看这句话："他一直在种树。种橡树，种山毛榉，还种白桦树。"按照《植》文题目的指向，似乎把这句话改为"他一直在植树。植橡树，植山毛榉，还植白桦树"更为合适些。可是，作者没有这样改。上文我们已经分析过，这里的"种"如同"牧羊人"在西方话语体系中的隐喻义一样，是别有用意的：因为牧羊人所种的不仅仅是树，更多的是"精神种子"，是"信仰种子"。而这才是《植》文最为本质的诉求。

（四）纷纷返回与悄然隐去的对比

《植》文的结尾还有一处重要的对比，需要引起足够的关注，那就是村民们的纷纷返回与牧羊人的悄然隐去之间的对比。通常，人们认为这处对比主要凸显的是牧羊人伟大、无私的形象。这没有错。然而，仅仅这样解读，还是停留在文本真实意义的第一层解读上。这显然是不够的。

我们还应该关注下列渲染：

从地价昂贵的城市搬到这里安家的人带来了青春和活力，还有探索新生活的勇气。一路上，我碰到许多健康的男男女女，孩

子们的笑声又开始在热闹的乡村聚会上飘荡。一直住在这里的老一辈人，已经被舒适的新生活改变了。 （课文的第20自然段）

在这段渲染里，我们看到了孩子们的"笑声"，看到了中青年人的"健康""青春活力"，看到了他们探索新生活的"勇气"，就连老年人也被新生活"改变"了。要知道，当年村民纷纷逃离普罗旺斯地区时，可不是这个样子。那时的村民们怨恨、争执、发狂、自杀，甚至不少人还得了精神病。前后的反差竟然这么大，这便不得不引起人们的思考：是谁救赎了人们的灵魂和人性？村民们纷纷返回与牧羊人的悄然隐去的对比，除了凸显牧羊人伟大、无私的形象，还有什么特别的虚构意义与隐喻意义呢？

从课文第10自然段可知，当年牧羊人种树时，并不在意所种的是公家的地还是私人的地，"他只是一心一意地"把橡子种下去。他种树也没有什么目的，他觉得"既然没有重要的事情做，就动手种树吧"。可见，牧羊人种树不是为了名，不是为了利，也不仅仅是单纯地想改变这里的生存环境，不然的话，《植》文根本就不用写人们精神与心灵的变化。实际上，牧羊人所做的一切，更是为了给人们带来希望与幸福，是为了救赎人们的灵魂和人性。当这一切做到之后，他便悄然隐去了。而这，不正是"牧羊人"在西方话语体系里的隐喻义吗？

综上所述，陆续逃离与默默留守，悲惨身世与平静种树，战火纷飞与宁静执着，以及纷纷返回与悄然隐去，四组对比所表现的不仅仅是《植》文表层结构意义上的善待自然、坚持、创造环境等真实意义，更多的是对希望与幸福的守望和对人的精神的救赎的虚构意义和隐喻意义。事实上，这样的虚构意义与隐喻意义，不仅艾力泽·布菲能够实现，任何一个手里有"铁棒"和"木棍"的人，只要愿意去行走，去种植，也能实现，也能像上帝一样守望希望与幸福、救赎人的精神，而这，或许是《植》文更为深层的隐喻意义吧。

2. 从单纯的人生启迪走向内在因果梳理

——《走一步，再走一步》解读

美国作家、心理学家莫顿·亨特的小说《走一步，再走一步》（下称《走》文）很特殊，它选自美国尼古森·古德和亚伯·阿可夫所写的心理学著作《心理学与成长》，原题为《悬崖上的一课》，入选统编教材时，改为现在的题目，并做了大幅删改。

人们通常认为，这篇小说写了作者童年时克服恐惧、收获自信的一段回忆，故事从生活中的一则插曲引申出深刻的人生哲理，深沉而令人信服。[①] 很显然，这一解读主要指向小说的结局，指向小说给人的人生启迪。然而，小说终究是小说，它跟故事是不完全一样的。单纯地指向结局，指向文本给人的人生启迪，是一种较为典型的故事式的解读，这似乎是不够的。而且《走》文本就很特殊。

要想解读好这篇小说，有两个方面需要注意：

一是《心理学与成长》为心理学著作，《走》文选自该著作，其原始价值取向自然为心理学，因此，注重对读者的心理疏导，重视文本对读者的人生启迪，是该文的必然诉求；但是，入选统编教材后，

---

① 人民教育出版社课程教材研究所中学语文课程教材研究开发中心. 义务教育教科书教师教学用书语文七年级上册［M］. 北京：人民教育出版社，2016：164.

2. 从单纯的人生启迪走向内在因果梳理——《走一步，再走一步》解读

由于文本定位发生了转变，也就不能再停留在心理学的原始价值上了，而应该适应课程与教学的需求，具有语言、思维、审美、文化等语文价值。为此，教材编写者对其进行了大幅删改。删改后的《走》文是一篇具有多重语文价值的课文，对其解读时应该从多个层面展开，而不能仅仅局限于心理学视角。

二是《走》文是一篇小说，应该按照小说的方式解读。小说是一系列事件或故事碎片的因果串联，[①] 从这个意义上讲，梳理小说内在的因果关系，才是解读该小说最为直接、最为根本的线索与路径，而不是把解读的主要注意力集中在小说对读者的人生启迪上。

因此，无论从文本性质的转换，还是从文本文体的定位来看，解读《走》文都不应该把注意力过于集中在结局以及结局给人的人生启迪上，而要更多地关注文本的语文价值，关注文本内在的因果关系。这样，才能更为深入地解读这篇小说。

一、内在因果：在胚胎中渲染

解读《走》文，首先要关注这篇小说的写作胚胎：

那是在费城，一个酷热的七月天——直到56年后的今天，我仍能感受到当年那股灼人的热浪。　　（课文第1自然段）

（一）解读"酷热"

在这个看似简单的写作胚胎中，有个语言现象，需要引起注意。那就是，除了写作胚胎中两次出现"热"之外——"酷热"和"灼人的热浪"，《走》文的其他部分再也没有出现"热"字，更没有对

---

① 许荣哲. 小说课（贰）：偷故事的人［M］. 北京：中信出版集团，2016：10.

那个"酷热的七月天"进行渲染。这是为什么？难道暗含着什么玄机吗？

对此，我们可以参照《走》文的另一个译本来分析：

> 那是费城七月里一个闷热的日子，虽然时隔57年，可那种闷热我至今还能感觉得到。①

在这一版本中，译者没有使用"酷热"这个词，而是选择了"闷热"。要知道，"酷热"跟"闷热"在词义上是有细微差别的。"酷热"指天气极热，而"闷热"是指天气很热，气压低，湿度大，使人感到呼吸不畅快。这两个词虽然都指天气很热，温度很高。不过，"酷热"多指外在的自然温度，而"闷热"则更多地指向人的内在感受。

很显然，这一译文跟课文是有差异的。我们需要思考的是，这种差异是译者个性化的翻译造成的吗？我们先来看写作胚胎的英文版是如何表述的：

> It was a sultry day in Philadelphia in July, although the first time in fifty – seven years, but I can still feel that hot.

原文中使用的是"sultry"这个单词，这个词有闷热的、（指天气）湿热难耐的意思，它跟"hot"多指天气热是不一样的。可见，原文也倾向于"闷热"，倾向于人的内在感受。

也就是说，把写作胚胎的第一句话翻译为"那是费城七月里一个闷热的日子"可能更合适些。这样，我们便明白了，既然"sultry"

---

① ［法］莫顿·亨特. 悬崖上的一课［J］. 初中生，2014（13）：14.

的主要指向不在外在的温度有多高，环境有多恶劣，那么，《走》文除写作胚胎之外，没有对天气有多炎热进行再次渲染，也就可以理解了。

不过，在解决了这一问题之后，随之又产生了另外一个问题：究竟是什么竟然让"我""闷热"了五十六年之久？这便需要结合"仍能"这个词来解读了。

（二）解读"仍能"

"悬崖上的一课"发生于五十六年前的一个"闷热"的七月天，虽然事情已经过去半个世纪之久了，可是"我仍能感受到当年那股灼人的热浪"。可见，当年的事给"我"的影响有多大。这里的"仍能"是依旧、依然、如故、照旧的意思，它极力强调了这种影响的巨大而深远。

那么，究竟是什么样的事情，什么样的感受，什么样的心路历程，让"我"如此刻骨铭心呢？那股"灼人的热浪"究竟是什么呢？

"灼人的热浪"一

当年，"我"之所以决定跟小伙伴们一起去爬悬崖，是因为"我渴望像他们一样勇敢和活跃"。然而，"我"太过胆小、懦弱。从刚开始爬悬崖时害怕得浑身发抖，到吓坏了，再到爬到岩脊上来去不得时的极度恐惧，都深深地震撼了"我"。虽然事情过去这么多年了，但是当年的那种焦灼、恐惧的心理感受仍然如一股"灼人的热浪"深深地铭刻在"我"的心灵深处。

"灼人的热浪"二

当"我"爬到离悬崖顶部三分之二路程的岩脊上来去不得非常恐惧时，除了"我"的好朋友杰里，其他男孩不是安慰"我"、帮助"我"，而是在"我头顶上喋喋不休地议论我"（选自《悬崖上的一课》，选入教材时被删除），讽刺、嘲笑"我"。他们笑"我""像滑稽画里的小人儿"，笑"我""你可以留下来，如果你想的话"。他们不但嘲笑我，而且还把"我"硬生生地扔在了岩脊上不闻不问、不管不顾地走了。

虽说孩子是单纯的，在他们眼中，只有勇敢与否，他们瞧不起怯懦、软弱，我们不能就此简单地认定这些男孩的品质有多差，但是，不可否认的是，他们那样做显然是不友好的，对"我"的伤害也是十分严重。这样的伤害即便过去了五十六年，仍然如一股"热浪"灼烧着"我"，让"我"记忆犹新。

"灼人的热浪"三

关键时刻，杰里带着父亲来救"我"了。只是，父亲的"救"是与众不同的，事实上，与其叫"救"，还不如说，是在父亲的指导下"自救"，即在父亲的指导下，"我"走一步，再一步地走下了悬崖。这样的生命体验，以及通过自身努力克服重重困难最终走下悬崖时所产生的"成就感和类似骄傲的感觉"，同样如"灼人的热浪"刻骨铭心。

正因为当年那股极度恐惧的"热浪"、被嘲笑抛弃的"热浪"和在父亲引领下独自走下悬崖时的"成就感和类似骄傲的感觉"的"热浪"，一直激荡着"我"的心，灼烧着"我"的心，所以，即便历经了五十六年之久，"我"仍然念念不忘，可见当年的事对"我"的影响有多大，有多深远。

至此，我们便明白了，人生启迪只是《走》文极为重要的文学价值之一，除此之外还有更为丰富的语文内涵，而这需要我们从语言、结构入手，从小说的内在因果关系入手，进行更为深入的解读。

二、内在因果：在结构中渲染

《走》文入选统编教材之前，文本结构较为松散，主要是因为在

2. 从单纯的人生启迪走向内在因果梳理——《走一步，再走一步》解读

《走》文的第 17 自然段后，即"我"在悬崖的岩脊上来去不得时插入了"我"的三个生活片段——1945 年去敌占区侦察、1957 年写书和 1963 年离婚，然后，又在《走》文的倒数第一段之前大段地插入了上述三个生活片段的结果，这才结束全文。很显然，如此松散而冗长的文本，是不适合做课文的。为此，入选统编教材时，教材编写者对其进行了大幅度的删改。删改后的《走》文结构更为紧凑，主题更为集中，或许正因为此，人们才多把注意力集中在小说结局给人的人生启迪上。其实，删改后的《走》文，在结构上不但更为紧凑，而且也很有特色，尤其是其紧密的内在因果关系，为《走》文丰富的主题与深刻的内涵打下了基础，而这需要我们换一种思路进行细细解读。下面，便借用"七步"叙事法，即从目标、阻碍、努力、结果、意外、转折、结局等七个方面对其做简要分析。

首先是目标。

表面看来，"我"和几个男孩的行动目标是爬悬崖，其实，这样表述并不严谨。通读全文便可发现，《走》文主要写的是"我"的生活，"我"才是小说的主人公，那五个男孩，包括后来出现在小说中的父亲都不是主人公，所以，应该从"我"的角度来解读行动目标。从课文第 4 自然段可知，"我"的目标是"渴望像他们一样勇敢和活跃"。

这里需要说明的是，用目标来界定"我"的行动诉求，并不太准确，用梦想似乎更合适一些。许荣哲认为"梦想比较接近心灵的层次，目标则容易沦为表象的层级"[①]，简单地说，梦想更接近精神层面，而目标则趋向于物质层面。所以，若把爬悬崖作为"我"的行动目标，小说的主题与内涵就会单薄许多，因为这个行动目标更多地趋向于物质层面，离人的精神较远；而把"渴望像他们一样勇敢

---

① 许荣哲．小说课（贰）：偷故事的人［M］．北京：中信出版集团，2016：11.

和活跃"作为"我"的梦想的话，小说的主题与内涵便会丰满许多，因为它更趋向于精神层面。

然后是阻碍。

在实现梦想的过程中，如果没有遇到阻碍，一行动便得到想要的结果，这样的小说是没有多少文学意义的。事实上，只有有了阻碍，小说情节才扣人心弦，小说的主题与内涵才能得以深化与彰显。

《走》文中的"我"遇到的阻碍是"我"较为病弱，性格胆小、懦弱，不敢冒险。这是一种内在的阻碍，它跟外在的阻碍是不一样的。外在的阻碍，是客观存在的，更倾向于物质层面，通常只要条件允许，策略、方法正确，便能克服。然而，"我"遇到的是性格上的缺陷，这是一种内在的阻碍，更倾向于心理、精神层面，即便策略、方法正确，其克服阻碍、实现梦想的过程，也是很艰难的。正因为此，小说情节才会一波三折、跌宕起伏。

接着便是努力。"我"鼓起勇气去爬悬崖，从害怕到非常害怕，再到极度恐惧，"我"努力的过程异常艰难。然而，如此努力地克服阻碍换来的结果，却是"我"在岩脊上来去不得。如果小说到这儿便结束的话，那么，这篇小说的文学意义就有限了。就在这时，意外发生了，"我"的好朋友杰里带着父亲来救"我"了。于是，小说发生了转折。在父亲的引导下，"我"克服阻碍走一步，再一步，终于靠着自己的力量走下了悬崖。这便是结局。

至此，我们便明白了，《走》文并不是故事碎片的简单串联，各个故事碎片之间是有着密不可分的内在因果关系的。正因为有了梦想，所以，才想着实现梦想；正因为在实现梦想的过程中遇到了阻碍，所以，才要努力克服阻碍；正因为努力克服阻碍并没有获得想要的结果，才为意外的产生准备了条件；正因为意外产生了，故事才有新的转折，并产生了结局。可见，《走》文中故事碎片之间的联系有多紧密，结局只是其中的一个方面而已，所以，仅仅从结局给人们的启迪去解读，是不全面的。

那么，《走》文有着怎样丰富的主题与内涵呢？这还得从故事的因果关系，从人物的行动过程进行具体的解读。

三、内在因果：在行动中渲染

纪实性的叙事散文、报告文学大都用细节描写塑造人物性格、凸显人物品格，但以虚构见长的小说并非如此。其通常在行动过程中，在内在因果关系中，通过克服障碍的方式来塑造人物性格、凸显人物品质。

（一）心路历程见成长

前面提到"我"的梦想是"渴望像他们一样勇敢和活跃"，这是一个指向灵魂、指向精神层面的追求。其实现的过程，便是心理成长的过程。只是需要注意的是，心理的成长不是自然而然产生的，而是在克服障碍的过程中，在心路历程的不断渲染中慢慢实现的。

渲染一：

> "我来了！"我喊道，然后跟在他们后面跑。　（课文第5自然段）

五个男孩要去爬悬崖，起先"我"是犹豫的，虽然"我渴望像他们一样勇敢和活跃"，但是毕竟在过去八年的岁月中，"我"大部分时间是一个病弱的孩子，而且母亲也警告"我"不能冒险。"我"要突破的既有身体本身的障碍，也有心理的障碍。就在这时，好朋友杰里鼓励"我"说："就因为你过去生病，所以就要当胆小鬼？这没道理。"于是，"我"这才鼓起勇气，跟男孩子们去了。从"我来了！"后面的感叹号可以看出，"我"是下了很大的决心，才决定跟他们走的。这是"我"突破心理障碍的第一步，也是最为重要的一步。

渲染二：

> 我犹豫不决，直到其他孩子都爬到了上面，这才开始满头大汗、浑身发抖地往上爬。手扒在这儿，脚踩在那儿，我的心在瘦弱的胸腔中怦怦地跳动，我努力往上爬着。（课文第7自然段）

从第6自然段可知，从底部岩石到顶部边缘只有六十英尺，大概十五米，这是斜坡的距离，悬崖的绝对高度应该不到十五米，所以，对于其他孩子来讲根本就算不上什么，他们一个接一个地往上爬，便是明证。但是，对"我"来说是不一样的，那是"严禁和不可能的化身"。于是，人们在解读这段动作（心理）渲染时，大都把注意力集中到"满头大汗""浑身发抖""怦怦地跳动"等词语或短语上，认为这些词语写出了"我"刚开始爬悬崖时的害怕。这自然没有错。

但是，害怕是"我"心理成长过程中某一时段的心理状态，它本身并不足以代表心理成长。我们还应该注意到这段话中的另外一句："我努力往上爬着。"面对旁人看来并不算高的悬崖，"我"虽然特别害怕，却终究没有停下脚步。这至少说明，"我"的心理在成长，"我"在努力实现自己的梦想，尽管很害怕。

渲染三：

> 不知何时，我回头向下看了一眼，然后吓坏了：悬崖底下的地面看起来非常遥远；只要滑一下，我就会掉下去，撞上崖壁，然后摔到岩石上，摔个粉碎。（课文第8自然段）

2. 从单纯的人生启迪走向内在因果梳理——《走一步，再走一步》解读

人们在解读这段心理渲染时，通常抓住"遥远""粉碎"来分析、感受"我"爬悬崖时的恐惧。其实，我们在分析这段话的同时，还应该联系第9自然段中的一段话去理解：

> 我努力向他们爬过去。我缓慢地爬着，尽可能贴近里侧，紧紧地扒住岩石的表面。

在"我"被"非常遥远"的距离和有可能脚滑摔碎吓坏的时候，"我"依然没有停下脚步，依然努力向男孩子们爬去，尽管"我"爬得很缓慢，爬得很小心。这便是一种心理成长，一种实现梦想的努力，而这才是难能可贵的。

渲染四：

> 我往下看，感到阵阵晕眩；一股无名的力量好像正在逼迫我掉下去。我紧贴在一块岩石上，感觉天旋地转。我想掉头回去，但知道我绝对回不去了。这太远，也太危险了；在悬崖的中途，我会逐渐感到虚弱、无力，然后松手，掉下去摔死。但是通向顶部的路看起来更糟——更高，更陡，更变化莫测，我肯定上不去。我听见有人在哭泣、呻吟；我想知道那是谁，最后才意识到那就是我。　（课文第16自然段）

这是《走》文中最为精彩的心理渲染。从"阵阵晕眩""天旋地转"的恐惧，到较为清醒地思考、分析回去还是留下，以及向上爬的困难程度，再到极度恐惧下"我"的思想、情感、行为、意识发生了暂时的分裂，错误地以为别人在呻吟，在哭泣，三次层层递进的渲染，渲染了"我"从很恐惧到极度恐惧的心理变化的过程。从某种意义上讲，这个心理变化过程本身，便是"我"的心理成长的过

程。而且，正是因为这样的心理感受太过强烈，当"我"在父亲的帮助、引导下通过自身的努力终于爬下悬崖时，"我"才更加刻骨铭心。这样的心理成长，"我"是一辈子都不会忘记的。

渲染五：

> 突然，我向下迈出了最后一步，然后踩到了底部凌乱的岩石，扑进了爸爸强壮的臂弯里，抽噎了一下，然后令人惊讶的是，我有了一种巨大的成就感和类似骄傲的感觉。　（课文第28自然段）

这里通过"扑""抽噎"等动作描写渲染了"我"在父亲的帮助下，终于实现梦想后的一种极度快乐、兴奋的心理，渲染了通过艰难的努力终于成长起来的无比幸福的心理，而"我有了一种巨大的成就感和类似骄傲的感觉"更是对这种心理的直接表达。

从上述五处渲染可知，从决定跟男孩子们一起爬山，到很害怕，到被吓坏了，"我"都在努力向上爬，后来，被抛弃在岩脊上来去不得而极度恐惧，最后，在父亲的引领下，"我"终于爬下了悬崖，"我"的心理终于在"走一步，再走一步"的过程中逐步成长起来，虽然还谈不上像他们一样勇敢和活跃，但至少离自己的梦想又近了一大步。

（二）他人言行衬艰辛

在"我"的心理成长的过程中，不得不提到五个男孩的言行。人们通常认为，除杰里外，其他几个男孩的冷漠、嘲笑、奚落伤害了"我"的心灵，以至于历经五十六年之后，"我"依然没有忘记当年那股"灼人的热浪"。前面我们已经提到，孩子是单纯的，在他们眼中，只有勇敢与否，他们瞧不起怯懦、软弱，所以我们并不能就此简

2. 从单纯的人生启迪走向内在因果梳理——《走一步，再走一步》解读

单地认定这些男孩的品质差，尽管他们不友好的言行确实伤害了"我"。其实，如果从行文的角度来看，伙伴们的冷漠、嘲笑、奚落还有另外一层意思，另外一层作用，或许这才是作者真正的写作目的。

请看渲染一：

> 但是那些男孩子正在我头顶上喋喋不休地议论我，他们已经爬到了距离悬崖顶部三分之二路程的岩脊上，那里大约有五六英尺深，15英尺长。我努力向他们爬过去。我缓慢地爬着，尽可能贴近里侧，紧紧地扒住岩石的表面。其他的孩子则站在靠近边缘的地方，甚至勇敢地向下面小便，这种情景让我感到反胃，我偷偷地抓住背后的岩石。（选自《悬崖上的一课》，教材选入时对加点部分做了删改）

表面看起来，那些已经爬到岩脊上的男孩不但不帮助"我"，不鼓励"我"，还在上面喋喋不休地议论我，这似乎太冷漠了些。他们甚至还站在边缘的地方向下面小便，更似一种恶行，一种挑衅性的奚落。但是，我们应该注意到"勇敢"这个词，其实，无论是他们对我"喋喋不休"的议论，还是向下面小便，都不是渲染他们的品质有多恶劣，而只是说明他们崇尚勇敢，瞧不起怯懦、软弱罢了，尽管这样的行为方式不值得推崇。

解决这个问题后，我们就需要进一步思考了，作者为什么要如此渲染男孩子们对我的所谓的冷漠与奚落呢？

要想解决这个问题，还得到文本中寻找答案。我们注意到，在渲染一中，有这样一句话："我努力向他们爬过去；我缓慢地爬着，尽可能贴近里侧，紧紧地扒住岩石的表面。"从这句话可知，虽然我遭到了男孩子们的议论、挑衅性的奚落，但是我依然没有停下脚步，还

是向他们爬去，尽管缓慢，尽管害怕地贴近里侧，紧紧地扒住岩石的表面。这一方面说明"我"的心理在成长，"我"在努力实现自己的梦想，而另一方面，也是最为重要的一个方面，是用男孩子们的议论、挑衅性的奚落来反衬"我"成长的艰辛。男孩子们越是喋喋不休地议论"我"，越是挑衅性地奚落"我"，便越是反衬出"我"心理成长的艰辛。而越是艰辛，"我"从那件事中获得的人生启迪，便越是刻骨铭心。

渲染二：

> "再见啦！看你就像滑稽画里的小人儿。"他们中的一个说道，其他的则哄堂大笑。　（课文第 12 自然段）
>
> "但是我不能……我……"这句话刺激了他们，他们开始嘲笑我，发出嘘声，然后继续向上爬，这样他们就可以从崖顶绕道回家。在离开之前，他们向下盯着我看。　（课文第 13 自然段）
>
> 内德嘲笑说："你可以留下来，如果你想的话。"　（课文第 14 自然段）

对于上述渲染，人们通常从"像滑稽画里的小人儿"的嘲笑，"向下盯着我看"的冷漠以及"你可以留下来"的奚落中，从他们把"我"一个人抛在悬崖上的举动中，解读这几个男孩的行为有多么的不友好。对此，前文已有论述，这里不再赘言。不过，除此之外，作者这样写还跟渲染一有着相同的目的，即通过男孩子们对"我"的冷漠与奚落来反衬"我"心理成长的艰辛。这些男孩子越是肆无忌惮地嘲笑"我"、奚落"我"，便越是反衬出"我"心理成长的艰辛。而"我"心理成长的过程越是艰辛，便越使那件事中获得的人生启迪在"我"的心里烙下的印迹更深，继而产生的影响更久远。

所以，从这个意义上讲，这几个男孩并不完全是负面的形象，他们的言行，其实，也是"我"在"走一步，再走一步"的过程中，获得身心成长的一个必不可少的途径与方式。

（三）克服阻碍塑性格

《走》文之所以使"我"，使读者获得如此深刻的人生启迪，跟父亲的性格特点，跟"我"走下悬崖的方式有着很大的关系。而人物的性格特点并不是凭空产生的，它是由人物克服阻碍的行为方式决定的。下面，我们便来看看《走》文是如何塑造父亲的性格的，请看渲染一：

> 他用手电筒照着我，然后喊道："现在，下来。"他用非常正常的、安慰的口吻说道："要吃晚饭了。"　　（课文第19自然段）

父亲来救"我"时，"我"有一句心理独白"他爬不上来"，从这句话可知，"我"的第一反应是，"我"希望父亲爬上悬崖直接把"我"救下来。如果真是那样的话，小说到第18自然段就可以结束，整篇小说将会减少将近50%的篇幅。这倒是其次。关键是，这样写的话，虽然那天发生的事同样会让"我"刻骨铭心，但是给"我"的人生启迪却完全两样了，而且，父亲的人物形象也会变得扁平，使《走》文的文学意义与价值减损了许多。

好在《走》文并没有这样写，请看渲染一中的两句话："现在，下来。""要吃晚饭了。"我们注意到这两句话的末尾用的都是句号，不是感叹号。这给人的感觉是，父亲让"我"走下来的不过是一个小小的悬崖罢了，充其量只能算是一个稍微陡一点的土坡而已。这种轻描淡写的表述，使"我"极端恐惧的心理舒缓了不少。而"要吃晚饭了"更是把走下悬崖跟平常得不能再平常的回家吃饭等同起来，则进一步安慰了"我"恐慌到极点的心理，充分彰显了父亲的智慧。

渲染二：

"你能爬上去，你就能下来，我会给你照亮。" （课文第21自然段）

当"我"还是不敢爬下悬崖时，父亲便从道理上鼓励"我"，说"我"能爬上去，就能自己下来。

渲染三：

不要想有多远，有多困难，你需要想的是迈一小步，这个你能做到。 （课文第23自然段）

当"我"还是没有信心时，父亲便在方法上鼓励我，让我先迈出一小步，而这一小步，"我"显然是能够做到的，这便极大地增强了"我"的自信心。于是，"我"便在父亲的指引下一步一步地走下悬崖。

渲染四：

爸爸强调每次我只需要做一个简单的动作，从来不让我有机会停下来思考下面的路还很长，他一直在告诉我，接下来要做的事情我能做。 （课文第27自然段）

父亲让我每一次只做一个简单的动作，从来不让"我"有思考的机会，这已经不单单是一个具体的方法了，而是人生智慧。他这样做是为了让"我"不被自己吓倒，从而，让"我"专注于当下自己能做的事情。

这样，从心理的安慰，到道理的鼓励，到方法的鼓励，再到策略性的运作，"我"在父亲的指引下终于顺利地走下了悬崖。正因为此，人们大都折服于父亲的智慧。

不过，如果换一个角度来看，或许还有新的理解。

其实，"我"身处险境时，父亲并非没有其他的选择。但是，父亲却选择了这样一种方式。这样的方式不仅展现了父亲的智慧，而且更多地表现了父亲对儿子深深的爱。要知道，作为父亲，他不可能不知道过去八年的绝大部分时间，"我"都是一个病弱的孩子；他不可能不知道"我"太过胆小、懦弱。在当时的情况下，父亲直接把"我"从悬崖上救下来，不是不可以，但是那样的话，"我"便失去了一次很好的成长机会，"我"就很难像小伙伴们一样勇敢和活跃。而父亲选择这样的方式让"我"自己走下悬崖，则会让"我"对人生，对未来树起极大的信心。事实上，也的确深深地影响了"我"的一生。所以，父亲的行为方式不仅表现出了父亲的智慧的光芒和独特的性格特点，更是让"我"在"走一步，再走一步"的人生经验的获得的过程中，体悟到父亲对"我"的深深的爱。

综上所述，解读《走》文仅仅从文本结局以及结局给人的人生启迪来展开，是不够的，还应该从语言、结构，从小说的内在因果关系入手，这样才能解读出《走》文更为丰富的语文内涵。

3. 温情中的哀愁：人性的"亡失"

——《猫》解读

郑振铎的《猫》情节较为生活化，许多人认为应该把它看作一篇散文。从散文的角度来看，"猫就是猫，就是作者家前后养的三只猫，这不是精心安排的，就是作者的一段生活。"并且在这一段生活中，由一条感情的线索串联了三只猫，这个感情的线索便是作者情感的变化和自我的反思。① 换句话讲，如果把《猫》这篇文章当作散文来看的话，那么，这篇文章的"主要人物"是作者"我"，而不是猫，且主要表现的是作者"我"的情感的变化和自我的反思。据此，本文的主旨应该是表达了作者对当时社会人生的感触，表现了一个进步知识分子严于律己的精神和仁爱之心。② 或是揭示了无论做什么事情，千万不能凭个人的好恶、私心和偏见加以处置，否则就会出差错，甚至造成无法补救的严重过失的道理。③

也有不少人不同意这样的看法。他们认为这篇文章应该看作一篇

---

① 黄厚江. 散文：指向心灵的阅读［J］. 中学语文教学参考，2018（Z1）：104.

② 人民教育出版社课程教材研究所中学语文课程教材研究开发中心. 义务教育教科书教师教学用书语文七年级上册［M］. 北京：人民教育出版社，2016：222.

③ 同②.

散文化的小说。其理由是：《猫》是郑振铎的小说集《家庭的故事》中的一篇，它当然是小说。况且作者在《自序》中也有特别的说明："他们（指集子中的故事）并不是我自己的回忆录，其中或未免有几分是旧事，但绝不是旧事的纪实。"如果这个论述成立的话，从小说的角度来看，本文的"主要人物"就不再是作者"我"，而是猫了。本文着力表现的也不是作者"我"的情感的变化和自我的反思，而是通过猫的故事和猫的形象告诉读者，人就是这样的，生活就是这样的，世界就是这样的。① 从这个角度来解读的话，本文的主旨是揭示了生活中不幸的原因。而这个不幸的原因，从根本上说，就是由它们的弱小地位造成的。②

这就是说，对于《猫》这篇文章，无论是文体界定，还是主旨探寻，都存在着不同的看法，且差异较大。那么，如何解读这篇文章才是科学的、理性的、合适的呢？我们以为，必须依据课程、教材的要求和文本的特质，选择一定的角度，运用科学的解读工具，进行适当的解读。

一、解读本文的逻辑起点

要想科学、理性地解读这篇文章，首先得弄明白解读这篇文章的逻辑起点是什么。而想弄明白解读这篇文章的逻辑起点，还得先从本文的文体说起。厘清了文体，文本的解读路径便明晰了，解读本文的逻辑起点自然也就找到了。

上面我们已经提到，关于《猫》文的文体，学界争议很大，但总体来看，其实切入的角度是一样的，都以文本内容是否真实为

---

① 黄厚江. 散文：指向心灵的阅读［J］. 中学语文教学参考，2018（Z1）：104.

② 张必锟.《猫》的主题思想和艺术特色［A］//人民教育出版社课程教材研究所中学语文课程教材研究开发中心. 义务教育教科书教师教学用书语文七年级上册. 北京：人民教育出版社，2016：230－231.

依据。

但问题是，以文本内容是否真实为唯一依据来判定一篇文章是散文还是小说，这样做是否靠得住呢？我们以莫怀戚的《散步》为例做一些说明。

大家都认为《散步》是散文，按说它应该是写实的，然而，这篇文章是完全写实的吗？我们且看莫怀戚自己是怎么说的——

> 为了突出"责任感"，特意改造出歧路之争，由我裁决，不能两全这个重要细节。事实是有歧路，无争执——祖母宠孙子，一下子就依了他。但不加改造，无以产生表现力。
>
> 而且那次也只背了儿子，并未背母亲……①

从莫怀戚的表述中，不难发现，一家三辈四口人去散步确有其事，但是"我"并没有背母亲，也没有歧路之争。可见《散步》这篇散文并不完全是写实的，也有虚构的成分，但这并不影响人们对《散步》这篇文章的文体判定。由此可见文本内容是否真实并不是判断一篇文章是散文还是小说的唯一依据。

其实，任何文章都是作者的"孩子"，作为"母亲"——这篇文章的作者，虽然给了它良好的"遗传基因"，也拥有后天呵护的权利，但"孩子"从"母亲"的肚子里诞生之后，"孩子"的成长与发展，总体来说，是很难干预或是代替的。所以，郑振铎尽管把《猫》编进了小说集《家庭的故事》，也在《自序》中强调集中所记之事，绝不是旧事的纪实——这是作者"生育"《猫》这个"孩子"的权利，但是生下这个"孩子"之后，应该如何判定它的文体与主旨，并不是完全由作者说了算的。

---

① 莫怀戚.《散步》的写作契机［J］.语文学习，1995（3）：7.

那么，如何界定《猫》文的文体呢？

笔者以为，以本文的文本特质来界定文体可能更准确一些。就本文而言，看起来，"我"是贯穿全文的人物，而且，每只猫的"亡失"都引起了"我"情感上巨大的波澜。这些似乎都符合散文的基本要素。但是如果我们细细地分析三次亡失猫时"我"在感情上的变化，就会发现一些问题："我"的酸辛、愤恨和自我谴责之间有关联，但似乎不太紧密，而且它们之间很难理出一条有着内在联系的情感线索来。这便是人们在概括《猫》文的主旨时，常常从"我"第三只猫亡失后的情感变化进行提炼的根本原因。"仁爱说"如此，"偏见说"也是如此。这就是说，从文本本身的特质来看，把这篇文章当作散文来看是不太恰当的。

而当作小说看就不一样了。当作小说看的话，"猫"便是文章的主要"人物形象"，且不是单一的静态的"人物形象"，而是以一种层层递进的形式向前发展的"人物形象"。如果说第一只猫的亡失是开端，第二只猫的亡失是发展的话，那么，第三只猫的亡失便是小说的高潮，从而，使得"猫"这一"人物形象"更深层次更广领域地表现了"这样的人，这样的社会，这样的世界"。也就是说，从实际效果来看，把"猫"当作"主要人物"，把这篇文章当作小说来解读的话，这篇文章塑造的"人物形象"会更为丰满，展现的社会画面会更为广阔、更为深透，产生的审美空间会更具张力。

回到刚才的话题上来，把这篇文章当作小说来看，并把三只猫的不幸遭遇看成一个整体进行解读，便解决了解读这篇文章的逻辑起点的问题。至于，以小说的角度解读这篇文章得出"动物弱小"的主旨论，许多人并不认同。要想解决这个问题，就必须依据文本本身的特质做理性的解读。

二、悲剧：在渲染与反衬中浓厚

解读一篇文章仅仅弄清楚了逻辑起点，还是不够的，还需要运用一定的解读工具，对文本本身进行科学而理性的解读。这样，才能真正读出文字背后的思想、情感、文化等。笔者以为可以把"非构思"理论作为解读《猫》文的工具。

根据"非构思"理论，首先需要关注文章的写作胚胎，因为一篇文章的写作胚胎具有"全息"的特质，文章主旨，至少文本指向常常暗含在写作胚胎中。

《猫》文的写作胚胎是文章的第一句话："我家养了好几次的猫，结局总是失踪或死亡。"这句话中有两个重要信息要关注。第一个是，它告诉人们，"我"家不是养了一次猫，而是养了几次猫。《猫》文想表达的猫的某种特性不仅仅体现在一只猫身上，而是体现在更多，甚至所有的猫身上，即猫的身上体现了一种具有普遍性的社会特性或者某种共性的人性等等。其次，要关注"总是"这个词。"总是"不是一般的概括性词语，作者通过它在极力地强调"我"家所养的猫的结局是相同的：不是失踪就是死亡。这便不得不使人思考一个问题：是什么原因导致猫几次亡失？"动物弱小"论只是猫亡失的表面原因。事实上，动物是很弱小，但只要人的人性没有亡失，只要这个社会没有尊卑等级观念，再弱小的猫也不一定亡失。所以，这不是作者要思量与探讨的问题。

作者要思考的是：是什么原因制造了"弱小动物"不断亡失的人间悲剧？是什么样的人性的亡失和社会根源性的弊疾，使得千千万万生活在社会底层的"猫"，在看似"平平淡淡的"家庭生活中，"轻笼"着阵阵"哀愁"？

要解决这个问题，就得运用"非构思"理论，从渲染与反衬思维切入，来研读《猫》文是如何营造一种悲剧氛围的。

（一）悲剧：在新鲜与快乐的渲染反衬中

要想弄明白作者是如何营造一种悲剧氛围的，首先得看一看作者是如何渲染猫的鲜活的生命和猫的亡失给"我们"带来的忧郁之情的。

1. 渲染：鲜活的生命

作者是这样渲染第一只猫的鲜活生命的——

渲染一：

> 花白的毛，很活泼，常如带着泥土的白雪球似的，在廊前太阳光里滚来滚去。　（课文第 1 自然段）

这是从颜色、情态的角度来渲染第一只猫的鲜活生命。

渲染二：

> 三妹常常地，取了一条红带，或一根绳子，在它面前来回地拖摇着，它便扑过来抢，又扑过去抢。　（课文第 1 自然段）

这是从三妹逗它时，它的动作的角度来渲染第一只猫的鲜活生命。

渲染三：

> 我坐在藤椅上看着他们，可以微笑着消耗过一二小时的光阴，那时太阳光暖暖地照着，心上感着生命的新鲜与快乐。
> （课文第 1 自然段）

这是直接从"我"的心理感受的角度来渲染第一只猫的鲜活生命。

2. 渲染：忧郁之情

然而，这样可爱的，能够给"我们"带来许多"新鲜与快乐"

39

的猫，竟然得病死去了，使"我们"十分的忧郁。文章为了把"我们"的忧郁之情抒写得足够浓厚，又进行了三次渲染。

渲染一：

> 后来这只猫不知怎地忽然消瘦了，也不肯吃东西，光泽的毛也污涩了，终日躺在厅上的椅下，不肯出来。 （课文第 1 自然段）

这是从猫的消瘦、厌食、色泽、慵懒的角度来渲染"我们"的忧郁之情。

渲染二：

> 三妹想着种种方法去逗它，它都不理会。我们都很替它忧郁。 （课文第 1 自然段）

这里总写三妹用了好多办法逗猫，希望它如往常一样活泼可爱，可是猫已经病得不行了，怎么逗它，它都不理会三妹。于是，"我们"都替这只猫忧郁，这是第二次渲染"我们"的忧郁之情。

渲染三：

> 三妹特地买了一个很小很小的铜铃，用红绫带穿了，挂在它颈下，但只显得不相称，它只是毫无生意地、懒惰地、郁闷地躺着。 （课文第 1 自然段）

这里细写三妹用铜铃来逗第一只猫，猫还是毫无生气。这是第三次渲染"我们"的忧郁之情。

3. 在反衬中形成悲剧氛围

从总体上讲，作者写第一只猫的亡失，运用的是反衬思维，是通过对第一只猫的鲜活生命的渲染来反衬它的病亡给"我们"带来的忧郁之情。文本越是渲染猫的生命多么的鲜活，越是渲染它给"我们"带来了多少快乐，就越能反衬出猫的病亡给"我们"带来的忧郁之情，就越能营造一种浓浓的悲剧氛围。而这才是"我"感到"一缕的酸辛"的真正原因。

需要特别说明的是，"我心里也感着一缕的酸辛，可怜这两月来相伴的小侣"一句并不是一种散文式的表达，不是表达"我"对生活中的"猫"这个特定的人或物的独特的与众不同的情感——酸辛；实际上，它是一种小说式的表达，"我"并不是小说的主角，而是一个观察者，一个故事的见证者。写"我""感着一缕的酸辛"，其实是对小说"主要人物"——一只可爱的猫意外亡失的一种悲剧氛围的渲染。

不过，这样的悲剧毕竟是"天灾"所致，是人力所不能违逆的，所以，悲剧性虽有，却不是特别的浓厚、深重，还需要如故事情节一般从开端走向发展，再走向高潮。于是，才有了"我"对三妹的安慰："不要紧，我再向别处要一只来给你。"

（二）悲剧：在趣味与活泼的渲染反衬中

写第二只猫时，作者运用的也是渲染反衬思维，进一步浓厚了本文的悲剧氛围。

1. 渲染：猫的趣味与活泼

作者是这样渲染猫的趣味与活泼的：

渲染一：

> 它在园中乱跑，又会爬树，有时蝴蝶安详地飞过时，它也会扑过去捉。 （课文第3自然段）

这是从猫乱跑、爬树、捉蝴蝶这三个细节来渲染第二只猫的趣味与活泼。

渲染二：

> 它似乎太活泼了，一点儿也不怕生人，有时由树上跃到墙上，又跑到街上，在那里晒太阳。　　（课文第3自然段）

这是从猫不怕生人竟然在大街上晒太阳的角度来渲染第二只猫的趣味与活泼。

渲染三：

> 我们都很为它提心吊胆，一天都要"小猫呢？小猫呢？"地查问好几次。每次总要寻找了一回，方才寻到。三妹常指它笑着骂道："你这小猫呀，要被乞丐捉去后才不会乱跑呢！"　　（课文第3自然段）

这是侧面渲染，用"我们"为它提心吊胆地查问、寻找以及三妹的笑骂来渲染第二只猫的"趣味与活泼"。

渲染四：

> 饭后的娱乐，是看它在爬树，隐身在阳光隐约里的绿叶中，好像在等待着要捕捉什么似的。把它捉了下来，又极快地爬上去了。　　（课文第3自然段）

这也是侧面渲染，是从"我们"把猫爬树当作饭后娱乐来渲染第二只猫的趣味与活泼。

像这样的渲染如果仔细寻找还有一些，它们都是为了明晰一个写作意图：渲染第二只猫的趣味与活泼。

2. 渲染：我们的怅然之情

但是如此有趣味，如此活泼的小猫竟然再次亡失了，"我们"不免十分怅然起来。这里也多次运用了渲染思维：

渲染一：

大家都不高兴，好像亡失了一个亲爱的同伴，连向来不大喜欢它的张妈也说："可惜，可惜，这样好的一只小猫。"　（课文第9自然段）

这里先总体渲染第二只猫亡失之后大家的郁闷之情，然后，重点突出渲染"向来不大喜欢它的"张妈都觉得亡失了第二只猫甚是可惜。张妈尚且如此，就更别说别的人了。

渲染二：

三妹很不高兴的，咕噜着道："他们看见了，为什么不出来阻止？他们明晓得它是我家的！"　（课文第12自然段）

这里渲染的也是郁闷之情，所不同的是，三妹是最爱猫的，她跟别人对猫的感情是不一样的。第二只猫亡失，她自然会更加郁闷，尤其是当她知道隔壁周家丫头明明看见小猫被盗却不阻止后，她的郁闷之中更增添了一些愤怒。

渲染三：

我也怅然地，愤恨地，在诅骂着那个不知名的夺去我们所爱的东西的人。　（课文第13自然段）

这里从"我"的角度来渲染怅然之情。需要注意的是，张妈只是有点不高兴，三妹也仅仅是在"咕噜"中表现出一点点恼怒罢了，而"我"就不同了，"我"的情感已然是"怅然""愤恨"，甚至有点失态地"诅骂"那个偷盗之人，可见，"我"的怅然之情到了什么样的地步。

实际上，从张妈到三妹，再到"我"，每一次渲染的都是怅然之情，但这个怅然之情，不是一成不变的，而是层层递进、渐渐浓厚着的。这跟第一只猫亡失后，"我"只是感着"一缕的酸辛"是不一样的。

3. 在反衬中浓厚悲剧氛围

那么，作者如此渲染第二只猫的趣味与活泼，如此层层递进地渲染"我们"的怅然之情，意欲何为呢？这两者之间有什么关联吗？

实际上，这里运用的还是反衬思维，即用第二只猫的趣味与活泼来反衬"我们"的怅然之情。第二只猫被渲染得越是有趣味，越是活泼可爱，它的亡失，就越会使"我们"产生一种可惜、怅然，甚至愤怒之情，使小说的悲剧氛围越深厚。

不过，需要注意的是：第二只猫亡失所营造的悲剧氛围，跟第一只猫是不太一样的。因为第一只猫亡失，毕竟是"天灾"所致，非人类刻意而为。所以，第一只猫虽然很可爱，它的亡失是个悲剧，使"我"感觉"酸辛"，但也仅仅是"一缕"而已，原因正在于此。

如果说第一只猫亡失是"天灾"，是可违的，可谅的，那么第二只猫亡失就不一样了。隔壁周家丫头明明晓得它是"我"家的，看见过路的人捉猫，却不出来阻止。这分明是"人祸"。所以，"我们"一家都非常难过，连向来不大喜欢第二只猫的张妈也感到"可惜"，至于三妹很不高兴地咕噜，以及我的怅然、愤恨与诅骂，就更不用说了。因此，第二只猫亡失相比第一只猫亡失是更大的悲剧，它所营造的悲剧氛围，是远远浓于、强于第一只猫亡失的。如果说第一只猫亡失，是本文所表达的悲剧情感和努力营造的悲剧氛围的开端的话，那么第二只猫亡失则是进一步的发展。

（三）悲剧：在丑陋与忧郁的渲染反衬中

第三只猫的亡失写得最详细、最生动，这一部分所表达的悲剧情感和营造的悲剧氛围是最为浓厚、强烈的。很显然，它是本文的高潮部分，需要我们好好地解读。

1. 渲染：丑陋与忧郁

第三只猫显然跟前两只猫是不一样的。那么，究竟有什么不一样呢？下面，我们来看一看作者是如何渲染的。

渲染一：

> 冬天的早晨，门口蜷伏着一只很可怜的小猫，毛色是花白的，但并不好看，又很瘦。它伏着不去。我们如不取来留养，至少也要为冬寒与饥饿所杀。　（课文第 15 自然段）

这是从出身和处境两个角度来渲染猫的丑陋。第一只猫是从隔壁要来的，第二只猫是从二舅家拿来的（也可能是母亲从别处拿来的），但不管怎么说，总还是有出处的。再怎么讲，它们都跟"大家闺秀""名门正派"沾上一点边，而这一只猫就不一样了。它是一只流浪猫，随时都有可能为冬寒与饥饿所杀。它出身卑微，处境艰难，无疑是丑陋的，不被人所爱。

渲染二：

> 大家都不喜欢它，它不活泼，也不像别的小猫之喜欢玩游，好像是具有天生的忧郁性似的，连三妹那样爱猫的，对于它，也不加注意。　（课文第 15 自然段）

这是侧面渲染，从大家对它的态度，尤其是三妹的态度来渲染第三只猫的丑陋与忧郁。

渲染三：

> 有一天，它因夜里冷，钻到火炉底下去，毛被烧脱好几块，更觉得难看了。 （课文第 15 自然段）

这是从毛色的角度来渲染猫的丑陋与忧郁。

渲染四：

> 春天来了，它成了一只壮猫了，却仍不改它的忧郁性，也不去捉鼠，终日懒惰地伏着，吃得胖胖的。 （课文第 16 自然段）

这是从性格、体态的角度来渲染猫的丑陋与忧郁。

很显然，作者所极力渲染的既不是如第一只猫一样的鲜活的生命，也不是如第二只猫一样的趣味与活泼，它出身卑微、处境艰难，它毛色难看、性格慵懒，它是如此丑陋与忧郁，实在是令人惊诧。作者为什么会渲染如此丑的一只猫呢？为什么前后会有如此巨大的反差呢？作者这样写有什么特别的用意吗？

2. 渲染：众人冤枉丑猫

要想弄明白作者这样写的用意是什么，我们得先来看看人们是如何对待这样一只弱小的丑陋的猫的。

渲染一：

> 不是这猫咬死的还有谁？它常常对鸟笼望着，我早就叫张妈要小心了。 （课文第 23 自然段）

第三只猫常常对鸟笼望着，这是事实，但是，这绝不是猫吃鸟的证据。妻子一口咬定就是这只猫咬死了芙蓉鸟，唯一的解释是这只猫非常丑陋，非常忧郁，非常不讨人喜欢，所以一切坏事都是这只丑猫干的。这是通过妻子的武断来渲染对猫的冤枉。

渲染二：

> 它躺在露台板上晒太阳，态度很安详，嘴里好像还在吃着什么。我想，它一定是在吃着这可怜的鸟的腿了，一时怒气冲天，拿起楼门旁倚着的一根木棒，追过去打了一下。它很悲楚地叫了一声"咪呜"，便逃到屋瓦上了。 （课文第27自然段）

仅仅因为它嘴里好像吃了什么，就可以莫须有地认定它吃的一定是鸟腿。不但如此，"我"还怒气冲天地拿起木棒打了它一下。猫是如此弱小，它怎能经受得住一个怒气冲天的男人情绪失控时的一棒。这一棒是致命的，"以至于两个月后，我们家的猫忽然死在邻家的屋脊上"。"我"之所以仅凭想象就给猫定罪并施以惩罚，唯一的解释，便是这只猫的丑陋和忧郁是如此不得人心。这是通过"我"的想象、臆断来渲染对猫的冤枉。

其实，如果细读文本的话，我们会发现，除了妻子和"我"之外，还有不少人也冤枉了这只猫。

3. 在反衬中强化悲剧氛围

然而，那只芙蓉鸟的确不是第三只猫吃的，众人的确冤枉了它。我们需要思考的是，作者为什么要如此大篇幅地渲染第三只猫的丑陋与忧郁，为什么这么多人都冤枉了这只猫？

这里有一个令人深思的现象，或许可以用《圣经》上的一句话，来表达：凡是有的，还要给他，使他富足；但凡没有的，连他所有的，也要夺去。第三只猫出身卑微、处境艰难、外貌丑陋、性格慵懒，还没有作为猫的起码的技能——捉鼠，它的确一无所有，所以人们都不喜欢它，都讨厌它，并想当然地冤枉它，认为所有的坏事都是它干的。这样，第三只猫的悲剧也就在所难免了。

于是，我们这才明白作者渲染第三只猫的丑陋与忧郁，其实是在反衬众人冤枉这只猫。第三只猫被渲染得越是丑陋、忧郁，人们越是冤枉这只猫，就越能表达一种浓厚的悲剧情感，营造一种强大的悲剧氛围。

不过，第三只猫亡失，所表达的悲剧情感和营造的悲剧氛围，跟前两只猫亡失是不一样的。第一只猫亡失是悲剧的开端，但它毕竟是"天灾"，是人力不可违的，"我"也就产生了一丝"酸辛"而已；第二只猫亡失是悲剧的发展，但那是"人祸"，是个别人的"人祸"，且是别人的"人祸"，"我"还可以"怅然""愤恨"，甚至"诅骂"那个该死的制造"人祸"的人。那么，第三只猫亡失呢？

第三只猫亡失，是悲剧的高潮。与前者不同的是，第三只猫亡失是"己过"，是"众人之过"，是"我们"亲手制造的。"我"又该愤恨谁，诅骂谁？所以"我心里十分地难过"，"想到它的无抵抗的逃避，益使我感到我的暴怒、我的虐待，都是针，刺我良心的针"，所以，"我"才十分悲伤地说"自此，我家永不养猫"。

三、哀愁：在因果分析中明晰

至此，我们便产生了这样一个疑问：作者为什么要极力营造一种悲剧氛围呢？作者在努力告诉读者什么呢？要想解决这个问题，就必须从因果分析思维切入，来探寻现象背后的真正原因，而这探寻原因的过程恰恰就是探寻文本主旨的过程。

原因一：

> 妻道："张妈，留心猫，它会吃鸟呢。" （课文第18自然段）

妻子怎么就认定这只猫会吃鸟呢？还不是因为这只猫太丑了，太忧郁了。然而，丑陋的猫，忧郁的猫就一定会吃芙蓉鸟吗？可见，猫的悲剧是妻子的偏见造成的。

原因二：

> 我匆匆跑下去看，果然一只鸟是死了，羽毛松散着，好像曾与它的敌人挣扎了许久。　（课文第 21 自然段）
>
> 我很愤怒，叫道："一定是猫，一定是猫！"于是立刻便去找它。　（课文第 22 自然段）

"我"根本就没有看到是谁咬死了芙蓉鸟，仅仅感觉芙蓉鸟好像挣扎了许久，就一口咬定第三只猫是咬死芙蓉鸟的罪魁祸首。可见，猫的悲剧是"我"的主观臆断造成的。

原因三：

> 妻听见了……便道："不是这猫咬死的还有谁？它常常对鸟笼望着，我早就叫张妈要小心了。张妈！你为什么不小心?!"
>
> （课文第 23 自然段）

妻子仅仅因为猫常常对鸟笼望着，便认定咬死芙蓉鸟的一定是第三只猫。这同样是主观臆断。

原因四：

> 于是猫的罪状证实了。大家都去找这可厌的猫，想给它以一顿惩戒。找了半天，却没找到。真是"畏罪潜逃"了，我以为。
>
> （课文第 25 自然段）

不要说猫的罪状没有证实，即便证实了，一时半会儿找不见猫，便可以认定它是"畏罪潜逃"吗？如此想当然的"我以为"制造了一起悲剧事件，实在是令人不寒而栗。

原因五：

> 它躺在露台板上晒太阳，态度很安详，嘴里好像还在吃着什么。我想，它一定是在吃着这可怜的鸟的腿了，一时怒气冲天，拿起楼门旁倚着的一个木棒，追过去打了一下。它很悲楚地叫了一声"咪呜"，便逃到屋瓦上了。　　（课文第 27 自然段）

仅仅因为猫的嘴里好像还在吃着什么，就认定它一定在吃着鸟的腿，并用木棒打猫。如此"粗暴"，如此"草菅人命"，猫的悲剧能不发生吗？

由此可知，猫的悲剧是由人们的偏见、主观臆断、想当然和个人喜好造成的，而不单单因为它很弱小。这先入为主的偏见，随意强加的主观臆断，草菅人命的想当然，以及毫无原则的个人喜好式的判断、行事，说到底便是人性的丑恶，是人性亡失后的必然表现。换句话讲，造成猫的悲剧的最为根本的原因是人性的丑恶，是人性的亡失，而不是猫本身的弱小。

明白了这一点，再来细读全文，我们便会发现：岂止第三只猫被冤枉了？悲剧岂止属于猫？

试想，妻子怒斥张妈"为什么不小心"时，她为什么"默默无言，不能用什么话来辩护"呢？要知道，张妈其实是有看护芙蓉鸟的。面对妻子的冤枉，她不做任何辩解的原因只有一个：妻子在这个家拥有"至高无上"的地位，她可以对地位比自己低的张妈任意地专制独裁。这个细节告诉人们：只要存在等级高低、地位尊卑，人性的丑恶便会潜滋暗长，人性就会亡失，就会有无数的"猫"被冤枉，就会制造无数的悲剧。这就是"我"为什么如此震惊的原因。要知道，面对第一、二只猫的亡失，"我"也产生了"酸辛"感情，也觉得"愤恨"，甚至"诅骂"，然而，仅仅因为偏见，"我"竟然冤枉了第三只猫，甚至棒杀了它，一手制造了新的悲剧而不自知。"我"十分惊诧地发现：自己也是制造悲剧的罪魁祸首，原来自己的人性也亡失了！

事实上，只要存在等级高低、地位尊卑，只要人性亡失，"我"，"我"的妻子和所能想到的所有人，面对比自己地位尊贵、等级更高的人时，"我们"中的任何一个人都有可能成为那只亡失的"猫"，悲剧就会一再重演。于是，"我"惊住了，这才痛苦而艰难地决定"自此，我家永不养猫"！

这就难怪，在看似平平淡淡的家庭琐事中，在看似温情脉脉的表达中，轻笼着作者无边的哀愁。试想还有什么比人性的亡失，更具悲剧性，更让人感到哀愁呢？

综上所述，从整体出发，以一篇小说的视角从渲染与反衬思维切入解读《猫》文，我们发现作者努力表达的是一种深深的悲剧情感，着力营造的是一种浓厚的悲剧氛围。最后，通过因果思维来探寻作者的写作意图，我们意外地发现：原来本文不是为了表现一个进步知识分子严于律己的精神和仁爱之心，不是阐述什么做事要公正无偏私才不会做错的道理，也不是为了揭示弱小是造成生活不幸的原因，而是在表达平平淡淡的家庭琐事与温情脉脉的表达中轻笼的哀愁——人性的亡失。

4. 悲剧性：在人性的觉醒与自卑的
碰撞中

——《台阶》解读

李森祥的短篇小说《台阶》自 1988 年发表于《上海文学》以来，很受人们的喜爱，曾先后入选人教版、苏教版和鲁教版语文教材。然而，就是这样一篇很受欢迎的文本，对其主旨的解读却存在着较大的争议，给一线教师带来了不小的困扰。

那么，如何才能对《台阶》进行较为合理、较为恰当的有边界的教学化解读呢？

笔者以为，首先得明确《台阶》是一篇小说，不是散文。小说主要通过虚构情节，塑造人物形象，表达对社会生活、人生世相的洞察和思考，它不像散文以写实为主，重在抒情。[①] 把《台阶》的主旨定位为对土地家园和父老乡亲的深厚感情，[②] 似乎算不上对社会生活、人生世相的洞察和思考，倒像是一种散文式的抒情。

其次，我们得明确这是一篇什么样的小说。从"李森祥的生年

[①]　人民教育出版社课程教材研究所中学语文课程教材研究开发中心．义务教育教科书教师教学用书语文七年级下册［M］．北京：人民教育出版社，2017：153.

[②]　洪宗礼．义务教育教科书语文教学参考书九年级下册［M］．南京：江苏凤凰教育出版社，2018：264.

和文章发表的时间来看，《台阶》属于新写实小说"①，这样的现代小说，在情节安排上，相比较传统小说的"叙事的相对集中"和"情节的戏剧化"，它更强调"叙事的相对扩展"和情节的相对"消解与淡化"。它"往往不是以事件而是以人物为叙事线索"，"以细节刻画和心理描写延长和凸显对生活的感觉"。② 这就是说，解读《台阶》这篇现代小说，应该从细节刻画和心理描写入手。

不过，这里有个问题需要说明一下，不是只要从细节刻画和心理描写的角度来解读《台阶》，就一定是合理的、恰当的。因为单纯对《台阶》的细节刻画和心理描写进行解读，稍有不慎，便很有可能走向一种抒情式的散文化解读。这便是许多教师虽然心里认为《台阶》是一篇小说，却在不自觉中把它教成了散文的根本原因。但是，现代短篇小说是不一样的，它主要不在于抒情，而是"以一个结论（谜底）为圆心而做叙述上的迂回与包抄，最终达到这个结论"③。所以，《台阶》中的细节刻画和心理描写不是毫无章法、毫无层次的堆砌，而是指向"圆心"的一种有规则、有方法、有策略的"迂回与包抄"，否则，根本就不可能达到预定的"结论"。而这个"规则""方法""策略"，便是不易为人所察觉甚至容易被人忽略的写作思维。

我们知道，阅读与写作是以写作思维为媒介的一个互逆的过程，从写作思维的角度切入，或许更便于透过现象看本质，更便于理解文本究竟表达了作者什么样的"一种思考，一种智慧的提问与冷峻的观察"④，进而更深切地理解作家是如何"根据种种实验的自我（众

---

① 张爱萍. 在真实中虚构：读小说《台阶》［J］. 教学月刊中学版（语文教学），2019（4）：59.

② 马正平. 高等基础写作训练教程［M］. 北京：中国人民大学出版社，2010：83.

③ 李洁非. 小说学引论［M］. 南宁：广西教育出版社，1995：116.

④ 同②：85.

多的人物），对种种存在的伟大的主题进行彻底的探索"①，从而，有效避免平面化扁平化的解读。如把《台阶》的主旨定位为"追求方式的错误""农民与时代不同步而要鼓励"或"人生价值的判断错误"等等，似乎都有平面化扁平化解读的倾向。

这就是说，要想更加合理、恰当地解读《台阶》，就要基于现代写实小说的文体诉求，运用"非构思"理论，从细节刻画和心理描写的角度，来探寻作者对社会和人生的"冷峻的观察"和对"伟大主题"的"彻底的探索"。

一、悲剧性：在写作胚胎中孕育

要想深入解读《台阶》，就得首先关注这篇文章的写作胚胎。《台阶》的写作胚胎是文章的第一自然段："父亲总觉得我们家的台阶低。"在这个写作胚胎中有两个关键词需要特别注意："总觉得"和"台阶"。

（一）从"草鞋""烟"两个意象解读"台阶"

这段话中的"台阶"这个意象很有意味，不过，在解读这个意象之前，我们先得关注这篇文章中提到的另外两个意象"草鞋"和"烟"。

《台阶》中先后六次渲染了"草鞋"。其中两处需要特别关注，一处是"那一来一去的许多山路，磨破了他一双麻筋草鞋，父亲感到太可惜"。麻筋是一种质量好而且很耐磨的原料，用这样的原料编的草鞋是非常结实的，但是竟然磨破了，可见，父亲从山上背三块石板回来是多么的艰辛。另一处是"一个冬天下来，破草鞋堆得超过了台阶"，每天鸡叫三遍父亲就出发，黄昏贴近家门口时才归来，为

---

① ［捷］米兰·昆德拉．小说的艺术［M］．北京：作家出版社，1992：145.

了区区一元五角钱的柴，父亲竟然要忙活整整一天，忙得把草鞋都磨穿了底。由此可见父亲劳作的辛苦，而且几乎每天都是如此，以至于一个冬天被父亲磨穿了底的破草鞋竟然堆得超过了台阶。这样的艰辛已到无以复加的程度。然而，我们需要特别注意的是，父亲如此辛苦地劳作，仅仅是为了满足基本的生存需求吗？似乎不是那样的。如果仅仅为了生活，不一定要从山上连续三趟背下三百多斤重的石板——别的材料也是可以做台阶的，不需要天天去如此辛苦地砍柴，很显然，父亲还有更高的理想和目标。在这里，"草鞋既是父亲的劳动用鞋，又是父亲为家庭为理想艰苦奋斗的见证者"①，它见证着父亲对更高理想与目标的追求。

"烟"这个意象在《台阶》中一共渲染了十次，几乎每次都跟父亲干的活儿联系在一起。无论是干了一天活儿，坐在台阶上磨刀休息，还是造屋干活儿时，给匠人们快乐地递烟，抑或是干了一辈子的活儿，搬进新房当天在台阶上抽烟，无一例外都是如此。这个或明或暗的活儿，不仅仅是为了整个家庭的基本生存而进行的生活劳作，它更多地承载了父亲为之奋斗了一辈子的生命理想——造一座台阶高一点的房子。

其中，一个细节渲染颇具代表性：

> 父亲坐在绿荫里，能看见别人家高高的台阶，那里栽着几棵柳树，柳树枝老是摇来摇去，却摇不散父亲那专注的目光。这时，一片片旱烟雾在父亲头上飘来飘去。　（课文第 13 自然段）

这里的"摇不散父亲那专注的目光"表现了父亲对筑高台阶房

---

① 周剑清，刘雪清. 从三个意象品味父亲：析《台阶》中父亲的形象
[J]. 教学月刊中学版（语文教学），2019（4）：62.

屋的向往与执着，而在父亲头上"飘来飘去"的一直迟迟不愿散去的那"一片片旱烟雾"不正是父亲对高台阶房屋的向往与执着的最为形象的渲染吗？

接下来，我们再来看看"台阶"这个意象。

在《台阶》中，"台阶"不仅是题目，是线索，而且是这篇文章中最为重要的意象。"台阶低"的正向渲染一共有两次，而反向从"高台阶"来渲染"台阶低"的则有五次。其中"父亲总觉得我们家的台阶低"和"我们家的台阶低"这两处更是独立成段地强化渲染了"我们"家的台阶很低。作者为什么要如此渲染"台阶低"呢？从第 8 自然段的一句话可以看出端倪："台阶高，屋主人的地位就相应高。"由此可见，"台阶"这个意象承载着父亲的双重理想：建造一座高台阶的新屋的物质理想和通过高台阶提升地位获得更多尊重的精神理想。

于是，我们明白了，作者之所以要不遗余力地渲染"草鞋"和"烟"这两个意象，是因为无论是"草鞋"这个意象见证着"父亲为家庭为理想艰苦奋斗"，还是"烟"这个意象"摇不散"父亲对美好理想的向往与执着，它们都不约而同地指向了承载这样的美好理想的"台阶"这个意象。也就是说，虽然表面看来，"草鞋""烟"和"台阶"是三个独立的意象，但是它们在通过造高台阶提升地位以便获得更多的尊重这个精神理想上是统一的。从某种意义上讲，"草鞋"和"烟"是实现"高台阶""高地位"的精神理想的手段、方法、路径，而"台阶"中蕴含的提升地位获得更多尊重的精神理想，才是父亲一生的终极目标。

（二）从"总觉得"解读《台阶》的悲剧基调

《台阶》中，从父亲的角度一共对"觉得"进行了多达十一次渲染。渲染一"父亲总觉得我们家的台阶低"前文已经详细阐述，在此不再赘述。我们来看其余十处渲染——

渲染二：

> 父亲一下子背了三趟，还没觉得花了太大的力气。　（课文第 2 自然段）

渲染了父亲的年轻、强壮。

渲染三：

> 父亲的个子高，他觉得坐在台阶上很舒服。　（课文第 5 自然段）

渲染父亲坐在自己建造的三级台阶上的舒适、愉悦的心情。

渲染四：

> 父亲说洗了一次干净的脚，觉得这脚轻飘飘的没着落，踏在最硬实的青石板上也像踩在棉花上似的。　（课文第 5 自然段）

渲染父亲洗干净脚之后的舒适、愉悦的心情。

渲染五：

> 没人说过他有地位，父亲也从没觉得自己有地位。　（课文第 9 自然段）

渲染父亲对自身社会地位和精神状态的自我认知，初具人性觉醒的意识。

渲染六：

> 他终于觉得可以造屋了，便选定一个日子，破土动工。
> （课文第 16 自然段）

父亲准备了大半辈子，终于可以造屋了。平淡而安静的叙述渲染了父亲太多的艰辛和苦痛。

渲染七：

> 他仿佛觉得有许多目光在望他。 （课文第 21 自然段）

新屋快要造好了，父亲的一个重大的人生理想就要实现了，他觉得应该能引来许多关注的目光，甚至是羡慕的目光，因为他的社会地位"提高"了，然而，令人遗憾的是，这只是他"仿佛觉得"而已，事实上，并没有。这里初步渲染了父亲悲剧性的人生追求。

渲染八：

> 糟糕的是，父亲却没真正觉得他自己老，他仍然和我们一起去撬老屋门口那三块青石板。 （课文第 22 自然段）

渲染了父亲老了，但是心理上并不服老，或者说不愿意就此老去。

渲染九、十：

> 他总觉得坐太高了和人打招呼有些不自在。 （课文第 27 自然段）
> 挪到最低一级，他又觉得太低了，干脆就坐到门槛上去。
> （课文第 27 自然段）

建成了九级台阶，父亲觉得社会地位"提高"了，坐在最高的台阶上跟别人打招呼，应该受到更多人更多的尊重才对。然而，事实上，父亲并没有这样的感觉，他甚至像平常一样跟别人打招呼都有点不自在起来。在应"高"实"低"的反衬中，再次渲染了父亲悲剧性的人生追求。

渲染十一：

父亲闲着没什么事可干，又觉得很烦躁。　（课文第29自然段）

无事可做只是表面现象，找不到自我，迷惘，迷失了自我，才是烦躁的根本原因。此处，渲染了高台阶的房屋建成之后，父亲的失落、迷惘，渲染了父亲悲剧性的人生追求。

上述十处渲染散见于《台阶》各处，如果联系起来看的话，我们便会发现，它们之间有着十分紧密的联系。渲染二、三、四主要渲染了父亲的年轻、强壮和舒适、愉悦，但那是一种"低"物质状态和"低"精神状态的舒适与愉悦，对于一个人性已经觉醒的农民来讲是不够的，这便有了渲染五：他觉得自己没有地位。要想让自己有地位，就得奋斗，渲染六便是写父亲通过大半辈子的努力终于可以造屋了。然而，这个"终于"里面含有太多的艰辛与苦痛。而且，这样的奋斗换来的只是"仿佛"有许多目光看他（渲染七）罢了，换来的是身体的衰老（渲染八）、精神的不自在（渲染九、十）和更多心理上的失落与迷惘（渲染十一）。这十处渲染，无一不指向父亲悲剧性的人生追求，无一不指向渲染一：父亲总觉得我们家的台阶低。

现在我们再回过头来看渲染一。"觉得"我们家的台阶低，这是对当下父亲所处的较为贫弱的物质状态的基本认知。因为"家乡地势低，屋基做高些，不大容易进水"，"我们"家的台阶只有三级，跟八九十几级比起来，显然低了许多。而台阶低，便意味着屋基低，意味着较容易进水，而一个较容易进水的房屋，当然算不上好。同时，这也是父亲相对较低的精神状态的自我定位。因为"台阶高，屋主人的地位就相应高"，"我们"家只有三级台阶，作为屋主人的父亲自然认为自己的地位低。

不过，需要注意的是，渲染一中如果只有"觉得"这个词，那么这句话只是一种静态的陈述罢了，少了一些情感的倾向。但是有"总"这个字就不一样了，"总"是一直、老是、经常、屡屡、频繁、每每、常常、时常的意思，它含有父亲认为"我们"家的台阶低，并努力使之变高的意思，这是一种十分难得的人性的觉醒。然而，我们还需要注意的是，这样的理想如果很容易实现的话，还需要加个"总"字吗？如果这样的理想可以实现的话，渲染一还需要独立成段，而且放在《台阶》的最前面如此醒目地呈现在读者面前吗？要知道"理想与现实"常常是"尖锐对立"的[①]，作者这样写显然在提醒读者，这个"总"字里既含有追求理想的无穷动力和行动，同时，也暗含着父亲这一人性觉醒的努力难以实现的现实的悲剧性，而且这一悲剧性的情感基调将贯穿整个文本。这大概便是《台阶》的写作胚胎所要传递给读者的最为强烈的信息吧。

二、悲剧性：在多重反衬的审美张力中

古典小说通常采用全知全能的"外视点"写法，而现代小说不一样，常常采用有限视角的"内视点"写法，以小说中某一特定的人物身份讲述故事。《台阶》便是以"我"（儿子）的身份用内视点的方式叙述故事的。需要注意的是，《台阶》采用了一种将儿童视角

---

① 冯慧萍. 八重矛盾处看"父亲"：对李森祥《台阶》的个性化解读［J］. 云南教育（中学教师），2019（6）：21.

和成人视角结合起来的很是特殊的复调结构，来传递作者意图。① 作者透过儿童视角的"我"读出父辈们的辛勤付出、努力奋斗，通过成人视角的"我"读出父辈们人性的觉醒与自卑中蕴含的人生悲剧性。

但是这样的悲剧性主题不是通过古典小说那种充满矛盾冲突的戏剧化的情节表达出来的，而是在现代小说被有意淡化、消解的情节里，通过细节刻画和心理描写表现出来的。不过，就教学解读而言，仅仅知道用什么样的方式表现主题是远远不够的，我们还需要知道文本是如何运用写作思维进行细节刻画和心理描写的。只有这样，我们才能相对合理、相对恰当地读出作者对社会和人生的"冷峻的观察"和对"伟大主题"的"彻底的探索"。就《台阶》而言，作者主要运用多重反衬思维精心营造了巨大审美张力空间，从而将文本主旨充分展现出来。

（一）在强壮与衰老的反衬中营造

在高台阶房屋建成之前，几乎到处都在表现父亲的强壮和精力旺盛。其中以第 2 自然段最为突出：

> 我们家的台阶由三级，用三块青石板铺成。那石板多年前由父亲从山上背下来，每块大约有三百来斤重。那个石匠笑着为父亲托在肩膀上，说是能一口气背到家，不收石料钱。结果父亲一下子背了三趟，还没觉得花了太大的力气。只是那一来一去的许多山路，磨破了他一双麻筋草鞋，父亲感到太可惜。

这里需要注意的是，"我们"家的台阶由三块青石板构成，每块重达三百多斤，常人是背不动的。但是父亲不仅背动了，而且还是一

---

① 石杰.《台阶》文本解读与教学内容述评［J］. 语文教学与研究，2019（21）：101.

口气从山上背下来的。要知道上山容易下山难，更何况还背着这么重的石头呢，而且还一下子背了三趟。就这样，父亲还没觉得花太大的力气，只是可惜磨破了他的一双麻筋草鞋。也就是说，在父亲看来，这么重的体力活，根本就不在话下。父亲身体的强壮可见一斑。然而，就是这么强壮的身体后来怎么样了呢？

"父亲在用手去托青石板时腰闪了一下"，"抬的时候，他的一只手按着腰"，请注意，这里只是托和抬，并不要花很大的力气，跟年轻时把青石板的全部重量都背在身上比起来不知道要轻多少，然而，即便这样，父亲的腰还是闪了，他是忍着疼痛抬的石板。可见，父亲真的老了，身体不再强壮了。除这一处渲染了父亲的身体衰老外，还有一处细节描写也强烈渲染了父亲的衰老：父亲挑水回来时，被什么东西硌了一下，"那根很老的毛竹扁担受了震动，便'嘎叽'地惨叫了一声"；水挑进去之后，"厨房里又传出一声扁担沉重的叫声"。挑水相比托、抬石头来又轻了许多，就更不要说跟背石头相比了，然而，扁担还是"惨叫"了一声。父亲是老了，的确是老了。

那么，作者为什么要把父亲的强壮和衰老进行如此大跨度的反衬、对比呢？作者要通过这样的对比表达什么呢？要知道，为了物质理想和精神理想奋斗多年，再加上年岁渐大，父亲的身体不如从前也是正常的。但是如果是正常的衰老，那就没有什么深意可言了。所以作者极力渲染父亲年轻时的强壮，使它与造新房前后父亲衰弱的身体之间形成强烈的对比与反衬，这样的对比、反衬的力度越大，则越能说明父亲付出的代价之大。为了一个理想付出如此大的代价本身就具有悲剧意味了，更何况父亲为之奋斗了多年的精神理想——高地位、受人尊重，并没有随着高台阶的物质理想的实现而实现，这样，文本的悲剧性便被进一步地放大。

（二）在舒适与不自在的反衬中营造

《台阶》中多次渲染了三级台阶给父亲带来的舒适与愉悦。第3

自然段"石板上青幽幽的，宽敞阴凉，由不得人不去坐一坐，躺一躺"一句中，"青幽幽""宽敞阴凉"是从色泽、空间、温度的角度渲染三级台阶的美好，在这三级台阶上，人们不仅想坐，甚至想躺下来，而且是"由不得"地想坐一坐、躺一躺，可见，三级台阶给人的感觉的确很是舒适。

第 4 自然段描写儿时的"我"在台阶上幸福快乐地"抓""划""啃"石板，描写"我"喜欢站在台阶上从上往下、从下往上一级级地跳。这是从侧面渲染台阶带给父亲的舒适。第 5 自然段则直接渲染父亲坐在台阶上很舒服，父亲喜欢在台阶的水凼里洗脚，即便是过年才在家里洗的一次脚，也是坐台阶上，可见，台阶给父亲的感觉的确很舒适。第 12、14 自然段描写父亲在台阶上"磨刀"，"磨"完，把烟枪的铜盏在青石板上嘎嘎地敲一敲，就匆忙下田干活，都是在渲染父亲"三级台阶"生活的舒适。

那么，作者为什么要一而再，再而三地渲染父亲坐在三级台阶上很是舒适呢？那是为了跟新的九级台阶造成的不自在形成强烈的对比、反衬。

九级台阶建成之后，父亲坐在台阶上抽烟，抽完之后，他习惯性地往台阶上磕了一下，感觉不对劲，因为"台阶是水泥抹的面，不经磕"，就憋住了不磕。这跟父亲过"三级台阶"生活时，"嘎嘎地敲一敲，就匆忙地下田去"形成了鲜明的对比。父亲"总觉得坐太高了和人打招呼有些不自在"，于是，他一级级往下挪，一直挪到了门槛上。当父亲忽然发现九级台阶上竟然没有了自己该坐的位置时，他便更加地不自在起来。这跟父亲"三级台阶"生活的舒适形成了强烈的对比。

按照父亲的理解，从"三级台阶"到"九级台阶"，随着物质理想的实现，他的社会地位也会随之提高，他会受到更多的尊重，因此，坐在九级台阶上，父亲应该感到更加舒适才对。然而，让他想不到的是，当他坐在九级台阶上，别人跟他打招呼时，不是羡慕、夸赞的语气，而仍然是"晌午饭吃过了吗?"这样的失落感，让父亲一时间无所适从，他不自在得都不知道该坐哪里了。他不明白"他所追求的不过是形式上的提高身份而已，就像祥林嫂的一个门槛换不来她和别人的平等，闰土的香炉和烛台祈不来生活的安定幸福，父亲的九级台阶又怎能真正筑起受尊重的地位呢"①，这便是父亲的悲哀。这样的悲哀随着父亲"三级台阶"生活的舒适与"九级台阶"生活的不自在的对比、反衬被进一步放大，而且对比、反衬的力度越大，父亲的悲剧性便越是被鲜明地凸显了出来。

但是，父亲为什么会不自在呢?父亲的悲哀从何而来呢?这同样引起了读者的思考。

（三）在漫长准备与迷惘的反衬中营造

造一个高台阶的房屋，是父亲的终极理想，父亲为之奋斗了大半辈子。对于父亲艰苦奋斗的历程，作者主要从两个层面进行了细致而深刻的渲染。

一是从概述层面渲染父亲艰辛、漫长、执着的准备过程。概述层面的渲染，又是通过两个分渲染展开的。分渲染一："他今天从地里捡回一块砖，明天可能又捡进一片瓦，再就是往一个黑瓦罐里塞角票。虽然这些都很微不足道，但他做得很认真。"这是从积累方式的角度渲染父亲准备过程的艰辛的。尽管父亲做得很认真，但这些实在是太微不足道了，这便必然地决定了父亲积累的过程将会十分的漫长。分渲染二："一年中他七个月种田，四个月去山里砍柴，半个月在大溪滩上捡屋基卵石，剩下半个月用来过年、编草鞋。"这是从一年中积累时长的角度渲染父亲准备过程的艰辛。一年总共只有十二个

---

① 朱月君. 父亲为何"若有所失"：读李森祥《台阶》［J］. 语文教学通讯，2006（11）：44-45.

月，父亲竟然花费十一个半月来种田、砍柴、捡屋基卵石，剩下的半个月，本该好好休息休息才是，毕竟过年了嘛，父亲却还要编草鞋，可见父亲的辛苦程度。而这些都是由父亲微不足道的积累方式所必然决定的。

二是从酷暑严寒的两个细节渲染父亲的辛苦劳作。分渲染一：大热天父亲挑一担谷子回来坐在台阶上"磨刀"过烟瘾。"磨刀"的过程就是父亲休息的过程，同时，也是父亲在"一片片旱烟雾"的"飘来飘去"中，对精神理想——造一座高台阶的房屋更加专注、意志更加坚定的过程。分渲染二：冬天父亲砍柴回家，把已经磨破了底的草鞋脱下来垫在门墙边，"一个冬天下来，破草鞋堆得超过了台阶"。这一渲染凸显了父亲的吃苦耐劳，是常人难以比拟的。

然而，父亲通过如此漫长的准备，终于造成了九级台阶的新屋后，却没有换来他想象中的地位，也没有获得人们更多的尊重。人们见到父亲还是如往常一般跟他打招呼："晌午饭吃过了吗？""偶尔出去一趟，回来时"，也没有因为受到别人的尊重而喜形于色，相反，常常是"一副若有所失的模样"。父亲坐在门槛上休息时，那埋在膝盖里半晌都没动的倔强的头颅，那高低不齐，灰白而失去生机的头发，无不在渲染父亲的迷惘与失落。于是，才有了父亲的惊世之问："这人怎么了？"

在这里作者同样运用的是对比、反衬思维。父亲为了自己的精神理想准备的时间越是漫长，越是艰辛，越是执着，便越是跟他在高台阶房屋的物质理想实现之后精神上的失落与迷惘，形成强烈的对比与反衬。这样的对比度越大，父亲苦涩的程度就被表现得越强烈，《台阶》的悲剧性，就越是被强烈地凸显出来。

然而，究竟是什么样的原因导致了父亲悲剧性的人生呢？这里再一次引发了读者的思考。

三、悲剧性：在人性的觉醒与自卑的碰撞中

福斯特在《小说面面观》里，曾经为"故事"和"情节"下过不同的定义：按照时间顺序叙述的事件是故事；按照因果关系叙述的事件则是情节。现代小说在相对扩展的叙事中，其情节的因果关系和透过因果关系表达的主题常常隐含在细节刻画和心理描写之中。具体到《台阶》，在强壮与衰老，舒适与不自在，漫长准备与迷惘的对比反衬中所凸显的悲剧性里，还有更深层的因果关系，以及由这样的因果关系所引起的作者更为深刻的对社会和人生的"彻底的探索"。

本来，父亲在"三级台阶"上过着幸福而舒适的生活，如果没有更高的物质追求和更深层次的精神追求，父亲完全可以这样继续过下去。但是"父亲总觉得我们家的台阶低"，这是为什么呢？因为"父亲老实厚道低眉顺眼累了一辈子，没人说过他有地位，父亲也从没觉得自己有地位"，父亲不甘心这样过一辈子，他"日夜盼着，准备着要造一栋有高台阶的新屋"，期望通过物质条件的改变，来获得更高的社会地位，受到更多的尊重。这是较高层次上的人性的需求，它意味着中国农民人性的觉醒。需要特别说明的是，人性的觉醒是父亲形象最为耀眼的亮点，也是《台阶》最为根本的叙事动力，它是父亲为了实现自己的物质理想和精神理想而艰辛、漫长、执着地准备大半辈子的根本动因。

但是为什么"九级台阶"造成之后，父亲不但没有感受到更高的社会地位，没有受到更多的尊重，相反却把他那倔强的头颅深深地埋在膝盖里，半晌都没动呢？过了好久之后，父亲又像问自己又像问"我"，其实更是问世人问所有的读者："这人怎么了？"小说为此进行了深入的探讨。请看下面的几处渲染：

4. 悲剧性：在人性的觉醒与自卑的碰撞中——《台阶》解读

渲染一：

> 父亲从老屋里拿出四颗大鞭炮，他居然不敢放。（课文
> 第21自然段）

父亲辛苦劳作了大半辈子，终于实现了理想，应该兴高采烈地带着家人一起放鞭炮庆贺才对，但是他居然不敢放鞭炮。这个"居然"里含有父亲极为尴尬的窘迫，含有"我"难以置信的惊讶，强烈地启发着读者去思考深层的原因。其实，父亲不敢放鞭炮，不是因为他忠厚老实，也不是因为造房劳累或者年老体衰，而是因为骨子里的自卑：我这样的人也能住这么高台阶的房子吗？我这样的农民，也会有这么高的地位吗？

渲染二：

> 许多纸筒落在父亲的头上肩膀上，父亲的两手没处放似的，
> 抄着不是，贴在胯骨上也不是。他仿佛觉得有许多目光在望他，
> 就尽力把胸挺得高些，无奈，他的背是驼惯了的，胸无法挺得
> 高。（课文第21自然段）

父亲的手怎么会没处放呢，抄着或者贴在胯骨上都行啊。这里的尴尬和无所适从依旧表现了父亲的自卑。面对仿佛看他的目光，他想挺起胸膛，但是一个老实忠厚低眉顺眼了一辈子的人，他的内心是卑微的。怀着一颗卑微的心，即便住进了象征着高地位的高台阶的房屋，他也是无法把胸膛挺得很高的。这里同样渲染了父亲的自卑。

渲染三：

> 他总觉得坐太高了和人打招呼有些不自在。　（课文第27
> 自然段）

为什么坐高了跟别人打招呼就不自在呢？那是因为父亲大半辈子都以一种谦卑的心理仰视他人，习惯了。这里同样渲染了父亲的自卑。

上述三处渲染无一不指向父亲的自卑，其实，父亲极度自卑的心理，是有着深刻的"时代背景"和"地方文化"根由的。《台阶》以浙东乡村为背景，反映了20世纪60年初期的农村生活。[①] 20世纪60年代初，城乡差别巨大，农民劳作环境、居住条件较为恶劣，收入低微，这使得广大农民心中自卑。"高房大屋"的地方文化的影响，更是加剧了底层农民的自卑心理。事实上，那个时期的文学作品中，农民形象多有自卑色彩，如鲁迅《故乡》中中年闰土的自卑、衰老和迷信等。

至此，我们便明白了：在强壮与衰老，舒适与不自在，漫长准备与迷惘，那充满审美张力的对比与反衬里，所显现出来的悲剧性只是表面现象，骨子里的自卑使得人性觉醒后的父亲再怎么努力都会折戟沉沙。所以，从本质上讲，这是一种生命的悲剧性，一种人生命运的悲剧性。这大概便是作者透过《台阶》想传递给读者的最为深刻的思考吧。

---

① 高君．小说《台阶》主题解读［J］．语文教学与研究，2019（18）：5.

5. 吁求与呼唤：美好人性的回归与传承

——《驿路梨花》解读

彭荆风的小说《驿路梨花》（下称《驿》文）数次入选语文教材，又一度退出，现在重新进入统编教材后，被编在"中华美德"单元。统编教材教师教学用书中对该文的解读为：

> 小说通过发生在哀牢山深处一所小茅屋的故事，生动地展示了雷锋精神在祖国边疆军民中生根、开花、发扬光大的动人情景，再现了西南边疆少数民族乐于助人、热情好客的淳朴民风，歌颂了互帮互助的良好社会风貌。①

这个解读，主要关注的是西南边疆少数民族乐于助人、热情好客的淳朴民风和互帮互助的良好社会风貌。无论是淳朴民风还是社会风貌都侧重于道德，也许正是基于此，统编教材才在课后"积累拓展"中，把《驿》文的"雷锋精神"悄悄地引向对"公德"的讨论。

从定位于"中华美德"的角度来讲，无论是对《驿》文主旨的

---

① 人民教育出版社课程教材研究所中学语文课程教材研究开发中心．义务教育教科书教师教学用书语文七年级下册［M］．北京：人民教育出版社，2017：183.

解读，还是引向"公德"的讨论，都无可厚非。事实上，它已然成为一线教师解读和教学《驿》文的一个十分重要的考量。不过，笔者以为，仅仅如此还有所欠缺。我们知道，作为一篇小说，它既有作者基于当时特定写作背景与读者交流的特殊诉求，又有文本本身自我言说的诉求，对于一种教学化的文本解读，这是两个不可或缺的衡量维度。因此，笔者以为可以在"美德说"的基础上向前再走一步，从话语诉求的角度，运用"非构思"理论进行解读，也许会有新的发现与理解。

一、美好人性：在写作胚胎中

要想深入解读《驿》文，我们首先要关注的便是它的写作胚胎。《驿》文的写作胚胎是第 1 自然段：

> 山，好大的山啊！起伏的青山一座挨一座，延伸到远方，消失在迷茫的暮色中。

这里的"山，好大的山啊！"如果孤立地解读是没有太多意义的。从文字上看，也就是两次渲染了哀牢山的"大"罢了。但是，如果联系写作背景来看这句话，就不一样了。

要知道，《驿》文是作者在被剥夺了二十二年的创作权之后，创作的第一篇短篇小说。试想，作者重获自由，所写的哀牢山又是他所熟悉的云南南部的一座山，重获自由的那种欣喜之情，云南边疆少数民族的那种淳朴的民风，以及在边境度过的那些美好的日子，都一股脑儿地像春风一般扑面而来。因此，"山，好大的山啊！"一句所赞叹的，就不仅仅是一般物理概念上的陡峭、高峻的"大"了，而是融入了作者某种深情某种理想的"大"。而且这是一种"一座挨一座"的"大"，一种"延伸到远方"的"大"，一种"消失在迷茫的暮色中"看不到尽头的"大"。

这便很是引人遐想了：

在"我"心里究竟有什么样的"大"如此地需要紧挨着延伸到远方呢？作者在这里寄寓了什么样的情感，或是有什么样的隐喻呢？

要想解决这个问题，我们先来看一看陶渊明《桃花源记》中的这段话：

> 缘溪行，忘路之远近。忽逢桃花林，夹岸数百步，中无杂树，芳草鲜美，落英缤纷。渔人甚异之，复前行，欲穷其林。

陶渊明笔下的武陵人"忘路之远近"，"忽逢桃花林"，跟"我"和老余在哀牢山无意中发现了一片梨树林，林中有小屋，以及瑶族老人打猎迷了路，无意中发现了梨树林和林中小屋，是不是有异曲同工之妙呢？

我们通常认为，《桃花源记》式的中国乌托邦故事寄寓了传统文人的社会理想。就乌托邦的社会理想色彩而言，《驿》文继承了中国乌托邦故事的格调。① 从这个意义上讲，《驿》文是不是也寄托了作者的某种社会理想呢？

作者年轻时有过丰富的边陲军旅生活的经历，特别是经历了"文革"和监狱生活的折磨之后，他更加坚信人性是不会泯灭的。他不希望人们对美好人性的存在产生怀疑。

此时，让我们再次回到刚才的话题上来。通读《驿》文全篇，我们便会明白《驿》文的写作胚胎隐喻着人性——助人为乐、知恩图报、为人民服务的善良人性。作者希望这样的美好人性，能如"一座挨一座"的青山一样，一人挨一人、一代接一代地"延伸到远方"，直

---

① 张一玮，李进.《驿路梨花》中的旅行与乌托邦叙事［J］. 石家庄学院学报，2016（5）：104.

到"消失在"人类发展的"迷茫的暮色中"。作者自己曾在一篇文章中说，《驿》文是一个作家对美好人性的眷念和追求的象征。①

这便是《驿》文的写作胚胎给我们传递的信息。在一段看似十分平常的景色描写中，隐藏着作者吁求、呼唤美好人性回归与传承的社会理想。

二、美好人性：在意象渲染中

《驿》文的抒情味较浓，对于它的体裁，曾经有过一段不小的争论：有人说是散文，有人说是小说。现在基本都倾向于这是一篇小说。作者自己也说了，"小说的文体也是多种多样的，由于作家的风格、笔调不同，写法也会不同。我就是喜欢用这种记叙文的写法（笔者注：散文笔调）来写小说，我觉得这样显得更朴素、真实。"②之所以产生这样的争论，除了《驿》文采用第一人称叙述的缘故外，还跟这篇文章中对"梨花"和"小屋"这两个意象的多次渲染有关。其实，《驿》文对两个意象进行多次渲染，既有通常意义上的散文式的抒情，更含有作者的某种隐喻。

（一）美好人性隐喻在"梨花"渲染中

《驿》文中，梨花是一个十分重要的意象，既指实实在在的景，又指一直没有出现的梨花姑娘，因此要解读《驿》文的梨花，就必须把两者联系在一起考量。

请看渲染一：

> 白色梨花开满枝头，多么美丽的一片梨树林啊！ （课文

---

① 吴秀娟. 美好人性的眷念和追求：访《驿路梨花》作者彭荆风［J］. 语文教学与研究，2006（9）：6.

② 同①：7.

第 4 自然段）

这一处是实写。哀牢山山陡林密，再加上夕阳西下，如果赶不到山那边的寨子，就只能在深山中露宿了。而在一个人迹罕至的深山中露宿，不仅困难，更有许多不可预知的危险，"我"和老余都很着急。就在这时，一片梨树林出现在"我们"面前，因为有梨树就会有人家，所以，老余高兴地叫起来。

这时，对梨花的渲染，主要侧重于"多"和"美"。这个对"多"与"美"的赞美，是"我"和老余看到困难有望解决之后的那种欣喜之情的自然流露。同时，也为进一步渲染梨花的隐喻义张本。

再看渲染二：

> 一弯新月升起了，我们借助淡淡的月光，在忽明忽暗的梨树林里走着。山间的夜风吹得人脸上凉凉的，梨花的白色花瓣轻轻飘落在我们身上。　　（课文第 6 自然段）

这一处还是实写。这里的"一弯新月升起了"可能是个瑕疵。"新月"是一种天文现象，是指农历的每月初一，当月亮运行到太阳与地球之间时，月亮以黑暗的一面对着地球，并且与太阳同升同落，在地球上看不见月球的情况。因此，现实中，一弯新月在晚上是"升"不起来的。当然，作为一种艺术表达或许可以。不过，这不是我们要关注的重点，我们需要关注的是"淡淡的月光""忽明忽暗的梨树林"以及"凉凉"的"夜风"所营造的一种美好、宁静的氛围。通常，人们只有在解决了基本的安全需求和衣食住行需求之后，才有那份心境和心情享受如此的宁静与美好。《驿》文中，"我们"之所以能够享受到这样的宁静和美好，是因为"我"和老余看到了梨树林，而有了梨树林就会有人家，有人家便有了希望。

在这段话中，还有一处渲染值得关注，那就是"梨花的白色花瓣轻轻飘落在我们身上"。这里既是实写，又是虚写。实写无须多言，我们行走在梨树林里，伴随着阵阵夜风，梨花的白色花瓣落在"我们"身上是很有可能的。那么，虚写是指什么呢？我们知道，通常素美清雅的白色梨花寄寓了人性的美好与纯朴，正如文中的哈尼族少女梨花，现在，这隐喻着人性的美好与纯朴的白色花瓣"轻轻飘落"在"我们"这个平常的过路人身上，是否寄寓了作者某种情思或理想呢？作为一个平常的过路人，面对落在身上的寄寓了人性的美好与纯朴的梨花，"我们"又会如何想，又会如何做呢？这便为《驿》文进一步渲染像梨花一样的美好人性的回归与传承做了很好的铺垫。

接下来，请看渲染三：

这天夜里，我睡得十分香甜，梦中恍惚在那香气四溢的梨花林里漫步，还看见一个身穿着花衫的哈尼小姑娘在梨花丛中歌唱……　（课文第 27 自然段）

这里是虚写。这段话中"睡得十分香甜"很有意味。究竟是什么事让"我"日有所思夜有所梦，而且还睡得如此香甜呢？那是白日里瑶族老人告诉"我"说，"对门山头上有个名叫梨花的哈尼小姑娘，她说这大山坡上，前不着村后不挨寨，她要用为人民服务的精神来帮助路人"。这里的"为人民服务的精神"虽然有点直白，似有点过早暴露谜底之嫌，是《驿》文值得商榷的地方，但是哈尼小姑娘"为人民服务的精神"显然感染了"我"；更让人感动的是，不但哈尼小姑娘有"为人民服务的精神"，过路人似乎都有这样的精神，因为他们"受到照料，都很感激，也都尽力把用了的柴、米补上，好让后来人方便"。因此，"我"才睡得如此香甜的。

"一个身穿着花衫的哈尼小姑娘在梨花丛中歌唱"也很有意味。要知道，到目前为止，"我"还没有见过哈尼小姑娘梨花，"我"竟然会梦见她在歌唱，而且别有深意地在梨花丛中歌唱。这里有意把景物梨花与梨花姑娘联系在一起，无形中使景物梨花具有了梨花姑娘的人性，又使梨花姑娘具有了景物梨花的物性。

至于，"我"梦见自己在梨花林里漫步，而且是香气四溢的梨花林，是因为白日里听瑶族老人说，过路人都尽力照料小屋。这使我意识到，不仅多年前的一队解放军战士和梨花姑娘具有助人为乐、知恩图报、为人民服务的精神，后来的梨花妹妹、瑶族老人，以及凡是受过照料的过路人都具有这种高尚品质和美好人性，这其中当然也包括"我"和老余。所以，"我"梦到的是自己在香气四溢的梨花林里漫步，而不是散步。"散步"是随便走走的意思，多作为一种休息方式；而"漫步"不一样，它是没有目的悠闲走动的意思，多用于休闲、欣赏。很显然，"我"已经沉浸其中，此时，"我"也成了梨花姑娘，梨花姑娘这个群体中也有"我"。于是，才有了第二天早上，"我们没有立即上路"，而是"决定把小茅屋修葺一下"的故事。

看起来，这第二天的故事，只是闲闲的一笔，却寄寓了作者美好的社会理想。因为《驿》文不仅仅吁求美好人性的回归，更是企盼美好人性的传承。现在"我"和老余，还有那个瑶族老人都留下来修葺小茅屋了，这不正是传承美好人性的最好见证吗？

最后，再来看渲染四：

> 我望着这群充满朝气的哈尼小姑娘和那洁白的梨花，不由得
> 想起了一句诗："驿路梨花处处开。"　　（课文第 37 自然段）

这是《驿》文的点睛之笔。"驿路梨花处处开"暗示着春天里万

物蓬勃生长，隐喻胜利就像春色一样美好。小说中的"梨花"正是借陆游之意表达十年动荡之后必将迎来美好的春天，美好的人性也必将复苏。① 作者由眼前洁白的梨花的实写，联想到经历了十年动荡之后，祖国大地终于迎来了美好人性的回归，终于可以祈盼这样美好的人性一代又一代地传承下去了，所以，情不自禁地想起了陆游的一句诗："驿路梨花处处开。"

（二）美好人性隐喻在"小屋"渲染中

小屋同样是《驿》文中十分重要的意象。它不仅是叙事的焦点和道德实践的场所，也是小说中自然和人文空间的焦点。② 所以，《驿》文对小屋进行了多次渲染，而且每次渲染的意图都有累进式的变化。

请看渲染一：

> 一座草顶、竹篾泥墙的小屋出现在梨树林边。屋里漆黑，没有灯也没有人声。　（课文第 8 自然段）

这一处渲染意在对叙事的焦点和道德实践的场所进行描述，下面的故事，都是围绕它展开的，所以，大意不得。这段渲染有两个侧重点：

一是侧重简陋，可从"一座草顶、竹篾泥墙"看出来。对于过路人来讲，在深山密林之中行走，他们最需要的是有个落脚的地方，有水喝，有饭吃，有床睡；对于照料小屋的人来讲，也方便维护。如

---

① 蒋文华.《驿路梨花》：一个隐喻式的叙述［J］. 中学语文教学，2017（6）：60.

② 张一玮，李进.《驿路梨花》中的旅行与乌托邦叙事［J］. 石家庄学院学报，2016（5）：105.

果联系接下来有关小屋的描写，我们便会发现更为重要的一点："文中的物质文化形式如小草屋以及屋中的用品，都是简单的自然原材料或粗加工产品。在生产生活方式上，旅行者自己动手采集物品、操作食材、修葺房屋，也都是原始的、非高度分工背景下的劳作形式。正如中国文人理想中的田园生活一样，这里的理想世界也是非城市化的、静态的和自足的，人们在自然中路过、筑居和劳作。"① 从这个意义上讲，《驿》文在渲染小屋时，保留了古代传统的乌托邦想象，寄寓了作者的理想情怀。

二是侧重无人居住，可从"漆黑""没有灯""没有人声"看出来。因为无人居住，"我"和老余才能住下来，故事才能进行下去。当然，有人居住的话也可以借宿，但那就是另外一个故事了。还有更为重要的一点，因为无人居住，便自然而然地生出了一个疑问：这是什么人的房子呢？ 这既是悬念，又是小说的叙述动力。事实上，读者正是带着这样的悬念（以及后来的"误会"），才一次又一次被作者引领到文本深处，并与作者、与文本进行深度交流的。我们继续往下看。

渲染二：

老余打着电筒走过去，发现门是从外扣着的。白木门板上用黑炭写着两个字："请进!"　　（课文第 9 自然段）

"从外扣着"和"请进"似乎在告诉过路人，不管你是哪个地区的人，从事哪种职业，也不管你是哪个民族的人，只要你有需求，你就可以进去。也就是说，这间小屋可以温暖所有从这里经过的人。从而，使作者吁求、呼唤美好人性的回归与传承具有了更为广泛的

---

① 张一玮，李进.《驿路梨花》中的旅行与乌托邦叙事［J］. 石家庄学院学报，2016（5）：104.

意义。

渲染三：

> 我们推开门进去。火塘里的灰是冷的，显然，好多天没人住过了。一张简陋的大竹床铺着厚厚的稻草。倚在墙边的大竹筒里装满了水，我尝了一口，水清凉可口。　（课文第10自然段）

渲染四：

> 老余用电筒在屋里上上下下扫射了一圈，又发现墙上写着几行粗大的字："屋后边有干柴，梁上竹筒里有米，有盐巴，有辣子。"　（课文第11自然段）

这两处渲染主要是告诉读者小屋的主人为过路人准备了哪些生活必需品。所不同的是，渲染三中的"厚厚""装满""清凉可口"更渗透了小屋主人对过路人满满的关爱。

渲染五：

> 温暖的火、喷香的米饭和滚热的洗脚水，把我们身上的疲劳、饥饿都撵走了。我们躺在软软的干草铺上，对小茅屋的主人有说不尽的感激。　（课文第12自然段）

严格说来，这是对小屋的侧面渲染。然而，正是这不起眼的侧面渲染，不仅表明了小屋对于过路人的意义与价值，同时，也为作者一直吁求的美好人性的回归与传承做了很好的伏笔。"我"和老余的确享受到了小屋主人的照顾，然而，如果"我们"以及所有的过路人只是感到舒服，而没有心生感激的话，故事便失去了发展下去的逻辑动力，作者所一直吁求和呼唤的美好人性的回归与传承，便无从着落。所以，这里的"对小茅屋的主人有说不尽的感激"是极为重要的，因为正是一个又一个过路人心生感激，他们才继续维护、修缮小屋，从而一个接一个地成为小屋的下一任事实上的主人。小屋犹如一粒美好人性的种子，它由军人们种下，在梨花和其他哈尼族少女心中生根发芽，在老猎人、所有的过路人以及每一个读者心中开花结果，所有人都精心呵护着这座精神小屋。① 这样，美好人性的回归与传承才有可能，作者的吁求与呼唤才有希望实现。

三、美好人性：在情节渲染中

《驿》文看起来是有主要人物的——小屋的主人梨花姑娘，但实际上，只要照料过小屋的人，本质上都是梨花，都是小屋事实上的主人。也就是说，这篇小说，不以刻画人物见长，而是以跌宕起伏、一波三折的情节取胜。因此，这是一篇情节小说。通常，情节小说是以情节为中心，小说中的各种描写、人物性格的发展都是为情节的发展服务，它们是情节发展的基础与铺垫。②

但是，《驿》文的情节并不是很好安排。

一是，如果单纯地想表达乐于助人的"雷锋精神"，主题较为平常，且常规的结构很难出彩。二是，《驿》文从一队解放军在哀牢山修建房屋，到"我"和老余借宿小屋，其时间跨度长达十多年之久，而故事却从"我"和老余借宿小屋开始，到第二天修葺小屋、遇见一群哈尼小姑娘结束，前后不到一天。三是，《驿》文里至少浓缩了五个故事：

---

① 蒋文华.《驿路梨花》：一个隐喻式的叙述［J］. 中学语文教学，2017（6）：60.

② 马雅玲. 小说的类型和小说教学的内容［J］. 语文教学通讯，2006（2）：4.

时　间	故　事
十多年前的一天	一队解放军战士修建小屋
十多年前的一天的第二天早上	梨花姑娘照顾小屋
前几年梨花姑娘出嫁后	哈尼小姑娘接替姐姐照顾小屋
上个月	瑶族老人赶麂子迷路借宿小屋， 过几天回来道谢
"暮色中"到"第二天早上"	"我"和老余借宿小屋

要想在一个主叙述层（从"暮色中"到"第二天早上"，"我"和老余借住小屋）内，包含其他四个次叙述层，且相互之间不冲突，不打架，实在不是件容易的事情。

综合上述三方面因素，作者便颇费心思地在一个嵌套式的结构中，巧妙运用悬念与误会的手法进行多重渲染，不但达到了作者最初的写作意图，还在此基础上，向前走了一步，走向了对美好人性的回归与传承的吁求和呼唤。

（一）情节渲染：误会瑶族老人

一弯新月升起，"我"和老余借助淡淡的月光，穿过梨树林，发现了一座草顶、竹篾泥墙的小屋。由此，很自然地产生了一个悬念：这是什么人的房子？在得到帮助之后，"我"和老余都对小屋的主人有说不尽的感激。就在这时，一个瑶族老人提着枪扛着米进来了。于是，"我"和老余同时抓住老人的手，抢着说感谢的话。可老人却告诉他们，他不是主人，也是过路人。第一个悬念引起的第一个误会解除了。

我们不妨做这样的设想，这个瑶族老人就是小屋的主人，那么，不但故事到此为止，而且更为糟糕的是，《驿》文就只能表达瑶族老人乐于助人的精神了。不但情节单调，而且主题单薄，自然很难引起读者的思考。

但这位瑶族老人恰恰跟他们一样，他是一个曾经受过这个小屋帮助的过路人。这便产生了第二个悬念：小屋的主人究竟是谁？同时，也使故事有了继续发展下去的动力。

这里需要注意的是，通过瑶族老人的口，我们得知有一个叫梨花的哈尼小姑娘精神以为人民服务的精神帮助路人。也许是受那个叫梨花的哈尼小姑娘精神的感召，也许瑶族人本就民风淳朴，"吃了用了人家的东西，不说清楚还行？"所以，过了几天，他就专门送粮食过来了。而且，不单是这位瑶族老人，事实上，"过路人受到照料，都很感激，也都尽力把用了的柴、米补上，好让后来人方便"。也就是说，在"我"和老余来到这个小屋之前，误会或许已经上演过很多遍了。

关键是，当"我"和老余来到小屋时，床上的稻草是厚厚的，大竹筒里的水是满满的，而且还为过路人备了干柴、米、盐巴和辣子，这说明，一直以来都有人精心照料这个小屋。进一步说，像梨花那个哈尼小姑娘一样助人为乐、知恩图报、为人民服务的精神，已经远远不是一个人的品质，它像接力棒一样，从一个过路人传递给另一个过路人，渐渐地便从单一的个人品质，转而成为群体美好的人性。这便使得这一情节渲染具有了非同寻常的意义。

（二）情节渲染：误会哈尼姑娘

也许是受梨花姑娘和瑶族老人的感染，第二早上，"我们"没有立即上路，而是跟老人一起修葺小屋。就在这时，梨树林里闪出一群哈尼小姑娘，走在前面的一个约莫十四五岁，于是，"我"料想：她一定就是梨花。

如果"我"的料想没错，那个哈尼小姑娘就是小屋的主人，那么，故事到这里便可以结束了。《驿》文的主旨就会在不自觉中发生飘移：不再是赞扬助人为乐、知恩图报、为人民服务的精神，至少不全是，而是更多地在悬念的"引领"下寻找小屋的主人。现在，小屋的主人找到了，主人公似乎就只剩下感谢了。如果真是那样的话，那《驿》文的文学价值和教学价值就减损太多了。

然而，那个哈尼小姑娘并不是小屋真正的主人，真正的主人是解放军战士。第二次误会随之消除，紧接着便产生了第三个悬念：解放军战士为什么要盖房子？后来，通过哈尼小姑娘的口得知，解放军战士这样做是学习雷锋同志方便过路人。姐姐梨花姑娘很受感动，成为第一个照料小屋的人，后来，梨花姑娘出嫁远方，妹妹接任梨花姑娘继续照料小屋。

也就是说，小屋的主人，无论是最初的建造者——解放军战士，还是传说中的梨花姑娘，都已经成为"过去"，这就使得文本最初的悬念——这是什么人的房子，成为一个似真非真、似远非远的存在。这便巧妙回避了实在的"客观性"的回答，从而引领人们走向更加深远的人文性的思考。因为小屋的主人究竟是谁并不重要，重要的是，从解放军战士，到梨花姑娘，到梨花妹妹，再到过路人瑶族老人、"我"与老余，助人为乐、知恩图报、为人民服务的精神从个人品质上升为群体共有的美好人性，一代代地传承下去。而这正是一个刚刚经历了苦难的有良知的作家对美好人性的回归与传承的吁求与呼唤。

综上所述，《驿》文虽然再现了西南边疆少数民族乐于助人、热情好客的淳朴民风，歌颂了互帮互助的良好社会风貌，但是如果联系当时的写作背景，运用"非构思"理论从写作胚胎、意象渲染和情节渲染来看，我们完全可以再向前走一步：《驿》文是作者对助人为乐、知恩图报、为人民服务等美好人性的回归与传承的吁求与呼唤。

6. 科幻背后的悲剧情怀

——《带上她的眼睛》解读

　　科幻小说不同于"文学即人学"的主流文学，它把人的位置放得很低，人物是行动派生出的符号，因此，科幻作品中人物在行动中的功能性更突出，而心理深度不被重视。[①] 尤其是一些具备理工科知识的科幻作家所写的"硬科幻"作品，往往对小说涉及的科技原理尽量运用、理性阐释，而忽略小说的人文关怀要素。[②] 所以，科幻作品多扁平人物，有些作品故意使人物形象失去特点，从而突出人物功能的相同性，抹杀个体存在意义。[③] 刘慈欣的许多科幻作品都或多或少地具有这样的特质。

　　不过，《带上她的眼睛》（下称《带》文）却不一样。从写作角度来讲，《带上她的眼睛》是转型之作，意味着他真正走上了科幻和社会现实相结合之路，小说中的人物开始丰满，也有了一个比较圆顺

<hr>

　　① 李欣童. 刘慈欣科幻小说叙事研究［D］. 扬州：扬州大学，2018：6 - 10.

　　② 人民教育出版社课程教材研究所中学语文课程教材研究开发中心. 义务教育教科书教师教学用书语文七年级下册［M］. 北京：人民教育出版社，2017：289.

　　③ 同①：6.

的故事情节。① 《带》文中虽有根据科学原理的大胆的猜想和假设，但是那只是科幻小说式的表层意义上的联结，其本质是幻想背后的哲理特质、悲剧意味，是充盈丰沛的人文关怀精神。②

不过，这种科幻背后的人文关怀精神并不是直接呈现出来的，而是隐藏在刘慈欣的婉约文艺范的情感故事中，隐藏在他那充满诗意的话语中，要想把这样的意蕴解读出来，必须凭借一定的解读工具。我们以为，不妨从对比思维的角度切入，对《带》文进行尽可能科学、合理的教学化解读。

一、解读从写作胚胎开始

我们通常认为，《带》文中的人文关怀精神是指歌颂一种乐观、敬业精神，一种为了科学而不怕献身的精神和人类探索未知世界的崇高情怀。这样的认知，或许是有偏差的。下面从课文的写作胚胎开始，试作解读。

就《带》文而言，其写作胚胎便是文本的第一部分。看起来，这一部分充满了悬疑，展现的是一种悬念式的叙事技巧。如，为什么"我"去度假，主任要让"我"带一双眼睛去？而眼睛又怎么能带走呢？当"我"问她想去哪里时，她为什么觉得做这样的决定是那么艰难呢？等等。

其实，并不完全是那么回事。

当然，我们得承认，这的确是一种非常好的叙事技巧，但是如果结合下面这句话做进一步思考的话，或许我们会有不太一样的认知：

---

① 姚利芳 . "你那儿的世界真好"：谈刘慈欣《带上她的眼睛》的通俗化表达 ［J］. 名作欣赏，2018（14）：7.

② 同①.

在肥大的太空服中，显得很娇小……　　（课文第2自然段）

作者为什么要把肥大的太空服跟娇小的她做对比呢？是否含着某种隐喻呢？

本来，有人能带着她的"眼睛"去旅行，是一件很美好的事情，她在做决定去哪里时，有点艰难也就罢了，可为什么还"似乎认为地球在我们这次短暂的旅行后就要爆炸了"呢？美好的开始和瞬间的湮灭，竟然同时呈现在读者面前。如此强烈的反差中，又隐藏着什么样的信息呢？如果再联想一下作者在改编时删改的一段话，其中的意味便显现出来了：

（在肥大的太空服中，她更显得娇小）一副可怜兮兮的样子，显然刚刚体会到太空不是她在大学图书馆中想象的浪漫天堂，某些方面可能比地狱还稍差些。

"某些方面可能比地狱还稍差些"，显然在无形中暗指实情。"这是全文悲剧情怀的瞬间闪现，虽稍纵即逝，却悄悄留下一道波痕。"①

至此，我们才明白，第一部分作为本文的写作胚胎，看起来是一种形式上的悬念式的叙述，实际上却是一种悲剧情怀的预设，下文所有的情境化的渲染和意图性的展开都是对这一叙事基调充分演绎的结果罢了。

二、悲剧情怀：在地心与地面的对比中

作为地航飞船的领航员，她身处绝境不惊恐、不慌乱，仍然坚守岗位。如何解读这种勇敢、乐观、坚韧的品质，如何解读这种带有悲

---

① 张永辉，张华. 这才像在生活：刘慈欣《带上她的眼睛》赏析［J］. 名作欣赏，2018（14）：6.

剧性的英雄主义呢？从常规意义上的悬念或叙事结构入手，虽然也能把文本的内在关系说清楚，但要把文本独特的审美张力表达透彻到位，那就有点难了。我们认为审美张力通常得益于对比的宽度、广度、力度、厚度、深度等，如果从对比思维的角度，进行解读的话，则较为便利。

《带》文中首先具有审美冲击力的是地心与地面的空间对比。

（一）在宽广与深窄的对比中凸显悲剧情怀

《带》文中多处描写了地面空间，如：

> 这是高山与草原的交接处，大草原从我面前一直延伸到天边，背后的群山覆盖着绿色的森林，几座山顶还有银色的雪冠。
> （课文第 6 自然段）

这段话单独拿出来看，没什么特别之处，就是单纯地写景罢了。从空间的角度看，也只有"一直""天边""群山"这样几个词语中可见地面空间十分巨大。但是，如果与地心空间相对比就不一样了。

> 她在地心的世界是那个活动范围不到 10 立方米的闷热的控制舱。 （课文第 41 自然段）
> 她将在这不到 10 立方米的地心世界里度过自己的余生。
> （课文第 43 自然段）

仅仅不到 10 立方米空间，相比较地面那广阔无边的空间来说，实在是太小了，关键是她只能在这样封闭而闷热的控制舱里活动、生存，要知道她"是一个好像刚毕业的小姑娘"，她的人生才开始，那将是一个多么漫长的生命旅程啊！至此，她的生命的悲剧性已经显现无疑。如果再联想到"飞船已下沉到 6300 公里深处，那里是地球的最深处，她是第一个到达地心的人"，而且是唯一的人时，她的无边的孤独与寂寞，使她人生的巨大的悲剧性，在与地面空间的对比中强烈地凸显了出来。

（二）在优美与悲壮美的对比中凸显悲剧情怀

本来，优美与悲壮美是两种完全不同的美，美的质态不同，审美的方式也不一样，两者之间并没有太多的可比性。但是，当这两种美同是描写的空间，且把这不同的空间放在一起进行对比时，情况就不一样了。

《带》文中多处描写了地面大自然的美丽，除上述第 6 自然段外，还有第 12 自然段，"广阔的草原上到处点缀着星星点点的小花""我只好趴到地上闻，一缕淡淡的清香"等。通常，大自然的优美带有女性的气息，母亲的气息；在大自然的优美里面，人类复归婴儿，或者童年、童话的梦境，所以，优美令人产生放松感、安适感，使人产生想与美的对象亲近，渴望与之融为一体的感觉。①

这样的美的确令人向往，如果文本本身没有太多深刻而特别的用意的话，我们只要静下心来欣赏就是了。但是如果跟地心的悲壮美对比起来看，那就是另外一回事了。

请看《带》文对地心空间的描写：

> 炽热的岩浆刺目地闪亮着，翻滚着，随着飞船的下潜，在船尾飞快地合拢起来，瞬间充满了飞船通过的空间。　（课文第35 自然段）

---

① 张永辉，张华. 这才像在生活：刘慈欣《带上她的眼睛》赏析［J］. 名作欣赏，2018（14）：5.

如果说这段话描写的是一种壮美，给人一种紧张感、敬畏感、距离感，那么，下面这两段文字就不同了：

> 飞船上方那巨量的地层物质在不断增厚，产生了一种地面上的人难以想象的压抑感。　（课文第35自然段）
> 飞船被裹在6 000多公里厚的物质中，船外别说空气和生命，连空间都没有，周围是温度高达5 000摄氏度，压力可以把碳在一秒钟内变成金刚石的液态铁镍！它们密密地挤在"落日六号"的周围，密得只有中微子才能穿过，"落日六号"仿佛是处于一个巨大的炼钢炉中！　（课文第38自然段）

这两段话中的"压抑感""一秒钟""炼钢炉"等词语传递出一种令人窒息的压迫感，而这种无边的压迫感却要由"一个好像刚毕业的小姑娘"，在以后漫长的数十年人生中独自默默承受。她将永远看不到地面上优美的景色，哪怕是一朵野花，一棵小草，一缕阳光。即便如此，她还按照研究计划努力工作，希望她留下的资料会有用。

同样是生存的空间，同样是生命，当大多数人都无拘无束地享受大自然赐予的优美环境时，她却要终身生活在这样一种环境与空间里，然而，她无怨无悔，且努力工作。在这样强烈的对比下，她身上所表现出来的巨大的悲壮美不得不令人产生一种无与伦比的震撼、净化和升华。于是，文本的悲剧情怀被进一步加深，加浓，加厚。

三、悲剧情怀：在灰色与嫩绿的对比中

我们通常认为，《带》文中的"我"是小说的叙述者和"行动着"的人，仅仅起着串联情节、结构文本的作用。至于文本中悬念的设置与解密都是"我"在"行动着"的过程中产生的，是读者意识在文本中的巧妙体现，充其量只能算是一种很吸引人眼球的写作技

巧罢了，"我"这个人物形象终究是扁平的，而且与《悲》文的悲剧情怀没有太大的关系。现在看来，这样的看法或许有待商榷。

上文已经说到，《带》文是刘慈欣的转型之作，兼有"硬科幻"和"软科幻"之长而去其短，"作品中有依据科学原理的大胆猜想和假设，又有充盈丰沛的人文关怀精神"①，也就是说，《带》文已经逐渐从"扁平人物"走向"圆形人物"，这一点，可以从灰色与嫩绿的对比中看出来，而更为重要的是，《带》文还在这样的对比中进一步地渲染了文本的悲剧情怀。

（一）"灰色"走向"嫩绿"

《带》文中，对"我"的生活状态描述并不多，但是从仅有的几处，也能看出"我"的生活状态并不好。从第25自然段中"又回到了灰色的生活和忙碌的工作中"中的"又"字和"世界在我的眼中仍是灰色的"中的"仍是"，可见一二。因为"我"的生活在很长一段时间都处于灰色之中，没有乐趣，没有幸福感，所以，"我"才去度假，去散心。

如果《带》文仅仅把"我"描写成像平淡生活、平凡工作的普通人一样，没有欣喜，没有快乐，也没有乐趣，那"我"就真成了一个扁平的人物了。然而，作者并没有静态地描写"我"，而是做了动态的刻画，且更为关键的是，这种动态的刻画，使"我"遇到她的前后产生了强烈对比，从而，使"我"的形象，从静态的扁平人物逐渐走向了动态的圆形人物，并在这种变化中，进一步深化了《带》文的悲剧情怀。

请看下文，从草原回到基地，"我"的精神状态发生了哪些微妙

---

① 人民教育出版社课程教材研究所中学语文课程教材研究开发中心. 义务教育教科书教师教学用书语文七年级下册［M］. 北京：人民教育出版社，2017：289.

的变化呢？

> 在我的意识深处，也有一颗小小的种子留了下来，在我孤独寂寞的精神沙漠中，那颗种子已长出了令人难以察觉的绿芽。
>
> （课文第 25 自然段）

虽然"我"觉得她有点可笑，有点不正常，甚至，有点厌烦，但不可否认的是，在"我"跟她相处的过程中，在不经意间，一颗热爱生活的种子，已经在我孤独寂寞的精神沙漠中潜滋暗长了：

> 当一天的劳累结束后，我已能感觉到晚风吹到脸上时那淡淡的诗意，鸟儿的鸣叫已能引起我的注意，我甚至黄昏时站在天桥上，看着夜幕降临城市…… （课文第 25 自然段）

"我"的生命的嫩绿已经星星点点地出现，所以，"我"才想起她，才感觉到她已经在无形之中深深地影响到了"我"。事实上，这样的嫩绿的芽，从"我"带着她的眼睛去旅行时，便已悄悄种下，并悄悄生长起来了，只是我没有觉察罢了。不然，她让"我"做什么，我为什么就会做什么呢？甚至，让"我"夜里看月亮，"我"即便睡眼蒙眬，再不情愿，也还是起了床。

（二）"圆形"凸显"悲情"

于是，"我"猛然意识到了什么，她的许多疑问一次又一次重现在眼前，当"我"发疯似的跑上楼，弄明白一切之后，"我无力地跌坐在地毯上"。"我"这才绝望地明白了"那个没有日出的细雨蒙蒙的早晨，竟是她最后看到的地面世界"。她身处绝境，依然对地面世界那么留恋，对生活那么热爱，其中所蕴含的巨大而坚韧的悲剧感，深深地感染了"我",也彻底地改变了"我"。以至于,"在以后的岁月中,地球常常在我脑海中就变得透明了",而且,还有一个想法安慰着"我":"不管走到天涯海角,我离她都不会再远了"。

很显然,我的生活状态已经从灰色变成嫩绿,又由嫩绿变得跟她一样,无论身处什么样的绝境,都对生活充满了希望。"我"也会跟她一样坚守岗位,勇敢、乐观地生活下去,因为"我"离她"不会再远了"。

表面看来,从灰色到嫩绿仅仅是写"我"的生活状态的变化,实际上,《带》文还有更深的用意:通过"我"的灰色人生与嫩绿希望的强烈对比,通过"我"这一人物形象从扁平走向圆形的过程,来凸显她和文本本身的强大的悲剧情怀。

通常来说,文本的审美张力,在很大程度上取决于对比的宽度、广度与深度。没有看到她之前,"我"可能在很长一段时间里,都处于一种灰色生存状态之中,看不到生活的诗意,也看不到人生的希望;她的到来,让我的生活状态、情感世界慢慢发生了变化,随着文本的不断向前推进,由之前的灰色逐渐变为嫩绿,从而形成了较为鲜明的对比。直至后来,"我"与她甚至融为一体"不会再远"时,文本的对比力度达到了空前的程度。与此同时,文本的审美张力,也因为"我"前后的巨大变化与对比而达到最大化。

需要特别说明的是,无论"我"的生活状态从灰色变成嫩绿,还是"我"从静态的扁平人物变成了一个动态发展的圆形人物,其变化有多大,对比有多强烈,都是因为她的到来而发生的。也就是说,表面看来文本是写"我"的变化,但其审美张力所彰显的却是她和文本的悲剧情怀。因为她生活在绝境中,不但不悲观失望,还带给"我"生活的希望、勇气与信心,所以,"我"的生活状态的对比越强烈,"我"的人物形象越是"圆形化"发展,就越能凸显她和文本极为强大而震撼人心的悲剧情怀。

四、悲剧情怀：在"我"与她的对比中

当然，《带》文那种科幻背后的悲剧情怀，主要还是体现于日常状态下的"我"的漠然与极限状态下的她的欣喜的对比之中。

通常情况下，"认识对象在我们感受世界里投射的美感，会随着时光的流逝而逐渐减弱。美感减弱，丑感增强；敏感减弱，迟钝感增强；新鲜感减弱，平凡感增强；绿洲感减弱，沙漠感增强。"① 于是，日常状态中"我"的精神沙漠一天一天地累积而成，日常生活给"我"带来的只有"漠然"，毫无诗意可言。于是，"我"要去度假，要去散心。

但她就不一样了：在她眼里"一缕淡淡的清香"，就"像一首隐隐传来的小夜曲"；她给每一朵野花起名字，"她渴望看草原上的每一朵野花，每一棵小草，看草丛中跃动的每一缕阳光；一条突然出现的小溪，一阵不期而至的微风，都会令她激动不已……"

文本为什么要如此一次又一次地渲染她对这个世界的丰富情感呢？

其实，这样做，是有深意的。这是为了把她对这个世界的丰富情感与"我"漠然的态度形成强烈的对比，并在对比中，引起人们的思考。因为对比的力度越大，文本的审美张力就越大，引起的思考也就越深，所以，作者才一次又一次地渲染她对这个世界的丰富情感。

那么，文本究竟想让人们在她与"我"的对比中，产生什么样的思考呢？

要想弄明白这一点，先让我们设身处地从她的角度来看一看世界吧：

如果让"我"从5000摄氏度高温环绕的控制舱看美丽的大自

---

① 张永辉，张华. 这才像在生活：刘慈欣《带上她的眼睛》赏析［J］. 名作欣赏，2018（14）：5－6.

然，"我"会如何看？如何想？

如果让"我"从不足十立方米的控制舱看辽阔的草原，看巍峨的高山，"我"会如何看？如何想？

如果让"我"从6300公里深处，孤独地看川流不息的街道，看人头攒动的集市，"我"会如何看？如何想？

如果让"我"，或许是最后一次，看这个美好的世界，"我"又会如何看？又会如何想？

……

"我"或许早就崩溃了，再美好的事物，都会索然寡味的。然而，她为什么就能如此细致入微地观看、体悟她所看到的、感受到的一切呢？文本为什么要极力渲染她眼中那富有诗意的世界呢？为什么要极力渲染她丰富的情感世界呢？这就不得不引起人们的思考了。

其实，这样写，也是有深意的。

文本越是把她眼中的自然世界和丰富的内心世界与"我"的内心的漠然形成强烈的对比，越是强调这是她对这个美好世界的最后一次回眸，就越能凸显文本的悲剧情怀；文本越是描写她在极限状态下，努力把大自然的丰富与美好整合进自己的心灵世界，陪伴她度过之后的漫长的研究生涯，就越能凸显文本强大而震撼人心的悲剧情怀。

总之，从"非构思"对比思维的角度切入，我们可以清晰地看到，《带》文已努力从扁平人物走向圆形人物，《带》文不仅是为了歌颂乐观、敬业的精神，歌颂为了科学而不怕献身的精神和人类探索未知世界的崇高情怀，更重要的是期望通过地心与地面、灰色与嫩绿和"我"与她的强烈对比，引起人们深沉而持久的思考，且这种对比的力度越大，引起的思考便越深，文本所彰显的悲剧情怀便越是震撼人心。这大概才是作者想要表达的最为根本的写作意图和审美诉求吧。

7. 田园牧歌中的都市乡愁

——《社戏》解读

　　鲁迅的"诗化小说"《社戏》,"所运用的动人的回忆笔调,奠定了它田园牧歌般的抒情基调,显示了一种独特隽永的风格。"① 这篇小说被选进初中语文教材之后,最为权威的教学化解读有:

　　解读一:作者以饱含深情的笔触,写了"我"十一二岁时在平桥村夜航到赵庄看社戏的一段生活经历,刻画了一群农家少年朋友的形象,表现了劳动人民淳朴、善良、友爱、无私的美好品德,展示了农村自由天地中充满了诗情画意的儿童生活画卷,表达了作者对劳动人民的深厚感情和对美好生活的向往。②

　　解读二:《社戏》叙述的是"我"少年时一段看水乡社戏的往事,表现对童年美好生活的回忆和留恋的心情。③

---

　　① 易劲帆. "乐土"上的心灵放飞:谈《社戏》的情感艺术 [J]. 鲁迅研究月刊,2000(10):43.

　　② 洪宗礼. 义务教育教科书语文教学参考书七年级上册 [M]. 南京:江苏凤凰教育出版社,2016:150.

　　③ 人民教育出版社课程教材研究所中学语文课程教材研究开发中心. 义务教育教科书教师教学用书语文八年级下册 [M]. 北京:人民教育出版社,2017:4.

上述两个解读看起来详略不一、表述有别，实质上却相差不大，都是一些惯常的思路和角度，即从"农村少年的客观形象，农村社会人与人之间的关系，和作者的向往之情"的角度进行解读。①

造成这种状况的原因有二：

一是教材中的《社戏》是个删减本。

原文中，"我"一共看了三场戏，选进教材之后，前两场被删除了，只剩下"我"十一二岁时这一场。看起来，删除之后似乎跟"社戏"这个题目更匹配，也更符合编者意图了。但是，作为一篇艺术珍品，这样一删也就面目全非、不伦不类了。单看这场"社戏"，很多颇具匠心的描写会失去根基，变得做作突兀，特别是景物描写。删减之后，其精神隽永的艺术内涵无从谈起，至多只能算是一篇不失优美的浅显的儿童小说而已。② 而以一篇删减后的"浅显的儿童小说"来解读的话，解读的思路和角度必然会受到一定的限制。

二是解读太过局限于文本本身。

从"人物形象""人与人之间的关系"和"作者的向往之情"，或是从社戏本身的"民俗学、美学价值"的角度进行解读不是不可以，只是单纯地从这样的角度展开，仅仅解读作为"成品"的文本中有什么，而忽视创作这个文本的作者，忽视"我"的存在，那就有所欠缺了。要知道这是一篇"回忆"性质的小说，而"回忆"大都带有生命的反思、情感的回归和精神的向往。鲁迅写（回忆）"看戏"，其"意"不在看"戏"或"看戏"本身，而是通过看"戏"（"看戏"）这面镜子来折射出自己"内心世界"（内在精神、情感、心理、性格）的某一侧面。③ 而当下权威的教学化解读恰恰有意无意

---

① 钱理群. 读一读《社戏》全文 [J]. 语文学习，1994（9）：11.

② 叶世祥. 都市人的乡愁：重读鲁迅小说《社戏》[J]. 名作欣赏，1990（1）：88.

③ 同①.

地忽略了鲁迅的存在，忽略了"我"的存在。这便使得看起来很有深度的解读，实质上却较为浅表化。以这样的解读来引领初中生去阅读作为"定稿"的经典作品，这是有明显缺陷的。

那么，对于这样一篇"没有传统小说中常见的人物矛盾、情感错位"，"人物的情感和意向大体一致，不以人物性格的不同见长"的"抒情性很强的散文化的小说"，① 我们应该如何解读呢？

首先，我们不要片面地从某一部分来解读，要联系被删除了的前两次看戏的过程来解读《社戏》全文，这样，才能最大可能地还原作者的原意。

第二，要"把《社戏》放入鲁迅的整个创作来看，它在某种程度上暗含着鲁迅的自我认知和自我定位。《社戏》前半部分对戏园看戏的叙述具有隐喻性，它以具象的方式表现出鲁迅在社会上的生存状态"②。我们知道，贯穿鲁迅一生的生命体验与生存状态是"孤独"，是都市人的"乡愁"。从这样的生命状态来解读《社戏》或许能为我们打开另一扇窗。

第三，不要单纯地从儿童的视角来解读《社戏》。因为如果单纯从儿童视角来解读的话，《社戏》呈现在读者面前的仅仅是"我"的快乐、幸福的童年生活，仅仅是一个充满诗意的平桥村而已。但是如果从儿童与成人的复调式叙述视角来审视全文，那就不一样了，所谓充满诗意的平桥村生活，其实，只是"我"向往的理想中的乡村生活罢了。因此，从复调式叙述视角来解读《社戏》，更准确，更深刻，更有意味。

---

① 孙绍振. 杂文话语和抒情话语的统一［M］//钱理群，孙绍振，王富仁. 解读语文. 福州：福建人民出版社，2010：75.
② 蒋霞，杨晓河. 真心之"礼"平凡之"爱"：《社戏》别解［J］. 语文建设，2014（4）：50.

一、牧歌中的乡愁：在写作胚胎的渲染中

《社戏》一文的写作胚胎与众不同。

一方面是因为《社戏》选入教材时，做了删减。如果以删减后的第一自然段中的第一句话，或者前几句话作为《社戏》的写作胚胎，显然是说不过去的。因为它们并不是真正意义上的文章开头，在这几句话之前，原文早已经开笔写了十个自然段。按照通常对写作胚胎的认知，在此之前文章的叙事基调早已确定，文章意图早已情境化展开。另一方面，《社戏》原文的开头似乎也不能算作写作胚胎。

请看《社戏》原文的第1自然段：

> 我在倒数上去的二十年中，只看过两回中国戏，前十年是绝不看，因为没有看戏的意思和机会，那两回全在后十年，然而都没有看出什么来就走了。

应该承认，在这段话中，还是含有不少信息的。如前十年不看戏，表面原因是没有"看戏的意思和机会"，不过，透过"绝"这个字可见"我"在情感上对看戏的巨大抵触，这便间接地说明了"我"当时的生存状态并不太好；而在后十年中，"我"看了两回戏，很显然，在"我"而言已经有了看戏的意愿，且有了看戏的机会，按理说，"我"应该好好看戏，好好欣赏才是，但是最终都没有看出什么来就走了。"我"为什么会没看出什么来就走了呢？这便为下文设置了悬念。同时，这里的"然而"，既有语气上的转折，也含有情感与精神上的无奈。

需要注意的是，这个开头虽然也涉及"我"的生命状态，但更像是对第一、二次看戏的概述，跟下文到赵庄看社戏并没有太多的关联。把这个开头当作写作胚胎来较为深层地预示"我"的生命反思、

情感回归和精神向往，似乎有点勉强。倒是全文的最后一个自然段颇为特殊，需要引起我们足够的重视。我们不妨把这一段作为全文的写作胚胎，或许更为合适一些。

请看《社戏》的最后一个自然段：

> 真的，一直到现在，我实在再没有吃到那夜似的好豆，——也不再看到那夜似的好戏了。

这段话中，首先需要关注的是"一直到现在"这个词组。它表明"我"一直在回味，一直在思考，一直在反思"我"的整个生命行走的过程。很显然，这个"一直到现在"中所反思的既包含"我"儿时看的那一场"社戏"，也包括"我"成年之后到北京在戏园里看的两场戏。它表明下文中"再没有"和"不再"是对这三场"看戏"的一种对比性的反思。不仅如此，这个"一直到现在"还意味着《社戏》一文运用了儿童视角与成人视角相融合的复调式叙述方式，这里显然已经从儿童视角切换到成人视角进行反思。

那么，"我"在反思什么呢？

反思一："我""再没有"吃到那夜似的好豆。

"豆"还是那样的"豆"，为什么"我""再没有"吃到那夜似的好豆呢？很显然，"我"想吃的并不是罗汉豆本身，而是伴随着罗汉豆的乡土情怀。"我"再没有吃到那夜似的好豆了，实际上是说，"我"理想中的平桥村已经离"我"而去了。这里的"再没有"含有深深的遗憾，含有无边的失落。

反思二："我"也不再看到那夜似的好戏了。

如果说"再没有吃到那夜似的好豆"，仅仅是对理想中的平桥村牧歌式的生活、和善的人际关系的回忆、向往和向往而不可得的失落的话，那么，"不再看到那夜似的好戏了"则更多的是对"我"的整个生命的行走质态的反思了。因为"看戏只是连接城市和乡村的一种生活形式，作者真正所指的是现代城市文明和传统的乡村情结。儿童的轻松游戏承载着生命的沉重，儿童单纯的快乐也映衬着人性的悲凉。""《社戏》中对童年的回忆，实际上暗示了叙述人当下时间上和空间上的缺失，暗示了叙述人的孤独和焦虑。"①

需要注意的是，这里的"不再"跟前句中的"再没有"是略有不同的，如果说"再没有"中含有遗憾和失落的话，那么，这个"不再"则更多地表达了"我"在"都市与乡村的对立中"，在牧歌式的理想的田园生活消失之后的悲怅之情。所以，《社戏》一文所表现的并不是简单的"对童年美好生活的回忆和留恋的心情"，更多的是通过对田园牧歌般的乡村生活的精心描绘表达了作者更为深层的都市乡愁。而这才是这篇文章真正的写作意图所在。

二、牧歌中的乡愁：在多重渲染对比中

那么，我们应该如何具体解读《社戏》这篇小说呢？

目前积存的文献，除去分析人物形象和人物之间的关系的，剩下的大多从小说情节发展的节奏和叙事波澜的角度进行解读，但是，这样的解读太过侧重于第三次看戏。而以第三次看戏来解读《社戏》（全文）的话，《社戏》（全文）所写的无非就是一个有趣味的故事，所表现的无非就是"对童年美好生活的回忆和留恋的心情"。由于忽略了第一、二次在北京的看戏，《社戏》一文的主旨必然会不同程度地"被"跑偏。

事实上，《社戏》一文通过前后三次看戏，表现的是"我"对都市和农村两种不同生活情景、两种不同人际关系的不同感受，并且着重通过精心描绘田园牧歌般的乡村生活与都市生活的强烈对比，来更

---

① 赵建晖. 鲁迅在《社戏》中为什么选用儿童视角？［J］. 语文建设，2006（11）：50.

为深层地表达作者浓浓的都市乡愁。因此，解读《社戏》一文，应从前后三次看戏、两次对比的角度展开，这样，才能真正理解"我"的心境、思想与情感，才能真正揭示《社戏》的写作意图。

（一）两次看京戏与儿时看社戏的对比

《社戏》原文中最为鲜明的对比是两次看京戏（指北京戏，下同）与儿时看社戏的对比。需要注意的是，并不是京戏和社戏本身的对比，而是"我"看戏的过程和心情的对比。这三场戏，"我"都没有看完，都没有感觉到太多的趣味，但是，看完之后，给"我"留下的印象、给"我"的反思却是截然不同的。

1. 两种戏台的对比

（1）侧面渲染京戏戏台

在《社戏》原文两次看京戏的叙述中，都提到了戏台，不过，说的都是戏台下，并没有对戏院里的戏台本身进行正面的渲染、描写。在原文第 10 自然段中，倒是借一本日文书侧面渲染了京戏戏台。

> 中国戏是大敲，大叫，大跳，使看客头昏脑眩，很不适于剧场，但若在野外散漫的所在，远远的看起来，也自有他的风致。

这里并没有直接渲染北京戏的戏台（剧场戏台）是什么样的，但是从"中国戏是大敲，大叫，大跳"中的三个"大"字可见，在"我"看来，中国戏太闹；从"使看客头昏脑眩"中可知，剧场中的中国戏并没有给"我"留下太多的好感。这也可以在与社戏的对比中得到侧面的验证。这里的"在野外散漫的所在"，指赵庄演戏的那个戏台，所不同的是，在野外的戏台上演的社戏"远远的看起来，也自有他的风致"。从"风致"可知，"我"是十分喜欢社戏的。

这里并没有直接提到戏台，而实际上，没有提到，便是提到了。

因为，如果剧院戏台给"我"留下美好印象的话，鲁迅怎么会不提呢？再者，既然中国戏没有给"我"留下什么好感，剧场中的戏台在"我"心里怕也好不到哪里去。

（2）两次渲染社戏戏台

但是，赵庄的戏台就不一样了，它给"我"留下了深刻的印象，这不得不引起人们的深思。请看渲染一：

> 最惹眼的是屹立在庄外临河的空地上的一座戏台，模胡在远处的月夜中，和空间几乎分不出界限，我疑心画上见过的仙境，就在这里出现了。　（课文第14自然段）

这是刚到赵庄看社戏时，对戏台的渲染。在这个渲染里，人们常常关注的是"仙境"这个词，认为"'仙境'一喻，生动表现了月色下'模胡'的戏台境界的神奇和美妙，同时也充分表现了'我'看戏心情的愉悦与惬意"①。这没有错。不过，我认为还应该关注另外一个词：屹立。乡村演社戏当然是要搭戏台的，而且也不太低，不过，总体来说，大都较为简易，只要便于演出就行了，远没有到高耸挺立的程度，戏台也远没有大到竟然跟周围的空间分不出界限的程度，所以，从物理层面上讲，根本谈不上"屹立"。当我们把"屹立"这个词打回常规时，我们便明白了，这里的"屹立"并不是真的描写乡村社戏的戏台有多么的高耸挺立，更多是渲染了"我"的一种与第一、二次看戏完全不同的内心感受，即"我"从平桥村到赵庄这一路走来的异常轻松、激动、喜悦的心情。这样美好的心情早已如身体一般"舒展到说不出的大"，如"戏台"一般高高的"屹立"，且坚定不动摇。

---

① 杨卫军. 品读《社戏》之乐［J］. 语文建设，2014（34）：48.

再来看渲染二：

> 回望戏台在灯火光中，却又如初来未到时候一般，又漂渺得像一座仙山楼阁，满被红霞罩着了。吹到耳边来的又是横笛，很悠扬……　（课文第 22 自然段）

这是离开赵庄时，对戏台的渲染。人们常常关注"仙山楼阁"这个词，认为这是对第一次渲染戏台的呼应。这也没有错。不过，我以为在这个渲染里还应该关注"漂渺得"这个词。在渲染一里，提到了赵庄的戏台像"仙境"，但是这样的"仙境"虽然十分美好，"我"却不太敢肯定，所以，是"疑心画上见过的仙境，就在这里出现了"。但是到渲染二中就不一样了。本来"漂渺"有隐隐约约、若有若无的意思，但是加了一个"得"，就变成肯定语气了。"我"肯定地认为赵庄的戏台就像"仙山楼阁"，而且还"满被红霞罩着"。然而，令人疑惑的是：其实赵庄的戏并不好，而且"我"也没有看完。既然如此，"我"为什么还认为赵庄的戏台是"仙山楼阁"呢？按照常理，应该"恨"屋及乌，讨厌赵庄的戏台才是啊。

这便有了矛盾。找到了矛盾，就好分析了。我们只要把它打回常规即可。其实，那天的戏并不好看，如铁头老生没有翻筋斗，没看到蛇精、跳老虎，最怕的老旦唱个没完，孩子们看戏时"喃喃的骂""不住地吁气""打起呵欠"，最后，没看完就提前回平桥村了。但是由于有了小伙伴们陪伴，有了他们的讲戏，以及他们热情的服务而"爱屋及乌"，赵庄的戏台有如"仙山楼阁"一般美丽，"满被红霞罩着了"。

（3）在对比中渲染乡愁

这样一来，对社戏戏台的赞美、留恋便与"我"第一、二次看北京戏时的"头昏脑眩"形成了强烈的对比。除了这个对比之外，还有一处就是，赵庄社戏的横笛很悠扬，跟北京戏的"大敲，大叫，大跳"也形成了鲜明的对比。

我们知道，对比本身并不是目的，对比之后引起的反思，才是作者真正的意图所在，而且，对比的力度越大，便越能引起人们深刻的反思。试想，同样都没有看完戏，同样都不喜欢戏本身，为什么一个毫不在意，甚至十分厌恶，一个却十分留恋，它们的反差为什么这么大？这里面有什么特别的隐喻吗？

上文已经提到，"我"留恋的其实不是赵庄的戏台，也不是社戏本身，而是平桥村的人、事、景，留恋的是平桥村平等、友爱与和睦的关系，鲁迅笔下的平桥村于"我"而言是一片理想的乐土。然而，事实上，现实中的平桥村并不是这样的，这可从《故乡》同类乡村的生活困苦、乡民精神的麻木，从《祝福》中乡村妇女身受重压、身无所寄可知。也就是说，"我"留恋的并不是现实中的平桥村，而是理想中的平桥村，是"我"也是作者"久已逝去的梦想之乡、安魂之乡"。①

要知道，在鲁迅的眼里，中国的戏院不过是中国社会的一个缩影；他对戏院的观察与感受实际上就是对中国社会与中国国民性的认识与发现，因此，由此而引起的忧愤，就格外深广，心灵的震动，也就格外强烈。② 所以，"我"越是赞美、留恋赵庄的戏台，越是留恋理想中的平桥村，就越是厌恶北京戏的"头昏脑眩"，戏台、平桥村所代表的理想生活跟北京戏所代表的令人窒息的都市人的生活状态形成了强烈的对比，而这种对比越强烈，就越能凸显都市人浓浓的乡愁。

----

① 人民教育出版社课程教材研究所中学语文课程教材研究开发中心. 义务教育教科书教师教学用书语文八年级下册［M］. 北京：人民教育出版社，2017：5.
② 钱理群. 读一读《社戏》全文. ［J］. 语文学习，1994（9）：11.

2. 两种人际关系的对比

（1）都市人际关系的渲染

《社戏》原文中对"我"在北京的人际关系的渲染，有两处需要特别关注：

渲染一：

> 后来我每一想到，便很以为奇怪，似乎这戏太不好，——否则便是我近来在戏台下不适于生存了。　　（原文第5自然段）

这里渲染的是"我"初到北京第一回看戏后的感慨。需要注意的是，"我""很以为奇怪"的并不是北京戏真的"太不好"，因为在"我"看来"看戏是有味的，而况在北京呢"。作者想表达的其实是"我""不适于生存了"。

那么，到底是一种什么样的状况让"我""不适于生存"了呢？

是"在外面也早听到冬冬地响"的吵闹，"几个红的绿的在我的眼前一闪烁"的晃荡，"戏台下满是许多头"的密集和细长的凳子让人"联想到私刑拷打的刑具"的毛骨悚然，让"我"觉得"不适于生存了"。表面看来，是在写北京戏院里不堪的情景，然而，"戏场小天地，天地大戏场"，这里实际上渲染的是北京都市里逼仄的环境气氛及淡漠的人际关系。而这才是"我"在北京，在都市里"不适于生存"的根本原因。

渲染二：

> 我向来没有这样忍耐的等待过什么事物，而况这身边的胖绅士的吁吁的喘气，这台上的冬冬喤喤的敲打，红红绿绿的晃荡，加之以十二点，忽而使我省悟到在这里不适于生存了。　　（原文第7自然段）

这里渲染的是"我"初到北京第二回看戏后的感慨。在这个渲染里，人们常常关注到"不适于生存了"这几个词。这并不奇怪，因为，一方面这是对第一次看戏的照应，另一方面城市剧场里喧闹、拥挤。名角摆架子，许久不出，让人十分失望；胖绅士目中无人、俗不可耐……这些使"我"苦不堪言。"我"自然觉得在北京，在都市里是"不适于生存了"。需要注意的是，这里跟渲染一一样，渲染戏院的景象是表面现象，实质上渲染的是都市里逼仄的环境气氛及淡漠的人际关系。

不过，除了"不适于生存了"这几个词之外，还有一个词需要关注：省悟。

在解读"省悟"这个词前，我们注意到在渲染一里有"似乎"这个词。所谓"似乎"就是不太确定。虽然觉得都市里逼仄的环境气氛及淡漠的人际关系让我"不适于生存了"，但是"我"并不太确定，所以用了一个不十分肯定的词语：似乎。然而，到渲染二中就不一样了，因为"我""省悟到在这里不适于生存了"。所谓"省悟"，就是醒悟、觉悟、觉醒，就是由迷惑而明白，由模糊而认清。所以，"省悟"中含有认识、理解、明白的过程，是对第一阶段模糊认识的一种肯定。它让"我"真正意识到在北京，在都市里，面对那丑恶、龌龊、令人窒息的社会环境和庸俗、冷漠、自私的人际关系，"我"是无法生存的。而这跟理想中的平桥村形成了强烈的对比。

（2）平桥村的人际关系的渲染

《社戏》对平桥村美好的人际关系的渲染随处可见：

渲染一：

和我一同玩的是许多小朋友，因为有了远客，他们也都从父母那里得了减少工作的许可，伴我来游戏。　（课文第2自然段）

渲染二：

在小村里，一家的客，几乎也就是公共的。 （课文第2自然段）

渲染三：

陪"我"一起掘蚯蚓、钓虾、放牛等。

渲染四：

陪"我"夜里看社戏。

渲染五：

大家商议"偷"罗汉豆，而且还"偷"自家的。

平桥村热情友好、淳朴温厚的人际关系，正直无私、美好和谐的人情味和人性美，令人沉醉、感动。平桥村不仅是"我"的"乐土"，更是作者精心营造的新的"桃花源"。[①] 这在许多积存文献里多有论述，这里不再赘言。

需要关注的是，作者为什么要把都市里庸俗、冷漠、自私的人际关系与平桥村和谐、淳厚的人际关系进行如此强烈的对比。要知道，在强烈的对比中，越是对都市里的人际关系厌恶、不满，便越是凸显"我"对平桥村美好的人际关系的向往。而这样美好的平桥村只存在

---

① 姚大勇. 一曲自然美的颂歌：鲁迅小说《社戏》的文化读解［J］. 名作欣赏，2001（2）：34.

于理想中，现实中很难存在，这样，无形之中便在对田园牧歌式的理想的平桥村的回忆里，打上了"我"，也打上了作者深深的都市乡愁的印迹。而且对比的力度越大，这种田园牧歌中的都市乡愁便越是浓厚而深切。

（二）"礼教"与"礼数"的对比

《社戏》中有一个词常常被忽略，那就是"礼数"。说到"礼数"，我们便不自觉地想到了常常被鲁迅先生狠狠批判的"封建礼教"。这个"礼数"与"礼教"之间会不会有什么特别的关联呢？

1. 吃人的封建"礼教"

如果说《狂人日记》是鲁迅先生草拟的反封建礼教的檄文的话，那么，《祝福》《故乡》《孔乙己》等小说则具体形象地揭露了封建礼教"吃人"的本质。如《祝福》中的鲁四老爷、祥林嫂的婆婆、柳妈等自觉不自觉地受封建礼教的驱使，在精神上、灵魂上残酷地虐杀了祥林嫂；如《故乡》中的少年闰土原本是一个活泼勇敢的孩子，是一个富有表现力的少年，但是艰难的生活环境、吃人的封建礼教把中年闰土苦得像个形容枯槁、苍老呆滞的木偶人；再如《孔乙己》中的孔乙己更是在封建腐朽思想和科举制度毒害下，精神上迂腐不堪、麻木不仁，生活上四体不勤、穷困潦倒，在人们的嘲笑戏谑中最终走向了灭亡。像这样揭露封建礼教"吃人"的文章，鲁迅先生还写了许多。

2. 充满人性的"礼数"

但是，《社戏》中的"礼数"显然是不一样的。

渲染一：

在小村里，一家的客，几乎也就是公共的。　　（课文第2

107

自然段）

明明只是一家人的客，在平桥村竟然成了公共的。这是多么纯朴的待客之道啊。

渲染二：

> 我们年纪都相仿，但论起行辈来，却至少是叔子，有几个还是太公，因为他们合村都同姓，是本家。然而我们是朋友，即使偶而吵闹起来，打了太公，一村的老老小小，也决没有一个会想出"犯上"这两个字来，而他们也百分之九十九不识字。
>
> （课文第2自然段）

按照封建礼教，叔子就是叔子，太公就是太公，打了太公就是犯上，但是在平桥村是没有这一说的，可见这里的人民是多么的朴实。

渲染三：

> 这虾照例是归我吃的。　（课文第3自然段）

虾是大家一起钓的，应该谁钓的就归谁，至少应该平分。但是因为"我"是客的缘故，所以，便受到特别的优待，每次都归我吃。从这里的"照例"可见平桥村的少年朋友待客真诚、热情到无意识的程度。

像这样的对"礼数"的渲染，在《社戏》中还有许多处。纵观全文，可以鲜明地看到在平桥村村民们的心中，所谓的"礼数"，已经"摆脱了传统礼教观念，真正回到人与人的亲和关系，它基于真诚的感情，是出于真心的礼貌和客气，是充满了情谊的礼数，洋溢着活泼泼的生命力，体现为一种人性之'爱'"，它"以照顾好客人为旨归，它不像礼教以束缚人而合于'道'，而是让双方都感到自然自在"[①]。

也就是说，《社戏》中的"礼数"跟鲁迅在其他作品中批判的"礼教"是完全不一样的。一个是竭尽全力地照顾人，一个是不遗余力地"杀"人。篇际间的对比力度之大，着实令人惊讶。这便不得不引起人们的思考：作者为什么要进行如此大跨度的对比呢？

其实，我们在上文已经提到，《社戏》中的平桥村跟现实中的村庄是不一样的，现实中的村庄，正如《祝福》《故乡》《孔乙己》等小说所描写的那样，在封建礼教的压榨、摧残下，人们要么变成了木偶人，要么走向了灭亡，所以，鲁迅只能在理想的平桥村中寄托自己的社会理想。而这样的理想，在那个年代，是难以实现的。这样，封建"礼教"与"礼数"便在篇际间形成了强烈的对比，而且对比力度越大，便越是折射出"我"，也折射出作者，在田园牧歌般的歌颂中流露出的浓浓的都市乡愁。

（三）杂文手法与优美诗情的对比

《社戏》一文的语言表达很有特色，且富有深意。通常来说，第一、二次在北京看戏部分更多地采用了杂文话语，而第三次看"社戏"，则采用了抒情话语，两者构成了鲜明的对比。

1. 充满讽刺意味的杂文色彩

《社戏》中第一、二次在北京看戏这部分所用的语言，大都具有讽刺色彩、杂文意味。如：

> 于是看小旦唱，看花旦唱，看老生唱，看不知什么角色唱，

---

① 蒋霞，杨晓河. 真心之"礼"平凡之"爱"：《社戏》别解［J］. 语文建设，2014（4）：49.

看一大班人乱打，看两三个人互打，从九点多到十点，从十点到十一点，从十一点到十一点半，从十一点半到十二点，——然而叫天竟还没有来。　（原文第6自然段）

·

这段话看起来像是流水账。"看小旦唱，看花旦唱，看老生唱，看不知什么角色唱"，完全可以合并为一句话：看各种角色演唱。"从九点多到十点，从十点到十一点，从十一点到十一点半，从十一点半到十二点"也可以合并为一句话：从九点多一直等到十二点。然而，这样一来，就无法把"我"的无奈、厌烦表现出来了。这段话显然不是为了写北京戏如何，而是写"我"的情绪，写"我"的心境，写"我"对都市生活的厌烦。其中的讽刺意味、杂文色彩是很浓的。

像这样具有讽刺色彩、杂文意味的语言，在"我"第一、二次看戏中到处都是，这里不再一一列举。

2. 田园牧歌般的优美诗情

而到第三次看"社戏"时，就大不一样了。请看下面的渲染：

渲染一：

两岸的豆麦和河底的水草所发散出来的清香，夹杂在水气中扑面的吹来；月色便朦胧在这水气里。淡黑的起伏的连山，仿佛是踊跃的铁的兽脊似的，都远远地向船尾跑去了。　（课文第11自然段）

渲染二：

那声音大概是横笛，宛转，悠扬，使我的心也沉静，然而又自失起来，觉得要和他弥散在含着豆麦蕴藻之香的夜气里。（课文第12自然段）

110

这里的景物描写显然是一种田园牧歌般的描写，一种充满诗意的赞美。积存的文献，大都从视觉、听觉、嗅觉、触觉来分析，从化静为动的手法，从比喻、拟人、通感等修辞运用来鉴赏。这是可以理解的，因为《社戏》选入教材时，删除了第一、二次在北京看戏的部分。第三次看戏的许多描写，尤其是这几段景物描写因为失去了前文的依托，显得较为突兀，只能当作纯景色描写来阅读。然而，当我们把删除的部分还原，再来欣赏时，我们就会发现如此充满诗情的描写竟然跟前文的杂文话语形成了强烈的对比，这就不得不引起人们深思了：作者为什么会在同一篇文章里运用两种完全不同的话语系统呢？作者这么做的目的是什么呢？

通读全文，我们知道，杂文话语多含讽刺与批判。《社戏》所讽刺批判的是都市里庸俗、冷漠、自私的人际关系；这是"我"，也是作者所特别厌烦、不满的。而田园牧歌般的抒情，更多的是一种赞美，一种留恋与向往。在《社戏》中，"我"所留恋和向往的是理想中的平桥村纯朴、热情、友善的人际关系。作者在同一篇文章里运用两种完全不同的话语系统，实际上是为了把都市生活与理想中的平桥村生活通过艺术的话语形式进行对比。而且对比的力度越大，这种田园牧歌中的都市乡愁便越是浓厚、深切，越是引人深思。

总之，解读《社戏》课文要把删除的部分还原，从两次看京戏与儿时看社戏的对比、"礼教"与"礼数"的对比、杂文手法与优美诗情的对比的角度来解读。只有这样，我们才能从整体上，从鲁迅的创作背景中更深层次地认识到，《社戏》并不仅仅"表现对童年美好生活的回忆和留恋的心情"，它真正想表达的是田园牧歌中的都市乡愁。

8. 沉郁哀婉的复调式叙事

——《故乡》解读

　　鲁迅的短篇小说《故乡》既有传统意义上的情节发展，又十分强调"横断面"的刻画与描写，全文充满了"忧郁与感伤"① 的抒情意味。这篇小说取材于鲁迅 1919 年 12 月的故乡之行，采用了一种"回故乡""在故乡""离故乡"的"归来—离去"式叙事模式②，表现的是"还乡"母题。鲁迅的《在酒楼上》《孤独者》《祝福》等小说也表现了这一母题。

　　《故乡》诞生百年来，中外学者对其进行了深入的研究，其中日本学者藤井省三的专著《鲁迅〈故乡〉阅读史》取得了不容忽视的学术成就。不过，该论著的研究基础是"传播美学和接受美学"，并没有涉及《故乡》的艺术成就，③ 对于文本解读来说价值有限。除此以外，影响较大的还有茅盾的"隔膜说"、林志浩的"启蒙说"，以及"反封建说""精神家园丧失说""人性说""孤独说"等等。其中，数王富仁的"三个故乡说"和钱理群的"心灵之诗说"取得的

---

　　① 王富仁. 精神"故乡"的失落［M］//钱理群，孙绍振. 解读语文. 福州：福建人民出版社，2010：64.

　　② 李惠，施军. 叙事的张力：鲁迅《故乡》的文本解读［J］. 名作欣赏，2009（3）：64－67.

　　③ 孙绍振. 经典小说解读［M］. 上海：上海教育出版社，2016：8－15.

成就最大。需要引起注意的是，统编教材教师教学用书并没有采用单一主题式的解读，而是采用了兼取"隔膜说""启蒙说""孤独说"等多重主题并存式的解读。① 而无论是单一主题式的解读，抑或是多重主题并存式的解读，他们大都以文化批评、政治意识形态为纲，其特点就是将全部任务集中于解读其"社会史的观念"，很少从艺术上进行解读。② 而这，是有明显缺陷的。

我们知道，文本解读从来都是个案化的，是对某一具体作品的"唯一性"和"不可重复性"，进行艺术性的解读，所以，基于"社会史观念"的解读并不是真正意义上的文本解读。要想真正地切实有效地解读《故乡》，一个较为可行的路径是，运用"非构思"理论，从写作思维的角度切入，努力以作者的身份和作者对话，即通过分析《故乡》独特的叙事思维、叙事策略及叙事方式进行解读。

一、沉郁哀婉：在写作胚胎的矛盾对比中

解读《故乡》，首先要从写作胚胎，即小说的第 1、2 自然段开始。

一直以来，人们普遍认为《故乡》的第 2 自然段"一望而知"，似乎不需要进行深入的解读。因为这一段中的"阴晦""呜呜""苍黄""萧索的荒村"等词语，无不鲜明地渲染着作者阴郁的心情。尤其是"悲凉"一词，更是明白无误地为全文定下了沉郁哀婉的抒情基调。不过，仅仅这样解读似乎还不够，因为它还停留在表层。

事实上，写作胚胎中还暗含着两组矛盾与对比，只有把这两组矛盾与对比还原出来，进行具体深入的分析，对写作胚胎的解读才能从表层语言的分析走向深层结构的分析。

---

① 人民教育出版社课程教材研究所中学语文课程教材研究开发中心. 义务教育教科书教师教学用书语文九年级上册［M］. 北京：人民教育出版社，2018：172 - 173.

② 孙绍振. 经典小说解读［M］. 上海：上海教育出版社，2016：8 - 15.

1. "高兴"与"悲凉"的矛盾与对比

通常情况下，还乡应该是件高兴、欣慰和令人向往的事情，无论是衣锦还乡，还是叶落归根，都是如此，可"我"为什么那么"悲凉"呢？仅仅是已到深冬，环境萧索清冷的缘故吗？这样的理由显然是不够充分的。于是，情理上的应该"高兴"与事实上的"悲凉"之间形成了矛盾。这样一种隐藏着的对比，自然会引起人们深入的思考：在这组矛盾与对比中究竟有什么样的隐情？在这样的隐情里，又暗含着"我"什么样的思想与情感？

通读《故乡》，我们才知道，"我"这次还乡是一种有别于常规的"寻梦"式的还乡。可是，"梦"总是易碎的，虚幻的，再怎么美丽，醒来时也常常一地"悲伤"。这些，"我"显然是知道的。所以，对于这次还乡，"我"有一种无法预知的惶恐、担心与犹疑。正因为此，"我"才那么"悲凉"。这种由潜藏着的矛盾与对比引起的惶恐、担心与犹疑，使文本充满了叙事悬念与思维张力。

2. 迫切心情与悲凉心境的矛盾与对比

至于写作胚胎中的第二组矛盾与对比，我们可以反向进行还原。

既然第 2 自然段已经把全文的抒情基调确定了下来，而且从"渐近故乡"这几个字眼来看，又能把"我"还乡的意图清晰地表达出来，那还要第 1 自然段干吗呢？删除岂不更简洁些？

那么，第 1 自然段中究竟隐含着什么信息呢？请看原文：

我冒了严寒，回到相隔二千余里，别了二十余年的故乡去。

这句话中，两个"余"字很有意味。这里用约数不仅有显得用词准确的表层意思，而且相比"二千里"和"二十年"，"二千余里"在空间上要显得相隔得更远些，"二十余年"在时间上要显得分别得更久一些。通常，时空的距离，是跟"我"的情感成正比的，

114

即离乡越远，越久，"我"的还乡之情就越切。同样道理，越是冒着"严寒"的恶劣天气还乡，也越是渲染了"我"还乡之情的迫切。也就是说，"严寒"和两个"余"是分别从天气恶劣、时间、空间三个角度对"我"还乡的迫切心情进行的三重渲染。从这个意义上讲，说"严寒"一词，"不仅仅是季节的变化，更是心情的写照（指悲凉的心情）"① 的说法是有待商榷的，至少是不全面的。

这样，便产生了一组新的矛盾与对比。因为通常情况下，越是急切地想回家，越是临近家乡，心里越是激动才是，而何以这次归乡，"我"却如此"悲凉"呢？这显然是矛盾的。与此同时，常规情况下还乡的迫切心情与事实上的"悲凉"心境又形成了强烈的对比。而且，这样的矛盾与对比的幅度越大，便越发促使人思考："我"的这次还乡有什么不同寻常之处？"我"在情感上、思想上将会经历什么样的心路历程？

这两组矛盾、对比所形成的事实上的叙事悬念，和引起的人们的思考，都在客观上引领着读者从"一望而知"的表层解读，走向深层结构、深层思想与情感的解读。于是，我们认识到，只是停留在情绪性的"悲凉"和认知性的"沉郁哀惋"的抒情基调的解读上是远远不够的，还得从写作胚胎的双重矛盾与对比的叙事思维与叙事策略的运用上去解读，这样，才能洞见《故乡》那充满思维的深度与广度的审美空间。

二、沉郁哀婉：在复调式对比的渲染中

《故乡》是一个复调结构。以往的阅读偏于闰土的命运及其意义，其实，作者的着力点在对"我"的精神历程的审视，对闰土的

---

① 洪宗礼. 义务教育教科书语文教学参考书九年级上册 [M]. 南京：江苏凤凰教育出版社，2018：72.

观照是包孕其内的。① 这就是说，闰土的命运及其意义跟"我"的"精神历程"并不是完全分割开来的，而是一种被包含的复调关系。正因为着力点不在闰土而在"我"，所以，《故乡》看似写的是闰土的故事，其实，更是写的"我"的故事。这也就必然地决定了这样一个事实：闰土的前后对比与反衬，其实，更是"我"的前后对比与反衬。我以为，或许可以在此基础上再向前走一步：把这里的"闰土"扩大到"杨二嫂""宏儿"与"水生"等，即"杨二嫂""宏儿"与"水生"的前后对比与反衬，同样，也是"我"的前后对比与反衬。只不过，角度不同，对比的侧重面不同罢了。

（一）少年闰土与中年闰土的对比

1. 少年闰土与中年闰土的显性对比

少年闰土与中年闰土的对比，是显性的。人们对这一对比多有关注，且解读大都集中在这样几个方面：

一是外貌的对比：从"紫色的圆脸"，到"灰黄"且有"很深的皱纹"；从"小毡帽"，到"破毡帽"且棉衣极薄、"浑身瑟索"；从"红活圆实的手"，到粗笨开裂的手；从"明晃晃的银项圈"，到银项圈的消失和一支长烟管。从这样大跨度的对比中，可见闰土经历了太多的苦难。这些，现存文献中多有论述，这里不再赘言。

二是行动、神态、语言的对比。少年闰土是这样的：

> 他见人很怕羞，只是不怕我，没有旁人的时候，便和我说话，于是不到半日，我们便熟识了。 （课文第15自然段）

这句话中的两个"便"字很有意味。第一个"便"，是说少年闰

---

① 钱理群.《故乡》：心灵的诗［M］//孙绍振，王富仁. 解读语文. 福州：福建人民出版社，2010：65.

土只要逮到机会，只要方便，就和我说话，有一种迫不及待的感觉；而第二个"便"，是说"我"与少年闰土从陌生到熟识只用了很短的时间。可见，少年闰土与"我"之间完全没有等级观念，不但没有，少年闰土甚至很想跟"我"亲近，很想跟"我"交朋友，所以，他们之间的关系十分融洽。下文他们所谈论的捕鸟、捡贝壳、看西瓜、看跳鱼儿等内容可以佐证。他们的确是无话不谈、毫无隔膜的好朋友。然而，成年之后的第一次见面，却变成了这个样子：

> 他站住了，脸上现出欢喜和凄凉的神情；动着嘴唇，却没有作声。他的态度终于恭敬起来了，分明的叫道：
> "老爷！……"　　（课文第 59 ~ 60 自然段）

中年闰土在分别二十多年之后见到了"我"，内心自然是"欢喜"的，然而想到自己艰难的家境和他跟"我"之间所谓的地位的差距，他现出了"凄凉"的神情。他想照旧称我为"迅哥儿"，这既是情感需求，也是习惯使然，然而，现实的"差距"，使他仅仅只是"动着嘴唇"，"却没有作声"。而这个"终于"一词，更是把中年闰土从"情感"到"理智"的痛苦的心路历程艰难地刻画在他那饱经沧桑的脸庞上。一声"老爷"既深深触动了中年闰土，也触动了"我"。

少年闰土和中年闰土的巨大差异与对比，着实令人震撼，引人深思。百年来，人们以此为切入口，对形成这样差异与对比的内在原因，以及《故乡》的主题进行了深入研究。许多人认为，相比少年闰土，中年闰土的巨大变化，既是生活的磨难造成的，更是封建等级观念对他的伤害造成的。因此，《故乡》的主题应该是对封建等级观念的严厉的批判。这自然有一定的道理。不过，也有人认为，封建等级观念的批判是一种政治化的解读，是有缺陷的。他们认为中年闰土

"苦得他像一个木偶人",麻木到在"香炉和灶台"中苦度余生,而造成闰土人性扭曲的根本原因,不是封建等级制度,而是"多子,饥荒,苛税,兵,匪,官,绅"等社会化的动因。《故乡》的主题应该是通过揭示贫苦百姓的人性的扭曲来批判当时的社会。这同样是有一定道理的。

2. 快乐融洽与隔膜孤独的复调式对比

然而,无论是"封建等级说"还是"人性扭曲说",似乎都忽略了一个事实:《故乡》是写"我"还乡,闰土只是"我"还乡时遇到的一个人物而已。从本质上讲,少年闰土及其少年时代的"我"的生活,似乎更多地象征着"我"回忆中的"美丽的故乡",而中年闰土及其处境则象征着"现实中的故乡"。所以,少年闰土与中年闰土的对比只是显性的对比,隐含其中的是回忆中的美丽的故乡与现实中的故乡的复调式对比,这才是作者的真正用意所在。而回忆中的故乡与现实中的故乡的对比,又主要落在儿时的快乐、融洽,与成年后的隔膜、孤独的对比中。

请看《故乡》中儿时的"我"与少年闰土的快乐、融洽关系的渲染:

> 我于是日日盼望新年,新年到,闰土也就到了。 (课文第 15 自然段)
> 第二日,我便要他捕鸟。 (课文第 17 自然段)
> 我于是又很盼望下雪。 (课文第 19 自然段)
> ……

这里写的都是"我"在"盼望"新年,"我"要闰土捕鸟,"我"盼望下雪,由此可见,"我"跟少年闰土之间的关系是多么的快乐、融洽。然而,成年之后,当"我"再见到闰土时,又是什么样子呢?

> 我这时很兴奋,但不知道怎么说才好,只是说:
> "阿!闰土哥,——你来了?……"
> 我接着便有许多话,想要连珠一般涌出:角鸡,跳鱼儿,贝
> 壳,猹,……但又总觉得被什么挡着似的,单在脑里面回旋,吐
> 不出口外去。 (课文第56~58自然段)

"我"虽然很兴奋,很想跟闰土说说话,但是不知道怎么说才好,另一方面,"总觉得被什么挡着似的,单在脑里面回旋,吐不出口外去"。"我"究竟被什么挡住了呢?仅仅因为闰土跟"我"之间的隔膜吗?现在看来,似乎不完全是。

当中年闰土终于艰难地称呼"我"为"老爷"时,"我"分明感受到了闰土跟"我"之间的隔膜,否则"我"是不会"打了一个寒噤"的。问题是,"我"既然已经知道"我们之间已经隔了一层可悲的厚障壁了",作为一个还乡的知识分子,作为一个寻求"新生活"的有理想的"我",为什么不直接指出来,让闰土不要再称呼"我"为"老爷"呢?仅仅因为中年闰土有封建等级观念吗?仅仅因为他的人性被社会、生活的磨难扭曲了吗?"我"与闰土之间之所以有了隔膜,除了闰土自觉跟我有身份的差距,除了他自觉现在"懂事"了,而应该跟"我"保持距离外,难道没有"我"自身的原因吗?事实上,不仅仅是闰土变了,变得跟"我"有隔膜了,"我"也变了,也变得跟闰土有了隔膜。

这样,我们便认识到,在少年闰土跟中年闰土的显性对比中,实际上,还含有更为深层的"我"和闰土少年时代的"快乐融洽"与中年之后的"隔膜孤独"的对比,而且,前者对比的跨度越大,后者对比的跨度也随之变得越大。然而,在通常的解读中,人们大都看

到的是两组孤立的对比，两者之间仿佛没有太多的关系，这是非常遗憾的。

（二）"豆腐西施"与杨二嫂的对比

1. "豆腐西施"与杨二嫂的显性对比

"豆腐西施"与杨二嫂的直接对比似乎只在外貌上。我们先来看《故乡》对"豆腐西施"的渲染：

> 我孩子时候，在斜对门的豆腐店里确乎终日坐着一个杨二嫂，人都叫伊"豆腐西施"。但是擦着白粉，颧骨没有这么高，嘴唇也没有这么薄，而且终日坐着，我也从没有见过这圆规式的姿势。那时人说：因为伊，这豆腐店的买卖非常好。但这大约因为年龄的关系，我却并未蒙着一毫感化，所以竟完全忘却了。
>
> （课文第 45 自然段）

人们都称她"豆腐西施"，可见年轻时的杨二嫂还是比较漂亮的，"都"字便有确认的意味。但是究竟有多漂亮，作者并没花太多的笔墨从正面刻画，更多的是从反面展开的比较性的描写。如，"颧骨没有这么高""嘴唇也没有这么薄""没有见过这圆规式的姿势"等等。这是很奇怪的。通常情况下，既然"豆腐西施"很美，就应该正面描写或者侧面烘托才对，应该不吝赞美才对，作者为什么通过否定当下杨二嫂的外貌来写"豆腐西施"的"美"呢？为什么会如此反常呢？奥妙在这句话中："因为伊，这豆腐店的买卖非常好。"原来，作者描写"豆腐西施"的美是次要的，写年轻时的"豆腐西施"利用色相换取利益才是要表达的重点。那么，二十多年后，杨二嫂变成了什么样？请看《故乡》中对杨二嫂的渲染：

一个凸颧骨，薄嘴唇，五十岁上下的女人站在我面前，两手搭在髀间，没有系裙，张着两脚，正像一个画图仪器里细脚伶仃的圆规。（课文第40自然段）

"凸颧骨""薄嘴唇""细脚伶仃的圆规"，杨二嫂这一近乎漫画人物般的夸张形象实在是令人愕然、震惊。而震惊、愕然的不仅仅是外在的形象，还有杨二嫂的神态、动作、语言。她那尖利的怪叫声，她那虚情假意地说"我还抱过你咧"等等，似乎跟西施、跟美都挂不上钩。难怪"我"一时想不起来她是谁。后来，经母亲提醒，"我"才忆起。从昔日的"豆腐西施"变成"圆规"式的杨二嫂，她到底经历了什么？是什么让她变成了这样？容貌上的巨大反差与对比，必然会引起读者的反思。不过，这一反思，不能仅仅落在生活的磨难上。我们更需要关注的是，年轻时"豆腐西施"靠色相换取利益，当她年老色衰的时候，她又靠什么换取利益呢？从《故乡》后半部分得知，她是靠"每日必到"的贪婪，是靠"顺便将我母亲的一副手套塞在裤腰里"的小偷小摸的行为，靠"自己很以为功"，而拿了"狗杀气"便飞也似的跑了，这种近乎明抢式的行为，总之，她把任何手段都拿来获取利益了。因此，要把反思落在她的辛苦而恣睢的生活上。

综上可知，"豆腐西施"与杨二嫂的对比中，暗含着两个更小层次的对比：一是"豆腐西施"的美丽与杨二嫂的"圆规"形象的外貌上的对比；二是以色相作为换取利益的手段与把任何手段都拿来获取利益进行对比。这两层对比中，外貌上的对比是表层的，获取利益方式的对比，才是更深层的。

虽然解读到这两层对比，已经比通常只关注人物形象的对比深入了一步，但是还不够。因为这样便意味着杨二嫂与闰土这两个人物形象似乎没有太多的关系，两个人物年轻时与中年之后的对比好像是彼此独立的。事实上，并不是这样。

从人物形象上看，闰土的善良、老实、忠厚与杨二嫂的奸狡、险恶、多事构成了对比，而且这样的对比幅度越大，这两个人物的形象便越鲜明。这本身便说明这两个人物形象是有关联的。这是其一。其二，我们还应该注意到，无论是闰土的"辛苦麻木而生活"，还是杨二嫂的"辛苦恣睢而生活"，他们的共同点都是生活得很辛苦，他们的人性都是扭曲的，在社会的挤压下都逐渐地走向下坡。从这个意义上来讲，"豆腐西施"与杨二嫂的对比并不是孤立的对比，而是对少年闰土与中年闰土的对比的另一个层面上补充式的渲染，是现实中故乡的悲剧命运和"我"的"悲凉"心境的再次渲染。

2. 未蒙感化与无话可说的复调式对比

前面我们已经说过，《故乡》写的并不仅仅是闰土的故事，更不仅仅是杨二嫂的故事，从本质上讲，那是"我"还乡的故事。所以，"豆腐西施"与杨二嫂的显性对比中，还暗含着一个深层的复调式对比结构。

那是一种什么样的复调式对比呢？请看下面一段话：

> 但这大约因为年龄的关系，我却并未蒙着一毫感化，所以竟完全忘却了。　（课文第 45 自然段）

从"我"认识少年闰土的年龄来推断，"豆腐西施"用色相卖豆腐时，"我"也就十多岁。那么小的年纪，"豆腐西施"再怎么美貌，也不会感化"我"的。需要注意的是，"未蒙着一毫感化"是一种否定的说法，表明"我"并不讨厌她，虽谈不上有多亲近，但至少没有太多隔膜的感觉。

但是，当"我"二十多年后还乡时，就大不一样了：

"忘了？这真是贵人眼高……"

"那有这事……我……"我惶恐着，站起来说。

"那么，我对你说。迅哥儿，你阔了，搬动又笨重，你还要什么这些破烂木器，让我拿去罢。我们小户人家，用得着。"

"我并没有阔哩。我须卖了这些，再去……"

"阿呀呀，你放了道台了，还说不阔？你现在有三房姨太太；出门便是八抬的大轿，还说不阔？吓，什么都瞒不过我。"

我知道无话可说了，便闭了口，默默的站着。　　（课文第46～51自然段）

如果说杨二嫂的喜剧性进场，让"我"感到"愕然""愈加愕然"，还只是一种震惊和尴尬的话，那么，她无中生有地说"我""贵人眼高"，说"我"经济上"阔"了，说"我"地位上高升"放了道台"，就让"我"深深地感觉到"我"跟杨二嫂已经"无话可说"了，只能"便闭了口，默默的站着"。可见，"我"跟杨二嫂之间也是"隔了一层可悲的厚障壁了"。这样，少年时代的"我"未蒙"豆腐西施"的感化，便与二十多年后的"我"与杨二嫂的无话可说形成了复调式对比。当然，这样的对比，跟"我"与中年闰土之间的隔膜的对比是不太一样的，不仅对比的幅度不同，而且，对比的性质也有别。但是，同样生活在社会的最底层，一个麻木地生活，一个恣睢地生活，同样是"辛苦"，同样在社会的挤压下人性被扭曲，谁又能说"我"与杨二嫂的隔膜，不是对"我"与中年闰土的隔膜的另一个层面上的补充式渲染呢？

（三）成人之间与儿童之间的对比

1. "隔膜"与"一气"的表层对比

"我"与中年闰土的隔膜在上文已有详细论述，这里不再赘言。

123

我们且看《故乡》对宏儿与水生之间的一气是如何渲染的：

渲染一：

闰土说着，又叫水生上来打拱，那孩子却害羞，紧紧的只贴在他背后。 （课文第 66 自然段）

这一处，主要渲染了水生非常的不好意思，很难为情，以至于"紧紧的只贴在"闰土的背后，不肯出来。这里的"只"很有味道，把水生因怕生害羞而极力向后躲藏的情状生动形象地描绘了出来，很是可爱。

渲染二：

宏儿听得这话，便来招水生，水生却松松爽爽同他一路出去了。 （课文第 68 自然段）

水生因怕生害羞而不敢见人，这是可以理解的，毕竟是乡下农民的孩子没有见过什么世面。但是，让人感到意外的是，水生在这里主要怕见的竟然只是"我"，而不是宏儿。不但不怕生，而且还"松松爽爽"很是舒适痛快、轻松愉快地跟宏儿出去走走了。要知道，对于水生来说，"我"和宏儿都是生人，面对我们，他应该都怕生都很害羞才对。为什么单单对"我"害羞，怕见"我"呢？

很显然，水生跟"我"是有隔膜的，只不过，这不是社会阶层的不同和封建礼教的"规矩"所引起的隔膜，而是因为年龄上的差距，而自然而然地形成的。但是，水生与宏儿之间就不一样了，他们同龄人，有着共同的心灵结构，拥有太多的共同语言，最为关键的是没有受到任何所谓"规矩"的限制，他们当然就"松松爽爽"走到了一起。

渲染三：

> 宏儿和我靠着船窗，同看外面模糊的风景，他忽然问道：
>
> "大伯！我们什么时候回来？"
>
> "回来？你怎么还没有走就想回来了。"
>
> "可是，水生约我到他家玩去咧……"他睁着大的黑眼睛，痴痴的想。 （课文第 79～82 自然段）

这里的"同看"很有意味。虽然宏儿与"我"同样都在看风景，而且看的风景是一样的，但是两人的感受却是截然不同的。"我"因为回忆中的美丽故乡的逝去而感到失落悲凉，所以，"我"看到的故乡的风景是"模糊"的。但是，同样的风景对于宏儿来说却有着不一样的意义。"我"眼中现实中的故乡，对于宏儿来说，因为有与水生的一气，有与水生的友谊，何尝不是宏儿回忆中的美丽故乡呢？但是为了生活，他也不得不如"我"一般离开这个美丽的故乡，此时，再美的风景，都会"模糊"起来的。也就是说，同样是看风景，"我"看到的是内心的失落和悲凉，而宏儿看到的是依依不舍，是留恋。因为宏儿想到的是，水生约他到水生家玩呢，此次离乡，还不知道什么时候再见水生，所以，宏儿才睁大黑眼睛"痴痴的想"。这时的宏儿与水生不就是曾经的"我"与闰土吗？所以，"我"和母亲都有些惘然了。

在分析了两个小孩的一气之后，我们需要思考的是："我"跟成人的隔膜与两个小孩一气之间的对比究竟有什么特别的意义呢？

通常来说，最为明显的意义在于，"我"从回忆中的美丽故乡逝去的失落与悲凉中走了出来，因为我分明从宏儿与水生的一气中看到了希望。不过，我以为还有更深的意义。前文已经说到，闰土及杨二嫂的故事中暗含着"我"的故事，所以，这两个人物前后的对比中，自然就暗含着对"我"的精神历程的审视，只不过这个"审视"是潜藏着的罢了。但是，"我"跟中年闰土、杨二嫂的隔膜与宏儿跟水生的一气的对比，就不一样了。在这个对比中，"我"的故事走到了"台前"。而这是非常重要的，因为《故乡》从本质上讲，终究是"我"还乡的故事，终究是"我"所代表的一代知识分子"寻梦"的故事。对"我"的精神历程的审视才是《故乡》真正的主线。

2. "失望"与"希望"的复调式对比

不过，仅仅从宏儿与水生的一气中看到希望还是不够的，这不仅仅因为从叙事的角度来讲，"一望而知"式的叙事终究少了一些情感与思想的波澜，更因为单因单果式的叙事，也少了一些生活的深度、生命的厚重感和社会的复杂性。所以，在隔膜与一气的表层对比中，还要叠加一个更加深层的复调式对比，这样，文章的情感与思想性才能更深刻一些，其审美的张力，才更丰满一些。

那么，如何进行更深层次的对比呢？

请看课文第 87 自然段：

> 我想到希望，忽然害怕起来了。闰土要香炉和烛台的时候，我还暗地里笑他，以为他总是崇拜偶像，什么时候都不忘却。现在我所谓希望，不也是我自己手制的偶像么？只是他的愿望切近，我的愿望茫远罢了。

我们知道，隔膜与一气的对比，虽然让"我"看到了希望，但是这样的希望终究是脆弱的。因为宏儿与水生的一气是自发的，是在没有社会"规矩"约束的情况下自然而然产生的，充满了孩子气。想当年，"我"与少年闰土之间不也没有隔膜吗，长大之后为什么又隔膜了起来呢？那是因为在生活磨难和封建礼教的约束之下，人性发生扭曲，人与人之间产生隔膜，几乎是难以避免的。所以，想到希望，"我"就害怕起来。甚至害怕到把"我"的失望跟中年闰土用香炉和烛台来麻木自己等同起来，由此可见"我"的内心有多"茫远"，有多"悲凉"。然而，"我"的悲凉与孤独有人理解吗？

有一句话，需要引起我们足够的重视：

　　母亲和宏儿都睡着了。　　（课文第 85 自然段）

这句话单独成段，是别有深意的。当"我"被"四面""看不见的高墙""隔成孤身"，当我"非常气闷"和"悲哀"时，母亲和宏儿却都睡着了。可见，他们对"我"内心的悲凉与孤独并没有察觉，更谈不上理解，所以，"我"只能默默地忍受。事实上，这隔膜并不仅仅是中年闰土和杨二嫂给"我"的——"四面"都是"看不见的高墙"，几乎整个社会环境都让人气闷，都让人隔膜，也都让人觉得悲凉。所以，并不仅仅是母亲和宏儿不理解自己，其实，几乎所有的人都不理解"我"此时的悲凉与孤独。

可是，如何才能冲破这"厚障壁"呢？如何才能走出悲凉与孤独呢？请看课文的最后一个自然段。

　　我在朦胧中，眼前展开一片海边碧绿的沙地来，上面深蓝的天空中挂着一轮金黄的圆月。我想：希望是本无所谓有，无所谓无的。这正如地上的路；其实地上本没有路，走的人多了，也便成了路。

有人说，这是一个光明的"尾巴"，上一小节还是想到希望"我"就感到害怕，感到愿望茫远难以实现，这一小节便充满了希望，跳跃性有点大，所以，不是很认同。不过，换一个角度看，或许是可以理解的。从生活常识来看，毕竟"新生活"是"我们所未经生活过的"，有困难是自然的，担心、害怕都很正常。联想到当时还是"呐喊"时候，他（指鲁迅）还不是那么绝望，所以，最后还是在鼓舞自己：地上本没有路，走的人多了，也便成了路。① 再说了，《故乡》选自小说集《呐喊》，是一篇"听将令"的作品（鲁迅语），自然从大的主旨来看，是必须"与五四新文化运动的整体基调相一致的"②。所以，有这样一个光明的"尾巴"，不但可以理解，在当时的时代背景下，或许还是必须的。

这样一来，失望与希望之间又构成了一个更为深层的复调式对比。而正是这样的对比，不但使小说情节在叙事上多了一些波折，也使小说的思想、情感更有深度，更有审美的张力。

综上所述，《故乡》最为鲜明的艺术特色是通过对比思维进行叙事，所不同的是，无论是闰土、杨二嫂，还是"我"的故事，在对比式的叙事中，都不是独立的，而是彼此渗透、相互影响的，这便构成了一种十分独特的复调式叙事结构。在这样的叙事结构中，多重意蕴并存便成为必然。而这，或许正是《故乡》的魅力所在。

---

① 孙绍振. 经典小说解读 ［M］. 上海：上海教育出版社，2016：8 – 15.
② 人民教育出版社课程教材研究所中学语文课程教材研究开发中心. 义务教育教科书教师教学用书语文九年级上册 ［M］. 北京：人民教育出版社，2018：165.

9. 人性的呼唤与救赎

——《我的叔叔于勒》解读

莫泊桑是一位批判现实主义作家，他的短篇小说《我的叔叔于勒》（下称《我》文）发表于 1883 年的《高卢人日报》，后于 20 世纪 60 年代被选入我国语文教材。半个多世纪以来，人们尝试着从文章学、文艺学、叙事学甚至哲学主体间性的角度对其进行解读，相关文献不可谓不多，成果不可谓不丰硕。然而，依然在许多问题上存在着重大争议。如《我》文的主题究竟是人与金钱的关系，是生活无奈与无限的悲悯，还是对人性的思考，抑或兼而有之？《我》文的主人公究竟是谁？《我》文中究竟有没有对菲利普夫妇的同情？《我》文是不是采用了儿童视角？等等。

之所以存在这么多争议，原因有很多，如文艺批评与教学化文本解读的差异、解读理论的差异、思想立场的差异等。除此之外，还有一个原因不容忽视，那就是《我》文入选教材时，教材编写者进行了较大幅度的删改。

删改主要集中于三个方面：

1. 删除了开头和结尾部分。

2. 大量删除了菲利普夫妇的生活细节。

3. 删除了"我"（童年若瑟夫）对菲利普夫妇和于勒表示同情

的内容。

如此大幅度地删改，必然会对原作的思想性、艺术性产生极大的影响，由此产生的解读结构、解读过程及解读结论的差异，严格说来，已不属于真正意义上的学术争鸣了。再加上，一些文献在解读《我》文时，有一种脱离具体语言文字的倾向，尤其在文本空白处，用一种近于思辨的，联想的，甚至是自由补充式的方式进行解读，这便不可避免地使得解读的随意性增加，解读的信度遭到不同程度的质疑。

因此，要想解读好《我》文，有一点十分重要，那就是必须回归原文，必须依据作品具体的语言文字，从写作思维的角度进行解读。这样，无论是为了贴近作者原意、作品本义，还是为了创造性地演绎，由于有了依据，解读便有了边界，解读的结论才能更加深入而可信。

一、呼唤与救赎：在写作胚胎的对照中

写作胚胎是一篇文章最为重要的组成部分之一，它决定着文章的叙述基调和思想情感走向。那么，《我》文的写作胚胎是否如主流解读所说的那样，把叙述基调定在金钱社会扭曲人性的批判上，定在对菲利普夫妇的势利、自私、贪婪、冷酷的批判上？

（一）解读课文的写作胚胎

前文曾经提到《我》文选入教材时，原文的开头被删除了。① 这样，原文的第 2 自然段（有的译文为第 3 自然段），即课文的第 1 自然段便成了《我》文的写作胚胎。

---

① 为了避免引起误会，这里把没有删改的《我》文称为"原文"，把教材中的《我》文称为"课文"，下同。

我小时候，家在勒阿弗尔，并不是有钱的人家，也就是刚刚够生活罢了。我父亲做着事，很晚才从办公室回来，挣的钱不多。我有两个姐姐。　（课文第 1 自然段）

写作胚胎共有三句话，从三个方面渲染了若瑟夫童年时家里很穷。其中，第二句和第三句比较好理解。第二句是从父亲工作时间很长，但是挣的钱却不多，来渲染菲利普一家的贫穷；而第三句，则是从人口多负担重的角度渲染菲利普一家的贫穷。话语间透着同情。而第一句可能要复杂一些，需要仔细品析。

第一句总体渲染了"我"家小时候很穷。其中，"并"这个字最有意味，需要仔细解读。"并"字看起来只是个普通的副词，似乎没什么深文大义。其实，不然。我们不妨把第一句跟另外两位翻译家的译文进行对照，或许能从中看出些许端倪。

译文一：

我们家住在勒阿弗尔，没有什么钱，只是勉勉强强凑合着过日子。　（谢红译）

译文二：

我家原籍勒阿弗尔，家境不富裕，紧巴巴地过着小日子。（柳鸣九译）

译文一中的"没有什么钱"和译文二中的"家境不富裕"都是用的否定句向读者陈述一个事实。然而，课文中的"并不是有钱的人家"中的"并"字就不一样了。通常"并"字用在否定词前面，有加强否定语气，略带反驳的意思。而"否定"和"反驳"的显然不是自己说的话，因此，像这种在否定词前加"并"字的语句通常都有较强的对话、交流的意味。那么，课文第一句为什么要通过"并"字加强否定语气地告诉读者菲利普一家很穷呢？它略带反驳意味地反驳谁呢？

其实，作者在这里并没有真正反驳某个特定的人，所谓的略带反驳意味，更多的是作者在跟读者交流、对话的过程中一种语气上的强调。联系全文我们便明白了，它实际上是在强调菲利普夫妇的势利、自私、贪婪、冷酷并不是天生的，他们的人性之所以扭曲，也不是自己愿意的，而是被环境所逼，被那个金钱社会所逼。所以，这个"并"字，从全文的视角来看，除了含有对菲利普夫妇的批判，对那个社会的批判，还满含着"我"——若瑟夫和作者的同情。这一点，第二、三句表现得更为明显一些。

另外，还有一点需要特别注意，谢红的译文和柳鸣九的译文都没有采用有着强烈对话意味的"并"字，《我》文入选教材时，编者为什么要特意加上呢？编者想透过这个词跟谁对话呢？

在这里，作者除了在跟普通读者进行对话、交流外，还有跟文本和特殊对象进行对话、交流的意图。我们知道，《我》文是一篇法国小说，入选我国语文教材时必须要翻译成中文。但是，不同的译者对原文的理解不一样，译文也不一样。教材编写者选定一个版本，本身就已表明他们对《我》文有着不同的理解。再者，是在跟师生对话，教材编写者用"并"字提醒师生，对菲利普夫妇不能随意地贴标签，要看到问题的本质。

也就是说，从课文的写作胚胎来看，并不能简单地把《我》文定位为对金钱社会扭曲人性的批判，定位为对菲利普夫妇的势利、自私、贪婪、冷酷的批判。事实上，《我》文是作者与读者的一种特殊的对话、交流，在对话、交流中既有对金钱社会扭曲人性以及对菲利普夫妇的批判，也满含着"我"和作者的同情。不过，就课文的写作胚胎来看，也仅限于此，很难再向前走一步了。

（二）解读原文的写作胚胎

我们再来看原文的写作胚胎——

> 有一天，我们碰见一个白胡子穷老头在向人乞讨，和我同行的朋友约瑟夫·达弗朗什竟给了他一个五法郎的银币。我见此大感诧异，于是，他便向我解释说："这个可怜的老头，使我想起了一件往事。这些年来，它一直叫我念念难忘。我且说给你听听吧。"　　（柳鸣九译本的第 1 自然段）

这是原文的开头部分，是原文的写作胚胎。写作胚胎的重要性不言而喻，它在很大程度上决定着一篇文章的叙述基调和思想情感的走向，然而，就是如此重要的内容在选入教材时竟然被删除了。这便不可避免地严重影响了《我》文的艺术性和思想性。极端一点，甚至都可以说，原文与课文几乎就是两篇不同的文章。因为这样的改变实在是太大了，主要表现在以下三个方面：

1. 叙述视角的改变

一直以来，人们都认为《我》文的叙述视角是儿童视角。其实，这一说法并不完全正确。从原文的写作胚胎来看，首先是"我"的视角，这里的"我"是指成年若瑟夫的同伴。原文中是"我"讲若瑟夫的故事。这是基于若瑟夫同伴的第一人称叙事。然后，是成年若瑟夫的视角，是若瑟夫讲述自己的故事，也是第一人称叙事。所不同的是，这时的第一人称变成了成年若瑟夫。接着，才是儿童若瑟夫的视角，即选入教材的部分，讲述的是"我"——童年若瑟夫小时候的故事。最后，原文的结尾（选入教材时被删除）又回到了成年若瑟夫的视角。

视角的改变，会在不同程度上引起文章思想、情感的改变，甚至会引起主人公的改变。事实上，正因为原文从成年若瑟夫的反思开始，到成年若瑟夫的反思结束，而且贯穿文章主体的都是基于成年若瑟夫视角的儿童感知，于是，便有不少学者认为《我》文的主人公并不是于勒，也不是菲利普夫妇，而是若瑟夫。但是，如果从删改后的课文来看，是很难把"我"——童年若瑟夫当成全文的主人公的。

2. 情感基调的改变

如果说课文是作者与读者的一种特殊的对话、交流，对话、交流中既有对金钱社会扭曲人性以及菲利普夫妇的批判，也满含着"我"和作者的同情的话，那么，原文中的情感基调又是什么呢？我们先来看两个关键词：

关键词一：竟

"竟"是居然、出乎意料的意思。成年若瑟夫究竟做了什么事让"我"出乎意料，大感诧异呢？表面看来，是因为"我"的朋友若瑟夫给一个穷苦的白胡子老乞丐一个五法郎的银币。然而，这只是表象，真正让"我"大感诧异的，我们还不能确定，或许是若瑟夫施舍的五法郎太多，或许是若瑟夫施舍的对象是一个穷苦的白胡子老乞丐，亦或许是在19世纪末的法国社会，若瑟夫作为一个已经能够充分意识到金钱作用的成年人，还会对乞丐施舍。不过，有一点，是可以肯定的。那就是若瑟夫的施舍行为激起了"我"内在情感的剧烈振荡，也引领读者走向更深层次的思考。

关键词二：可怜

如果说，课文的写作胚胎中含有对菲利普夫妇的同情，那么原文的写作胚胎所表现出的同情与悲悯，则更多地倾向于像白胡子老乞丐一样的穷苦人。这其中，自然包括于勒。于勒在以往的解读中，形象并不佳。无论是菲利普夫妇眼中的于勒，还是真实层面的于勒，都是劣迹斑斑。然而，在若瑟夫眼里，像于勒一样的老人都是可怜人，都是值得同情的人。

这样一来,《我》文的悲悯情怀就不仅仅局限于菲利普夫妇,而更多地倾向于像于勒一样的穷苦的底层小人物。而这,在主流解读中是有所缺失的。

3. 文章主题的改变

当下,人们大都把《我》文的主题落在对金钱社会扭曲人性的批判,落在对菲利普夫妇的势利、自私、贪婪、冷酷的批判上,其实,这在很大程度上是基于大量删改后的课文及课文的写作胚胎进行解读的结果。但是,如果从原文及原文的写作胚胎来解读的话,会发生一些显著的变化。至少,会在主流解读的基础上再向前走一步。

我们注意到原文的写作胚胎中有一句话,柳鸣九译为"这个可怜的老头,使我想起了一件往事。这些年来,它一直叫我念念难忘",谢红译为"这个可怜的人使我想起了一件事,一件总是缠绕在我脑海里的事情"。这两句话中有两个词"念念难忘"和"缠绕",很有意味。一般来说,一件让人念念难忘的事一定不一般,一种让人缠绕于心的情感也一定不一般。那么,究竟是什么事让成年若瑟夫念念难忘?究竟是什么情结、情感或愧疚,竟然历经数十年之久还一直缠绕在若瑟夫的脑海里,而烦扰不休呢?要知道几十年的缠绕,无论对谁都是一种精神上极大的折磨。

按照当下的主流解读,我们是否可以认为是金钱社会对人性的扭曲缠绕着、折磨着若瑟夫?或是菲利普夫妇的势利、自私、贪婪、冷酷缠绕着、折磨着若瑟夫?显然都不是。因为那是别人的过错,社会的过错,他无须自责、愧疚。而且,金钱社会并没有扭曲童年若瑟夫的人性,也没有扭曲成年若瑟夫的人性,若瑟夫不势利、自私,也不贪婪和冷酷,那么,究竟是什么折磨着若瑟夫呢?

我们再来看被教材编写者删除的结尾:

从此之后，我再也没有见过我父亲的这位老弟。

您以后还会见到我拿出五法郎的银币施舍给流浪汉，为什么呢？原因就在这个故事里。　　（选自柳鸣九译本）

通读全文可知，这里的"再也没有"表示"我"——成年若瑟夫想见叔叔却没有见到。这个"再"字满含着成年若瑟夫在叔叔最艰难的时候没有勇敢相认，没有提供实质性的帮助与支持的遗憾与愧疚之情，尽管当时他并没有这个能力。随着时间的推移，这样的愧疚之情越来越深，越来越紧地缠绕在成年若瑟夫的心里。为了让自己心里好受些，也为了救赎自己的人性与灵魂，成年之后，他只要看到像叔叔一样的流浪汉，他都会施舍五法郎。而且，这样的习惯一直保持到现在以至永远。然而，对贫苦人的悲悯与同情，在那个金钱社会早已消失殆尽。所以，作者写作此文，除了批判金钱社会对人性的扭曲，批判菲利普夫妇的势利、自私、贪婪、冷酷，更是通过成年若瑟夫的反思，来呼唤与救赎人性。这样，便使得《我》文的主题在传统主流解读的基础上向前走了一步。

二、呼唤与救赎：在漫画式夸张对比中

尽管写作胚胎对全文的叙述基调、情感以及思想有一种较强的规约性与预设性，但是要实现这样的规约与预设，还需要作者运用渲染思维和对比思维在细节描写中进行强化、明晰才行。然而，很是遗憾的是，《我》文选入教材时，被大量删改了，尤其是菲利普夫妇的生活细节和童年若瑟夫表示同情的言语被删除了千字之多，这便在很大程度上影响了菲利普夫妇的形象，也改变了小说的主题走向。因此，要想深刻地解读《我》文，首先要做的便是恢复被删减的细节描写。

（一）窘迫家境的渲染

1. 课文对窘迫家境的渲染

课文部分保留了对菲利普窘迫家境的渲染：

> 我母亲对我们的拮据生活感到非常痛苦。那时家里样样都要节省，有人请吃饭是从来不敢答应的，以免回请；买日用品也是常常买减价的，买拍卖的底货；姐姐的长袍是自己做的，买十五个铜子一米的花边，常常要在价钱上计较半天。 （课文第2自然段）

表面看来，这段话从不敢答应请吃饭、买底货、自己做长袍为买花边讨价还价等三个方面渲染了菲利普家境的窘迫，实际上是通过样样要节省来渲染极度拮据的生活给"我"（童年若瑟夫）的母亲——克拉丽丝造成的痛苦。只是，痛苦的生活从来都具有两面性。它既可以成为一所学校，使人在苦难中锤炼、成长；也可以成为一座地狱，在痛苦中毁灭人，使善良的人性泯灭。从全文来看，课文选择的是后者。"金钱社会扭曲人性"这一主题大概便是由此而生发的吧。

2. 原文对窘迫家境的渲染

不过，原文有较大的不同。从下面被删除的细节描写，能看出一些别样的端倪来。

> 我的母亲常常为我们的生活过得如此拮据而苦恼不堪，常常对她的丈夫说一些尖酸刻薄的话，常常语带讥讽地责备他。往往在这种时候，这个可怜的人就会做出一个令人痛心的手势。他什么也不说，只是张开手在脑门上揩揩，似乎想要揩去根本就不存在的汗水。那样一种无能为力的痛苦我能感觉得到。 （选自谢红译本）

这是一个非常重要的细节描写。父亲之所以被责备，之所以有这样一个手势，是因为家庭生活十分的拮据。渲染父亲在被责备时的尴尬、无奈与痛苦，实际上是在渲染整个家庭的尴尬、无奈与痛苦。这一点，跟课文通过样样要节省来渲染极度拮据的生活给"我"（童年若瑟夫）的母亲——克拉丽丝造成的痛苦，是相通的。不同的是，这个渲染里多了"可怜"和"令人痛心"等词语，显然进一步表达了童年若瑟夫对父亲的同情。这在柳鸣九的译文里表现得更为明显：

> 碰到这种情况，我可怜的父亲总有一个习惯的动作，张开手掌去摸摸额头，似乎要抹去一滴其实并不存在的汗水，嘴里说不出一句话来。每当见他这样，我就感到心酸，我觉得他有一种无可奈何的痛苦。

如果说谢红的译文只是从感同身受的角度来表达童年若瑟夫对父亲痛苦心理的同情的话，那么，柳鸣九的译文则直接从童年若瑟夫自身的情感——我就感到心酸，来强烈表达对父亲的同情。

而这一点，在许多解读文献里常常被有意无意地忽略了。

（二）追逐上流社会生活的渲染

课文第 3 自然段中说："可是每星期日，我们都要衣冠整齐地到海边栈桥上去散步。"但究竟是怎样"衣冠整齐"地到栈桥上去散步，却被教材编写者删除了。那是几段极为重要的话，删除之后，不但减损了《我》文的艺术性，而且也不可避免地影响了《我》文的思想性。

渲染一：

> 我的父亲穿着他常穿的那件礼服，戴着大礼帽和手套；我的

母亲打扮得像一艘挂满节日彩旗的海船，挽着我父亲的胳膊；我
的两个姐姐总是最先做好准备，迫不及待地等待出发，但是最后
一分钟总会发现，一家之主的那件礼服上有块污迹忘了揩去，得
赶紧用破布蘸上汽油把它揩掉。 （选自谢红译本）

渲染一中有四处分渲染，分别从父亲的穿着、母亲的打扮和动
作、姐姐的迫不及待，以及用破布揩掉父亲礼服上的污迹等四个方面
渲染了菲利普家刻意追逐上流社会生活的情状，充满了滑稽讽刺的
意味。

本来外出散步是件很悠闲的事情，不需要着正装，但是他们一家
却煞有介事地正装出行，这是很夸张的。当然，也有可能，对于法国
上流社会来讲，散步或许也是正式场合。但不管怎么说，正式场合总
是比较少的，穿正装的机会并不多。也就是说，正装通常不会是常穿
的衣服。但是父亲竟然"常穿"，这一方面说明菲利普家很穷——或
许只有这一套正装，另一方面又巧妙暗示了他所穿的所谓的"礼
服"，其实就是类似于孔乙己的长衫罢了。关键是这样的礼服上竟然
还有污迹，还要用"破布蘸上汽油把它揩掉"，讽刺意味跃然纸上。
母亲本也应该穿正装，可是她却"打扮得像一艘挂满节日彩旗的海
船"，如此不伦不类，竟然还故作风雅地挽着父亲的胳膊，要知道她
平时是那样的尖酸刻薄。两者一对比，母亲的形象立马呈现出一种漫
画式的幽默夸张形态，颇具讽刺意味。而"我的两个姐姐总是最先
做好准备，迫不及待地等待出发"也不是闲笔，它巧妙地暗示，父
母的这种虚伪、滑稽地追求上流社会生活的心理与行为，已经深深地
影响到了下一代。于是，在悄无声息中，作者便把幽默讽刺的笔调从
菲利普夫妇延伸到下一代，继而颇具象征性地延伸到 19 世纪 80 年代
的整个法国社会。

渲染二：

> 我的父亲，脑袋上顶着个大礼帽，只穿着礼服背心，露出两
> 只衬衫袖子，等着这件活儿完成；我的母亲，则脱下手套——因
> 为怕弄脏了，戴上她的近视眼镜，抓紧时间把它干完。 （选
> 自谢红译本）

这里也有两处分渲染。父亲不是"戴"着而是"顶"着大礼帽，
跟"只穿着礼服背心，露出两只衬衫袖子"搭配在一起，已经是很
夸张，很滑稽了。作者还嫌不够，又来了一个近镜头特写渲染，故意
把母亲戴着近视眼镜给父亲揩拭污迹的形态刻画得特别虔诚，这就更
具有讽刺意味了。

渲染三：

> 然后我们就十分隆重地上路了。两个姐姐手挽着手，走在前
> 面。到了结婚年龄的她们，可以趁这个机会到市区露露面。我走
> 在母亲的左边，父亲则始终走在右边。我到现在还记得，每逢星
> 期日去散步时，我可怜的父母总是装出一副庄重严肃，不苟言笑
> 的样子。他们挺着笔直的腰杆，硬着两条腿，从容不迫地朝前
> 走，似乎他们的举止可以决定一件重大事情的成败。 （选自
> 谢红译本）

这种漫画式的夸张手法、幽默讽刺的笔调在渲染三中表现得更为
明显。他们的庄重严肃、不苟言笑，他们挺腰硬腿、从容不迫的样
子，他们的仿佛可以决定重大事情的成败的样子，等等，像一幅幅漫
画，极为夸张地渲染了菲利普一家追逐上流社会生活的滑稽、可笑。
然而，有一句话却露了底，道出了一家人如此行事的真实意图：

他们这么做除了因为太过贫穷而向往上流社会的生活外，还因为两个女儿的婚事。他们要趁这个机会让女儿到市区露露面，好把女儿嫁出去。读到这儿，我们才明白，童年若瑟夫之所以觉得他的父母可怜，不仅因为贫穷、困窘，不仅因为他们不顾家庭经济条件，而死要面子地向往上流社会的生活，还因为他们家实在有着不得已的苦衷与悲哀。

其实，无论是窘迫家境的渲染，还是追逐上流社会的渲染，漫画式的夸张手法、幽默讽刺的笔调，只是外在的表现形式罢了，实质上都是为了表现"我"对父母生存不易的深深同情和对他们虚妄地追逐上流社会生活的悲悯之情，都是为了在窘迫家境与追逐上流社会生活的对比中引起人们深深的反思。因为按照常理，如此贫穷困窘的家庭是没有能力，似乎也没有必要去故作姿态地散步，去无比隆重地追逐上流社会生活的。然而，他们家不但散步了，而且还如此的煞有介事。这样，窘迫家境便与追逐上流社会生活形成了强烈的对比，而且家境越是贫穷，跟隆重追逐上流社会生活对比便越是强烈。对比的力度越大，文本的讽刺意味和对父母的悲悯之情就越是浓厚。讽刺意味和悲悯之情越浓，便越是引起人们的反思：菲利普夫妇家都这么穷了，竟然还如此地期盼过上流社会的生活，其中的深层原因是什么？在金钱社会，人性会走向哪里？又该如何在金钱社会里救赎人性？

三、呼唤与救赎：在打出常规的对比中

通常情况下，人性潜藏在人的身上，较为隐秘，轻易不能看见。要想看清、认识一个人的人性，继而呼唤美好的人性和救赎人性，就必须把人物和事件打出常规，在实用价值与情感的审美价值的多重错位与对比中，把成人的内心世界显现出来，把潜藏的人性显现出来。

就《我》文而言，如果菲利普全家就这样一直过着拮据的生活，那么，充其量只能表现克拉丽丝的尖酸刻薄，表现菲利普的辛苦、痛

苦与尴尬，菲利普夫妇扭曲的人性是很难显现出来的；如果于勒一直待在家乡，也许就只是一个行为不正、混吃等喝的无赖，同样无法表现于勒的人性，就更不用说，在揭示人性的过程中，呼唤与救赎人性了。

《我》文之所以与众不同，就在于通过打发于勒去美洲这一事件，不但把于勒打出了常规，也把菲利普一家打出了常规。于是，金钱社会里的实用价值与情感的审美价值，便在这个非常规的事件中被人为地错位了，并在错位后的对比中，把每个人的人性展现得淋漓尽致，从而为《我》文的主题——人性的呼唤与救赎，打下了坚实的基础。

（一）在价值对比中呼唤与救赎人性

于勒是作者精心设计的人物形象，由于他的出现，菲利普夫妇的生活才得以被打出常规，从而，把金钱社会里平时较为隐秘的实用价值①与情感的审美价值②的关系显现了出来。而且，这样的显现是以一种极端的对比关系实现的。

这种对比关系强烈地表现在菲利普夫妇对于勒称呼的变化上。于勒年少时，由于行为不正，糟蹋钱，被称为"坏蛋""流氓"和"无赖"；当于勒来信表示要赔偿哥哥的损失，发财之后回家跟兄嫂一起生活时，于勒又变成了"正直的人""有良心的人""有办法的人""好心的人"；但是当他们发现于勒并没有发财，而是成了一个穷困潦倒的水手时，又骂他是个"流氓"。许多文献据此认为，《我》文揭露、批判了金钱社会对人性的扭曲。但是，却没有说明，为什么菲利普夫妇对于勒称呼的变化，就必然地表现了金钱社会对人性的扭曲。

---

① 此处指金钱，下同。
② 此处指亲情，下同。

其实，这里有一个实用价值与情感的审美价值的关系问题。通常情况下，过于看重实用价值，必然会削弱情感的审美价值；反之亦然。所以，称呼的变化与对比只是表层性的，其实质是一种基于金钱的态度的变化与对比。而且这样的对比力度越大，实用价值与情感价值的错位便越严重，金钱社会对人性的扭曲就会被展现得更加深刻，更加淋漓尽致。

除此之外，还有一组对比关系需要引起足够的注意：提到女婿时，菲利普夫妇说话的语气、态度发生了明显的变化。请看课文第46自然段：

> 我母亲吓了一跳，直望着我说："你简直是疯了！拿十个铜子给这个人，给这个流氓！"她没再往下说，因为父亲指着女婿对她使了个眼色。

这段文字中，有两组表层对比异常明显。

父亲前后态度的对比。跟船长打听到那个水手就是于勒时，父亲脸色"煞白""两眼呆直"，回到母亲身边时"神色张皇"，说话都"结结巴巴"了，可是当他意识到母亲的话，有可能被女婿听到时，便对她使眼色让她不要说。这样，内心的慌张、紧张便与表面的平静形成了强烈的对比。

母亲前后态度的对比。当知道童年若瑟夫给于勒十个铜子的小费时，母亲吓了一跳，直接骂童年若瑟夫"简直是疯了"，骂于勒是个"流氓"，但是当父亲用眼色暗示她不要让女婿知道时，她便戛然而止，不再说话了。这样，痛骂与沉默之间就形成了强烈的对比。

其实，无论是菲利普内心的慌张与表面的平静的对比，还是克拉丽丝的痛骂与沉默的对比，都是表层的，其深层原因是害怕、担心女婿起疑心。要知道，女婿是因为看到了于勒的来信，才下决心娶二女儿的。如果女婿知道于勒并没有发财，而是一个穷困潦倒的水手的话，二女儿的婚事可能就保不住了。

这组对比看起来很不起眼，却有着不可小觑的艺术性和思想性。首先，这是金钱社会对人性的扭曲的又一例证。只不过，从菲利普夫妇的身上延伸到了女婿身上罢了。然而，正是这一延伸，使得《我》文有着更广泛、更强烈的批判意味。因为金钱社会对人性的扭曲不仅腐蚀了父辈，还直接腐蚀了儿女这一辈，其象征意义重大。其二，在实用价值与情感的审美价值的错位与对比中，菲利普夫妇并不是完全没有情感诉求的，只不过，他们首先想到的是自己的儿女，而不是兄弟，若瑟夫的叔叔罢了。它巧妙地暗示，尽管金钱关系已经严重扭曲了他们的人性，异化了他们的行为，但是他们的人性并没有完全泯灭。这便为人性的呼唤与救赎提供了可能。然而，需要引起注意的是，被金钱异化了的儿女婚姻又能持续多久呢？这又使得《我》文多了一份悲剧意味。

（二）在善恶对比中呼唤与救赎人性

把菲利普夫妇的生活打出常规，不但把他们内心隐秘的实用价值与情感的审美价值的关系显现了出来，还把于勒打出了常规。只是，人们大都关注的是少年于勒的恶和成年于勒的善，关注的是善与恶的对比。其实，这里还潜藏着作者更深的意图。

我们知道，实用价值与情感的审美价值是一种反向对照的关系。关注实用价值多了，情感的审美价值的诉求便少了；反之亦然。所以，少年于勒"行为不正，糟蹋钱"时，他对金钱关注得少，他对兄嫂的情感的诉求便会多些，只是当时，他没有能力关照自己的兄嫂。等他经济条件稍加改善之后，他便来信告诉兄嫂希望赔偿菲利普的损失。后来，做买卖失败之后，于勒首先想到的还是不要让兄嫂担心，告诉他们他要去南美长期旅行，而且还告诉他们，等他回来时，要跟兄嫂一起快活地过日子。可见，在于勒心中最重要的不是金钱，而是与兄嫂之间的情感。后来，他创业失败沦为穷困潦倒的水手后，为了不给兄嫂添麻烦，拖累他们，他没有回到家乡，寻求兄嫂的帮忙，而是选择了自力更生。可见，在于勒心中亲情是第一位的，而金钱是第二位。于勒的美好人性在那个金钱至上的社会里非但没有被扭曲，反而熠熠生辉。

于是，在上述两组对比之外，于勒与兄嫂对待实用价值与情感的审美价值的态度又形成了强烈的对比。这样的对比越是强烈，就越是把作者呼唤与救赎人性的美好愿望鲜明地凸显在人们面前。

四、呼唤与救赎：在特殊视角的渲染中

把平常的生活和平凡的人物打出常规，从而为潜藏的人物关系和内在情感的展现提供了可能。不过，也仅仅是可能。就《我》文而言，利用于勒不平常的生活境遇，把菲利普夫妇的生活打出常规，只是为菲利普夫妇内心深处关于实用价值与情感的审美价值之间的关系的展现，提供了可能。要想真正把这一关系展现出来，还缺少一个关键性的因素：一个具有特殊意义的视角。要知道，只要生活在有人的社会，就会或多或少生活在金钱关系之中。因此，如果以菲利普夫妇中的任何一人为第一人称的有限视角进行叙事，自会不同程度地站在菲利普夫妇的角度来看于勒，看他们与于勒的关系，那么，《我》文便很难真实而深刻地展现金钱社会里实用价值与情感的审美价值之间的关系，难以展现金钱社会对人性的扭曲，就更不用说表现对人性的呼唤和救赎了。

但是，以童年若瑟夫为第一人称视角进行叙事就不一样了。童年若瑟夫还小，受到金钱社会的腐蚀还没那么严重。在孩子的心里金钱还不是很重要，他们常常以一种朴素、自然的心理看待亲情，看待人与人之间的关系。也就是说，童年若瑟夫更看重情感的审美价值，而

不是实用价值，这便为人们提供了一个非常宝贵的观察视角和叙事视角。实际上，从童年若瑟夫的视角对《我》文的主体进行叙事，也是另一种意义上的打出常规。因为只有从这个视角去观察、审视，才能真正看清菲利普夫妇，继而看清19世纪法国社会对于实用价值与情感的审美价值的取舍。

不过，《我》文的视角跟通常意义上的儿童视角是有些许不同的。尤其是在还原了开头与结尾之后，这一点更加明确了。《我》文所采用的是一种回忆式的儿童视角，一种成人视角下的儿童感知视角。这种"复式"视角具有特殊意义，它使得常规的儿童视角中，含有成人的影子、成人的思考和成人的价值取向。而正是这种具有特殊意义的复式儿童视角的巧妙运用，才使得《我》文的主题思想，从单纯的对金钱社会扭曲人性的批判，更进一步地走向了对人性的呼唤和救赎。

渲染一：

> 我也端详了一下那个人。他又老又脏，满脸皱纹，眼光始终不离开他手里的活儿。　（课文第30自然段）
>
> 我看了看他的手，那是一只满是皱纹的水手的手。我又看了看他的脸，那是一张又老又穷苦的脸，满脸愁容，狼狈不堪。
>
> （课文第42自然段）

在渲染一里，人们通常关注的是于勒的外貌描写，认为两次外貌描写渲染了童年若瑟夫和作者对于勒的同情。其实，这两段话中还要关注"端详""看了看"和"又看了看"等几个词语。这几个词语所表达的不仅仅是仔细地看、认真地看的动作，更在于对童年若瑟夫心理的描写与刻画。要知道，当菲利普夫妇知道那个穷困潦倒的老水手就是于勒时，他们唯恐避之不及，哪里还会端详，哪里还会一次又一次地看呢？只有童年若瑟夫人性尚存，不以金钱为衡量标准，而是从亲情出发，仍然认为这是一个值得同情的亲人。而亲人，无论出于什么样的原因都不应该抛弃，因为在抛弃亲人的同时，便扭曲了人性，抛弃了人性。所以，看起来这几个词很简单，却深刻地表达了作者对人性的呼唤和救赎。

渲染二：

> 我心里默念道："这是我的叔叔，父亲的弟弟，我的亲叔叔。" （课文第 42 自然段）

相关文献大都认为，这一次又一次递进式的默念与呐喊，强烈表达了童年若瑟夫对叔叔的深深的同情。其实，除此之外，还包含着作者更深的意图。在童年若瑟夫看来，叔叔已经如此可怜了，若瑟夫的父母却不愿意相认；不但不愿意相认，还唯恐避之不及。看似简单的三句话，实际上，强烈地表达了作者对菲利普夫妇的愤懑与不满，对美好人性的呼唤。

渲染三：

> "要三个法郎吗？……这不可能。"我语气坚定地说："我给了他半个法郎的小费。" （选自谢红译本）
>
> 母亲诧异地问道："怎么花了三个法郎？这不可能。"我理直气壮地宣称："我给了他十个铜子的小费。" （选自柳鸣九译本）

然而，童年若瑟夫没有独立的经济能力和社会地位，亲叔叔再怎么可怜，他都无能为力。因为他无法在父母不同意的情况下，跟叔叔相认，也无力为叔叔提供生活上的帮助。然而，他实在不能接受父母对叔叔的态度，也不能接受自己无所作为、无力作为。为了让自己的灵魂得以安放，他给了叔叔十个铜子的小费，这也是他唯一能做的。要知道，他连"掉了纽扣，或者把裤子撕破了，都会被狠狠地骂一顿"（选入课文时被删除了）。然而，即便如此，他在面对母亲的质问时，仍然"语气坚定""理直气壮地宣称"他给了叔叔十个铜子的小费。这已经不仅仅是对人性的呼唤了，更是对人性和灵魂的自我救赎。

渲染四：

> 从此以后，我再也没有见过我父亲的这位老弟。
>
> 您以后还会见到我拿出五法郎的银币施舍给流浪汉，为什么呢？原因就在这个故事里。　　（选自柳鸣九译本，入选教材时被删除）

而这样的人性的呼唤和自我救赎，不仅体现在童年若瑟夫的故事中，更体现在《我》文的开头与结尾的叙事中。成年若瑟夫之所以给一个穷苦的老乞丐施舍五法郎，是因为他想起了童年时期的于勒叔叔，想起了那时候，他不能给叔叔提供必要的帮助与支持的无奈与痛苦。如今他成年了，有能力帮助了，却再也没有见过叔叔，他一直心存愧疚，这不是一种失败、失误的愧疚，也不是一种做错了事的愧疚，而是一种人性与灵魂的回归。这便是成年若瑟夫见到陌生的流浪汉就会施舍的根本原因，他在自我救赎。

综上所述，作为一位批判现实主义作家，莫泊桑在《我》文中的确对金钱社会扭曲人性进行了强烈的批判，不过，当我们回归原文，依据作品的语言文字，从写作思维的角度进行解读时，会发现，他更是一个人道主义作家。在《我》文中更有对人性和人情的揭示、反思，有他对人性的呼唤与救赎，而后者更能表现一个作家的伟大和一部作品的伟大。

10. 在直面"被抛"中回归

——《孤独之旅》解读

  《孤独之旅》（下称《孤》文）节选自儿童文学作家曹文轩的长篇小说《草房子》。对于这篇"诗化小说""散文化小说"的解读，通常落在诗化的情节结构、描写手法和言语表达上，落在小说主人公杜小康的孤独与成长上。统编教材教师教学用书中也有类似的解读：

    《孤独之旅》的"厚度"主要体现在对人物心理的细腻刻画和优美的、富有抒情性的环境描写上。"孤独之旅"，实际上是少年的成长之旅，读来令人受到心灵的启迪，给人以奋发向上的精神动力。①

  这样的解读自有其合理性。它不刻意追求小说情节的因果性，而是从个体的感受、情感、经验入手，这是符合散文化小说的文体特点的，而且扣住孤独与成长去解读，也符合这篇小说的基本主题。不过，仅仅这样解读似乎是不够的，因为仿佛忽略了什么，比如，孤独

---

  ① 人民教育出版社课程教材研究所中学语文课程教材研究开发中心．义务教育教科书教师教学用书语文九年级上册［M］．北京：人民教育出版社，2018：169.

就必然地意味着成长吗？家道突变后，杜小康的被迫成长，是否有某种生命的偶然性呢？较多地关注杜小康这一个人物的成长和故事本身给人的启迪，是否太过个案化，而缺少小说应有的更为广泛更为深刻的隐喻性呢？

很显然，这样的解读是有缺陷的。

那么，如何才能更合理、更理性、更深入地解读好这一篇小说呢？笔者以为，不能仅仅局限于情节的表层结构、描写手法和言语表达的共性描述上，也不能仅仅局限于显性主题的解读上，而要换个方式，从写作思维的层面，从更为深层的生命存在的角度进行解读。

一、走进"被抛"的生存常态

我们通常认为，常态化才是生命应有的姿态，然而，实际上，所谓的常态化，只是一种表象，一种暂时的平衡罢了，它常常会被突如其来的"风暴"打破，而被"抛入"一种"无家可归"的生存状态。按照哲学存在论的观点，"无家可归"才是在世的基本方式，"'被抛'不是命运的突兀逆转，而是人作为存在者寻找存在之本原的必然"。[①] 正因为一个人只有"被抛"之后，才去"寻找存在之本原"，所以，要想真正认识一个人，要想透彻地了解社会的某种现象，就必须在"被抛"状态中去认识、去理解。许多作家喜欢在"打出常规"中塑造人物形象，也有类似的考量。从这个意义上讲，《孤》文把杜小康置于家道突变后的"被抛"中，并不能简单理解为一种特殊的写作手法，杜小康在"被抛"中成长也不是偶然的，而是含着太多生命的必然性。

---

① 徐妍．"被抛"之后的神奇转变：解读曹文轩《孤独之旅》［J］．名作欣赏，2007（9）：49.

（一）从写作胚胎看"被抛"时的极限状态

就《孤》文而言，杜小康的"被抛"是从写作胚胎开始的：

> 油麻地家底最厚实的一户人家，就是杜小康家，但它竟在一天早上，忽然一落千丈，跌落到了另一番境地里，杜家的独生子杜小康失学了，只好跟着父亲去放鸭。　（课文第 1 自然段）

表面看来，《孤》文的写作胚胎只是交代了故事发生的背景，没有什么特殊含义，其实并不尽然。试想，如果仅仅为了交代背景，完全可以这样陈述：

> 杜小康家是油麻地家底最厚实的人家，后遭变故，杜小康便辍学在家，跟父亲去放鸭。

但是作者没有这样表述，这是为什么呢？我们先来看几个关键词——

1. 竟

按照常理，一个家底如此厚实的家庭，即便遭遇意外打击，也能扛几下，怎么着也不至于"一落千丈"。然而，出人意料的是，杜雍和耗尽所有家资并借了许多贷款置办的一船货因为操作不当撞船沉没了，仅仅一个早上，杜家便一贫如洗，而且还欠下了一屁股的债。（见《草房子》原文）这里的"竟"是竟然、居然的意思，它极力强调、突出了人从常态化生活中"被抛"到另一个极端状态的突然性、出人意料性，也揭示了另一种意义上"被抛"的常态性，暗示了人的脆弱与存在的强大。

2. 独生子

那么，杜小康家是怎样的"一落千丈"呢？我们先来看看"被抛"之前是怎样的：杜小康身居象征富裕的"红门"之内；当别人一年只有"单衣""棉衣"两套衣服时，他却有一年四季的衣服；在油麻地几乎没有自行车时，他家厚实到让他骑自行车上学；杜雍和对杜小康一向都是有求必应。就是如此富裕如此厚实的家庭，就是如此受重视的杜小康，一旦"被抛"，就连"独生子"的他也失学了。很显然，这里的"独生子"并不是单纯地表明杜小康的身份，而是通过连"独生子"都失学这件事，极力渲染了杜家"被抛"之后家境"一落千丈"的窘迫程度。

3. 只好

农村孩子跟父母外出放鸭、放鹅、放羊，本是一件很稀松平常的事情，但是同样身为农村孩子的杜小康却从来不做这些，因为"被抛"之前，杜小康家家底十分厚实，根本不需要他做这些。但是"被抛"之后，就大不一样了，为了生存，他"只好"跟父亲去放鸭。这个"只好"中含有太多的尴尬、无奈，它再一次渲染了杜家"被抛"之后家境"一落千丈"的窘迫程度。

由此可见，"竟""独生子"和"只好"三个词语，看似简单，却极力渲染了杜小康"被抛"之后极端化的生存状况，跟第一句话中的"最厚实"形成了强烈的对比。需要注意的是，第一句是个特殊句式。按照正常语序应该这样表述：杜小康家是油麻地家底最厚实的一户人家。这样表述虽然也能把事实陈述清楚，但是作者的情感，作者想着重表达的意思却不是很明确、很突出。于是，作者特意用了一个倒装句式把应该放后面陈述的内容故意提到前面，并用"最"这个形容词突出、强调了杜小康家境的厚实。这样，便跟下文中的"竟""独生子""只好"形成了更为强烈的对比，越发强调、凸显了杜小康"被抛"之后极端窘迫、无奈、尴尬的处境，从而为杜小康在"被抛"之后的极端状态下寻找存在之本打下了坚实的基础。

（二）从词语隐喻看"被抛"后的生存常态

如果说，写作胚胎渲染的是杜小康家遭遇突变而"被抛"时的突然而巨大的变化，即极限状态，那么，"被抛"之后杜小康的新生存常态又是什么样子的呢？可从下面几个富有隐喻意味的词语窥见一二。

1. 永恒

> 无论是小扇面形水流，还是大扇面形水流，都很急促有力。船首是一片均匀的、永恒的水声。　　（课文第 4 自然段）

"永恒"这个词的出现似乎是无意的，却又意味深长。

表面看来，这是"被抛"之后，杜家父子不得不离开油麻地去放鸭以图"东山再起"时，船首水声的诗意渲染，是对杜雍和、杜小康的间接烘托。但是，实际情况可能还要复杂一些。它不单单是一种普通的写作手法，更含有一种哲学意味。

对于杜小康来说，放鸭是"被抛"后的命运的"流放"，而他心心念念的"岸"与"家"则是他身心的"回归"地，虽然这样的回归在存在主义看来是暂时的，非稳态的。实际上，"被抛"之后的杜小康已经无路可走，他根本回不去的，唯有奋力前行，尽管他并不知道前方在哪里。这里的"永恒"暗示着人"被抛"后，唯有奋力前行的状态是恒久的，永远的，永久的，暗示着"被抛"本身的不朽与永世。

2. 纯粹

> 杜雍和现在只是要求它们向前游去，不停顿地游去，不肯给

它们一点儿觅食或嬉闹的可能。仿佛只要稍微慢下一点儿来，他也会像他的儿子一样突然地对前方感到茫然和恐惧，从而也会打消离开油麻地的主意。　（课文第 5 自然段）

前行是纯粹的。　（课文第 6 自然段）

面对突然而至的"被抛"，杜家父子是"犹疑"的。表现在情感上，是对"家"的回归的渴望而不能，尽管"红门"尚在，但"家"已倒塌；表现在前途与未来上，是一种未知的茫然与恐惧。但是杜家父子已然无路可退，他们只能前行。杜雍和深知，这样的前行必将成为他们"被抛"后的生存常态。所以，这里的"纯粹"既隐喻人面对"被抛"的策略、方法的"专一"与"简单"，又隐喻人面对"被抛"只能"前行"这个行为意图本身的"纯正"与"单纯"。

3. 故乡

鸭们不管，它们只要有水就行，水就是它们永远的故乡。

（课文第 10 自然段）

"故乡"不仅是个地域概念，它更多地近似于心理学概念、哲学概念，喻指人的心灵的安放之所。

对于鸭来说，只要有水，就有食物和活动空间，说水是它们永远的故乡，实际上多是就"身"的生存而言的。但是人不一样，人除了身体的物质性需求外，更有心灵安放的渴望。所以，这里的"故乡"明里写的是鸭，实际上，却指引着人们去思考，"被抛"之后，人的灵魂应该安放在哪里？

4. 前方

杜小康已不可能再去想他的油麻地了。现在，占据他心灵的全部是前方：还要走多远？前方是什么样子？前方是未知的。未知的东西，似乎更能撩逗一个少年的心思。他盘腿坐在船头上，望着一片白茫茫的水。 （课文第 11 自然段）

这里的"前方"同样不仅是一个地域概念，也不仅是一个方向概念，而是更多地隐喻人们在"被抛"之后，灵魂应该安放的"处所"。只是不知道离这样的"处所"还有多远，不知道这样的"处所"是什么样子，一切都是未知的，不稳定的。然而，这正是"被抛"后，人们不得不面对的生存常态。

这样，从"被抛"后只能奋力前行的"永恒"，到积极前行的意图、策略及方法的"纯粹"，再到虽然不知道未知的"前方"在哪里，却依然追寻心灵的"故乡"的隐喻中可知，杜小康"被抛"本身，以及"被抛"后所面临的极其窘迫、无奈和尴尬的处境，并不是偶然的，那是人之为人最为根本的生存常态。

二、体验"被抛"的孤独恐慌

人难免"被抛"，"被抛"后人们所面临的另一番境地或许就是存在的本真状态，就是生命应有的姿态、形态、样态。然而，当人们真的面对"被抛"后的前方一无所知时，当人们从熟悉的时空进入另一个陌生时空时，还是会不由自主地感到孤独、恐慌、害怕。《孤》文中的杜小康也不例外。所不同的是，杜小康并没有一直沉浸其中而不能自拔。他慢慢知道，孤独并不是那么轻易就可以战胜的。孤独并不必然地意味着成长，人，首先要做的便是在体验孤独中逐渐成长起来。

渲染一：

小木船赶着鸭子，不知行驶了多久，当杜小康回头一看，已

经不见油麻地时，他居然对父亲说："我不去放鸭了，我要上岸回家……"　（课文第 2 自然段）

　　杜小康开始想家，并且日甚一日地变得迫切，直至夜里做梦看到母亲，哇哇大哭起来，将父亲惊醒。　（课文第 30 自然段）

　　"我要回家……"　（课文第 31 自然段）

　　《孤》文中一共有十三处提到了"家"，跟"回家"直接相关的便是上述三处渲染。家不仅是安身之所，更是安心之地。离开了家，人的灵魂便没有了着落，人便会感到孤独。这便是杜小康刚刚"被抛"离开油麻地就带着哭腔请求回家的根本原因。这样的思家、念家的孤独不会自然而然地消失，它会一直伴随离家"被抛"的灵魂，而且"被抛"越久，离家的孤独感便越深，越透入肌肤。这不，杜小康在离家许久之后，离家的孤独非但没有减轻，反而"日甚一日地变得迫切，直到夜里梦到母亲，哇哇大哭起来"。需要注意的是，在曹文轩的作品中，哭往往象征着"被抛"后灵魂的洗礼。也就是说，从刚刚"被抛"体悟到离家的孤独，再到离家许久之后，因为想家而"哇哇大哭"，杜小康不仅在体验着孤独，感受着孤独，更是在体验与感受的过程中逐步地成长起来。

　　渲染二：

　　熟悉的树木、村庄、桥梁……都在不停地后退，成为杜小康眼中的遥远之物。　（课文第 7 自然段）

　　已经是陌生的天空和陌生的水面。偶然行过去一只船，那船上的人已是杜雍和跟杜小康从未见过的面孔了。　（课文第 9 自然段）

通常情况下，熟悉的人、事、物会让人产生一种心理上的认同感、情绪上的稳定感，尤其是家里的人、物和风土人情更是如此，与之相反，陌生的人、事、物则会让人产生紧张感、孤独感。在渲染二中，一方面曾经熟悉的树木、村庄、桥梁在不停地后退中成为遥远之物，这使得杜小康产生了深深的孤独感；另一方面，迎面而来的是陌生的天空、陌生的水面和陌生的面孔，这更加深了杜小康的孤独感。这样对比的力度越大，产生的孤独感便越强。更为关键的是，这还是一个渐进的过程，一个一点一点逐步加深的体验孤独的过程，然而，正是经历了这样的过程，杜小康对孤独的体验才会更加深刻，他的成长的脚步才会更加坚定。

渲染三：

> 他害怕了——这是他出门以来第一回真正感到害怕。芦荡如万重大山围住了小船。杜小康有一种永远逃不走了的感觉。他望着父亲，眼中露出了一个孩子的胆怯。 （课文第21自然段）

> 但，这一切无论如何也不能完全驱除杜小康的恐慌。夜里睡觉时，他紧紧地挨着父亲，迟迟不能入睡。 （课文第26自然段）

孤独往往伴随着恐慌、害怕。经历了"被抛"后的一次又一次的孤独，杜小康终于迎来了真正的害怕。倒不是说，杜小康没有害怕过，而是这一次的害怕，是不一样的。"被抛"后，杜小康经历了太多的弃绝之苦。当杜小康终于意识到已不可能再去想油麻地时，"前方"占据了他整个心灵。然而，这又是一个什么样的"前方"呢？永远逃不走的芦荡，像一个巨大的阴影笼罩着杜小康，压得他喘不过气来，于是，他真的害怕了。这样的害怕、恐慌，即便是万顷芦苇的清香、照亮水面的萤火虫也不能驱除。它紧紧包裹着杜小康，占据着杜小康的整个心灵。如此独特而深刻的生命体验，近似于"黎明前的黑暗"，杜小康便在这"黑暗"的生命历练与磨砺中最终成长了起来。

渲染四：

> 日子一天一天地过去了，父子俩也一天一天地感觉到，他们最大的敌人，也正在一步一步地向他们逼近：它就是孤独。（课文第28自然段）
>
> 言语被大量地省略了。这种省略，只能进一步强化似乎满世界都注满了的孤独。 （课文第29自然段）

虽然《孤》文写的是杜小康的"孤独之旅"，但是实际上直接涉及"孤独"的只有五处。渲染四中便是最有代表性的两处。

人是一个"符号"动物，也是一个"言语"动物。有符号的阅读和言语的交流，一般就不会太过孤独。反之，则会陷入无边的孤独与恐慌之中。"被抛"之后，杜家父子之间本可以有交流与沟通的，但是两个同样孤独的人，随着时间的流逝，随着各自孤独状况的加深，他们之间的沟通与交流越来越少了，到最后，甚至连眼神都不需要了。表面看来这是行动上的"默契"，但其实是心灵上最大的孤独，一种不愿言语的孤独。这样的状况如果占据他们的生活，世界必然注满了孤独。

然而，更为糟糕的是，这样的孤独并不是突然间形成的，而是"被抛"后"一天一天地感觉到"的，是"一步一步地向他们逼近"的。也就是说，杜家父子是一点一点地体会到、感受到、体验到，并最终被孤独整个占据的。这样慢慢深入的孤独更让人痛苦、无助，在这样的体验中成长更是刻骨铭心。

三、直面"被抛"的艰难回归

许多人认为，孤独之旅便是成长之旅，似乎孤独与成长是相生相伴的。其实，孤独并不必然地意味着成长，要看人是如何面对孤独的。如果消极面对，就很可能沉没其中，不能自拔；如果积极面对，便会从孤独中成长起来。

杜家父子显然选择的是直面孤独：

> 后来，父子俩都在心里清楚了这一点：他们已根本不可能回避孤独了。这样反而好了。时间一久，再面对天空的一片浮云，再面对这浩浩荡荡的芦苇，再面对这一缕炊烟，就不会再忽然地恐慌起来。　　（课文第 33 自然段）

这一段看起来十分简单，却包含了三层意思：

其一，孤独是无法自行消失的，是无法克服的。要知道杜家父子"被抛"之后，来到三百里外的芦荡放鸭已经很长时间了，但孤独非但没有克服，反而越来越严重了，这便是明证。其二，他们认识到，他们是不可能回避孤独的，他们唯一能做的便是直面孤独。所谓直面孤独，实际上，便是直面每个人都有可能遇到的"被抛"的哲学命题。既然"被抛"已经成为事实，那么，要想生存下去，唯一的办法，便是不怨尤、不颓唐地积极面对一切人生挑战。其三，直面之后，当杜家父子再看到浮云、芦苇、炊烟时，他们的心里不再恐慌。事实上，当他们的态度发生改变之后，他们还各自创造和共同创造了许多消解孤独的办法，如比谁捡的雁蛋多、堆芦苇塔、编小笼子、捉纺纱娘等。正因为杜小康选择了直面孤独，他才在孤独中真正地成长起来。

（一） 在物的渲染里直面"被抛"

《孤》文中的鸭子形象一直是一个特别的存在。在杜小康"被抛"的不同时段、不同境况，都有对鸭子的渲染。很显然，鸭子在不同层面、不同程度上烘托了杜小康的形象，这是这篇诗化小说、散文化小说的一个重要的表征。但是，我们不能简单理解《孤》文对鸭子的渲染，其实，它们何尝不是另外一种形式的"被抛"，它们的"被抛"不也折射了人的心灵？试想，鸭子很小的时候，便被迫离开油麻地到三百里外的芦荡生活，这难道不是"被抛"？在夜幕的大水上，它们也成了"无家的漂游者"，它们是否也感受到了孤独？它们也经历了暴风雨的洗礼，是否也成长起来了呢？这些，都是值得关注的。

请看渲染一：

> 鸭子在这里长得飞快。很快就有了成年鸭子的样子。当它们全部浮在水面上时，居然已经是一大片了。 （课文第 34 自然段）

这是杜家父子在明白了根本不可能回避孤独之后，对鸭子的第一次渲染。在这个渲染里，需要特别关注的是这个"长"字。表面看来，仅仅渲染了鸭子长得飞快，快到有了成年鸭子的样子，快到全部浮到水面上时，已是一大片。实际上，并不完全如此。要知道，《孤》文中一共出现了六个"长"字，两个写的是杜小康，四个写的是鸭子。这是全文第一次出现"长"，而且是在杜家父子认识到无法回避孤独之后，便紧接着出现的，它或许具有某种暗示性：人只有直面孤独，直面"被抛"，才能真正地成长起来。

渲染二：

> 鸭们也长大了，长成了真正的鸭。它们的羽毛开始变得鲜亮，并且变得稠密，一滴水也不能泼进了。公鸭们变得更加漂亮，深浅不一样的蓝羽、紫羽，在阳光下犹如软缎一样闪闪发光。 （课文第50自然段）

这是一段富有诗意的语言，它渲染了鸭们在经历了暴风雨的洗礼之后，终于长大了的情状。作者用"一滴水也不能泼进"来渲染鸭的羽毛的稠密，用"阳光下犹如软缎一样闪闪发光"来渲染公鸭们羽毛的漂亮。表面看来，作者渲染的是鸭们羽毛的鲜亮、稠密和漂亮，渲染鸭们都长大了，其实，更多的是为了渲染同样经历了暴风雨洗礼的杜小康，在直面"被抛"之后也终于真正地成长起来了。

（二）在景的渲染里直面"被抛"

传统小说中大多有环境描写、景物描写，意在铺垫、烘托、侧面突出，诗化小说、散文化小说则不同，它们大都侧重于强调一种诗意葱茏、生动新鲜的自然境界和情绪氛围的营造与创设，并使人物"情语""心语"不自觉地随着"景语"的流动而流动，从而达到一种物我一体的诗意境界。① 这便是许多人热衷于从诗性，从抒情性的角度来解读《孤》文的一个十分重要的原因之一。然而，《孤》文除了诗意的表达与思考外，在景物的渲染里还有直面"被抛"后富有哲学意味的存在性的思考。

---

① 曾务芬. 试论曹文轩《孤独之旅》的散文化［J］. 语文月刊，2017（3）：82.

请看渲染一：

> 那天，是他们离家以来遇到的最恶劣的一个天气。一大早，天就阴沉下来。天黑，河水也黑，芦苇荡成了一片黑海。杜小康甚至觉得风也是黑的。临近中午时，雷声已如万辆战车从天边滚过来，不一会儿，暴风雨就歇斯底里地开始了，顿时，天昏地暗，仿佛世界已到了末日。四下里，一片呼呼的风声和千万枝芦苇被风折断的咔嚓声。　（课文第36自然段）

这个渲染最为表层的解读是，从颜色、暴风雨的肆虐以及雷声、风声、芦苇的折断声等方面多重渲染了杜小康离家以来所遇到的最为恶劣的天气；中层的解读是，对这个恶劣天气的描写，是对杜小康成长"加冕礼"的烘托与渲染；而从深层来解读的话，那就不一样了，这一段渲染的更是杜小康第一次真正意义上的直面"被抛"。我们以四个"黑"字为例。

"黑"代表阴沉和灾难，以"黑"来描写那天的天气，是为了渲染天气的恶劣；而天黑、水黑、芦苇荡黑都是为了进一步地渲染那天天气的恶劣程度。至于"风"，本是无形无色的，根本谈不上黑，杜小康认为风也是黑的，那是当时的环境下杜小康最为真实的意念和感觉，这是一种心理层面的"黑"，是一种更高意义上的"黑"。在当时的环境下，这样的"黑"几乎占据了杜小康的整个心房，可见那天的天气有多恶劣。但是也仅仅是渲染了天气的恶劣。也就是说，恶劣的天气是客观存在的，杜小康也真切地感受到了，但是他没有害怕。这四个"黑"连用在一起，在修辞上有逐渐加强的意味，但实际上，却叙述得很平静。"平静"的深层，便是杜小康已经坦然接受了"被抛"这个现实，已经能够独自面对"被抛"后的孤独、害怕与恐惧。这才是最有意义、最有价值的。这跟第21自然段中的描写

是不一样的:

> 当杜小康一眼望去,看到芦苇如绿色的浪潮直涌到天边时,他害怕了——这是他出门以来第一回真正感到害怕。芦荡如万重大山围住了小船。杜小康有一种永远逃不走了的感觉。 (课文第 21 自然段)

这一段也是环境描写,所不同的是,叙述的语气并不平静,所表现的杜小康的内心也不宁静。"看到芦苇如绿色的浪潮直涌到天边时",杜小康"害怕"了;当"芦荡如万重大山围住了小船"时,杜小康有一种"永远逃不走"的感觉。从"害怕"到"永远逃不走",都说明那时的杜小康还不能从容面对"被抛",他害怕、恐惧。而第 36 段的景物渲染就完全不一样了,很显然,那时的杜小康已经不再害怕,不再恐惧,他已经能够从容面对了。

渲染二:

> 雨后天晴,天空比任何一个夜晚都要明亮。杜小康长这么大,还从未见过蓝成这样的天空,而月亮又是那么的明亮。
> (课文第 47 自然段)

蓝色是一种亮丽的色彩。天空的亮丽和月亮的明亮折射了杜小康在经历了"暴风雨"的洗礼之后心灵的色彩不再灰暗,变得纯净、亮丽。这是一种直面"被抛"之后的心灵的写照。

(三)在人的渲染里直面"被抛"

如果说对"鸭"和"景"的渲染只是从侧面烘托杜小康直面"被抛"的话,那么,下面的语段则渲染了杜小康自己直面"被抛",

并从孤独中成长起来的情状。

渲染一：

> 他感到脚钻心地疼痛，他顾不得去察看一下。他知道，这是头年的芦苇旧茬儿戳破了他的脚。他一边追，一边呼唤着他的鸭子。　（课文第38自然段）

芦苇茬戳破脚是很疼很疼的。不要说一个十一二岁的少年，即便是成年人也忍受不了这样的疼痛，杜小康竟然顾不得去察看一下。他的眼里、心里只有他的鸭子。这跟他刚来芦荡时的茫然、恐惧形成了强烈的对比。之所以会产生如此大的反差与对比，是因为杜小康的生活态度改变了。"被抛"不是他所能左右的，"被抛"后极端状态下的孤独、害怕与恐惧，也不是说能克服就能克服的，他唯一能做的便是直面"被抛"。正因为对待"被抛"的态度改变了，所以，杜小康的行为方式也发生了巨大的变化。

渲染二：

> 杜小康的一只脚板底，还在一滴一滴地流血，血滴在草上，滴在父亲的脚印里，也滴在跟在他们身后的那群鸭的羽毛上……（选入教材时被删）

思想、态度的改变，必然引起行为方式的改变，而随着杜小康的思想、态度和行为方式都发生改变，杜小康便慢慢成长起来了。其成长的标志，便是作者删除了的一段话：杜小康的血滴在草上，滴在父亲的脚印里，也滴在跟在他们身后的那群鸭的羽毛上……

渲染三：

> 杜小康闻到了一股鸭身上的羽绒气味。他把头歪过去，几乎把脸埋进了一只鸭的蓬松的羽毛里。他哭了起来，但并不是悲哀。他说不明白自己为什么想哭。（课文第46自然段）

> 杜小康顺手抠了几根白嫩的芦苇根，在嘴里嚼着，望着异乡的天空，心中不免又想起母亲，想起许多油麻地的孩子。但他没有哭。他觉得自己突然地长大了，坚强了。（课文第48自然段）

杜小康哭了，但不是悲哀地哭，不是委屈地哭，更不是激动地哭。他的哭是直面"被抛"后终于长大了的哭，是坚强了的哭，是一种"成熟"的哭，一种意义十分重大的哭。它象征着人们"被抛"后历经艰辛，以一个"存在者"的身份终于寻找到了存在之本原。

综上，《孤》文并不是一篇传统小说，也不是普通意义上的诗化小说、散文化小说，从根本上讲，这是一篇感受、体验、直面"被抛"，讲述人在孤独、恐惧中成长起来的小说，是带有普遍意义的富有哲学意味的小说，是一篇关于人的存在性思考的小说。

11. 从静态分析走向动态生成

——《智取生辰纲》解读

《智取生辰纲》（下称《智》文）节选自元末明初小说家施耐庵的古典长篇小说《水浒传》。对于《智》文的解读，人们大都从这样两个维度展开：

1. 从古典小说与现代小说的差异处展开

通常来说，古典小说重语言和行动描写，而现代小说重心理描写。于是，人们在解读《智》文时，常常通过人物的语言和行动，来层层解读杨志等败守与晁盖等智取生辰纲的原因，即从"智"处着手解读《智》文。

2. 从错综复杂的矛盾处展开

《水浒传》是中国古典小说从重故事轻人物，到故事与人物并重的一个重要的里程碑。于是，人们常常从情节错综复杂的矛盾处解读。这样，既分析了杨志与厢禁军、虞候、老都管之间的次要矛盾和杨志押送与晁盖等智取之间的主要矛盾，又兼顾分析了杨志的人物形象和晁盖等人的群象，即从矛盾处和人物形象处着手解读《智》文。

这两个路径的解读都有合理之处，其意义与价值是毋庸置疑的；不过，从这两个路径解读，稍不注意，便会局限于文本表层叙述，而变成一种静态的分析与解读。如果真是那样的话，就有缺陷了。因为杨志的性格发展和人物命运是动态的；写作也是一个动态的过程，而不是静态的描绘；即便文字本身，也是鲜活的，有生命的。鉴于此，可否尝试着换个思路，从历史的、发展的眼光，从写作思维的角度去解读呢？或许能在传统解读的基础上，向前再走一步。

一、在打出常规的内外渲染中走向悲剧

前文已经说过，人们在解读《智》文时，大都关注晁盖等人巧取生辰纲之智，也有不少人反其道而行之，关注杨志掩藏行踪的精明、老到之智，改变行走时辰的谨慎之智，挑选路径之智，以及查问枣客的警惕之智，等等。但是，无论探讨晁盖等人之智，还是杨志之智，大都还停留在表层的语言与行动的智上。至于，智的背后是什么，在如此之智言和智行下杨志的人生究竟会走向哪里，或者更深一层地思考作者为什么要如此行文，等等，人们却很少涉猎。这样，势必会在不同程度上影响《智》文的解读。要想解决这些问题，必须另辟蹊径。

我们知道，杨志是"三代将门之后"，他的人生理想是"指望把一身本事，边庭上一刀一枪，博个封妻荫子，也与祖宗争口气"。在这样的人生规划与自身努力下，他是轻易不会考虑上梁山的。而且以杨志的武艺和他那丰富的江湖经验，他也并非完全不可能成为一个封建官僚。如果真是那样的话，那么，杨志的人物形象是无法在《水浒传》中真正立起来的。因此，必须突破常规，让杨志在"被抛"中艰难前行。

第一次打出常规：先让杨志失陷花石纲，又让其在盛气之下杀了泼皮牛二，被发配充军，使得杨志的人生轨迹在"被抛"中发生了巨大的悲剧性的逆转。第二次打出常规：一个偶然的机会，处于人生低谷的杨志竟然得到了梁中书的抬举，就在他自认时来运转、春风得意时，作者再一次把他打出常规，让他押运生辰纲，正是这次押运失

败使得杨志的命运再次悲剧性地"被抛"。失意—得志—幻灭，从"光宗耀祖"的理想追求到悲剧性地落草二龙山，最终逼上梁山，作者通过一次又一次打出常规的渲染，生动刻画了杨志的性格特点，形象地塑造了杨志这个人物形象，使其充满了审美张力。《智》文所节选的，便是杨志从"得志"，悲剧性地走向"幻灭"的这一段。

（一）走向悲剧：在打出常规的气候条件的渲染中

杨志志在封妻荫子、光宗耀祖，他当然希望能抓住梁中书这棵救命稻草，好搏个美好前程，但他再怎么希望，也不会利令智昏到连押运生辰纲的凶险都毫不在意。因此，在数辞而不受后，他做了周密的安排。比如，放弃车行改为担挑，放弃兵士押送改为脚夫商行，而且还跟梁中书讨来了"人事管理"权。以杨志的机智、武艺以及丰富的江湖经验，这一趟生辰纲的押运不敢说是万无一失，但如此充足的准备至少能把风险降到最低。但是这样一来，还有智取生辰纲这一说吗？杨志还会悲剧性地落草二龙山吗？

为了使故事顺利展开，作者便把杨志等人出行时的气候条件打出了常规。《智》文中，关于气候条件的渲染有很多，其中，需要注意的是这样一处：

此时正是五月半天气，虽是晴明得好，只是酷热难行。

（课文第 1 自然段）

这一渲染看起来简单，似乎只是渲染了杨志出行时天气酷热罢了。然而，正是因为这个"酷热难行"，才使得故事的进一步发展有了可能。因为常规的气候条件下，押运的时间几乎不受限制，押运的安全性可以得到有效保证。而一旦安全了，也就没有什么故事性可言了。没有了故事、情节，杨志这个人物形象的塑造以及他的悲剧性的人生几乎无从谈起。

那么，如何使押运的过程有故事、有情节，继而在故事与情节中塑造人物形象呢？那就必须使押运的过程充满危险，因为只有充满危险了，杨志才会想方设法去应对。而在特殊情况下的不得已的应对，是无法兼顾各方利益的，这就必然会引发多重矛盾，从而使押运的过程曲折、生动起来。

这样，问题就来了，如何才能使押运的过程充满危险呢？

一个比较好的办法是把气候条件打出常规，让他们在酷热的天气下押运。因为路途艰险，为了安全起见，杨志只能选择非常规的时间上路，即一天中连强人都不愿意出来打劫的最热的时段上路。这样做，危险倒是降低了，但是矛盾却不可避免地产生了。故事性、情节性、悲剧性，便在矛盾中得以产生。所以，《智》文才不遗余力地多次渲染了酷热的天气。

下面，我们就来看看，杨志是如何在应对打出常规的特殊气候条件中一步步地走向悲剧的。

1. 第一次应对酷热天气

　　　自离了这北京五七日，端的只是起五更趁早凉便行，日中热时便歇。　（课文第 2 自然段）

这是应对酷热天气的第一次渲染，也是杨志第一次应对酷热的天气。然而，这一次渲染并没有把杨志押运生辰纲从根本上打出常规。这是因为，尽管天气酷热，但由于离北京近，相对较为安全，所以，杨志选择了"早凉便行，日中便歇"的常规押运方式。这样的思维与行事方式，合情合理，又符合各方利益，无法引发矛盾，其他人物也无法出场，故事难以为继，所以，略写一句，就戛然而止了。

2. 第二次应对酷热天气

> 五七日后，人家渐少，行客又稀，一站站都是山路。杨志却要辰牌起身，申时便歇。　（课文第 2 自然段）

这是应对酷热天气的第二次渲染。很显然，这一次渲染是不一样的，是有违常理，打出常规的。通常情况下，酷热天气不要说挑着重担，即便赤手空拳地行路，都得赶着"早凉"或者"晚凉"才行。然而，杨志却在辰牌，即早上七时到九时，太阳早已日上三竿，天气已经热起来时让大家押运，而下午申时，即三时到五时，太阳的威力已经有所减弱，正是赶路的好时段时，却让大家休息，这显然是有违常理的。其实，杨志这样安排，是有他的道理的。因为"人家渐少，行客又稀，一站站都是山路"的地界，常有强人出没，为了安全起见，只能在连强人都热得不愿意出来打劫的时段押运。但是这个道理并不是人人都懂，都能理解的，尤其是挑着重担在烈日下行走的厢禁军以及两个虞候和老都管，这便为人物之间矛盾的产生埋下了伏笔，从而使杨志的人生一步步地走向悲剧。

3. 第三次应对酷热天气

> 当日客店里，辰牌时分，慢慢地打火吃了早饭行。　（课文第 4 自然段）

如果孤立地看第三次渲染和第二次渲染，两者之间并没有太大的区别，都是辰牌时分起身，然后出发。唯一不同的是，第三次渲染中是"慢慢地打火吃了早饭行"，似乎比第二次渲染出发得稍稍晚了些。之所以这样，是因为"当日行的路，都是山僻崎岖小径，南山北岭"，路途比起之前来，似乎还要艰险些。为了安全起见，必须趁着天气大热到连强人都害怕出来打劫时出发。再者，那天天气"大热"，人会大量流汗而渴，渴了便要喝水，这又为下文误喝下了蒙汗药的酒做了必要的气候上的准备。除此之外，还有更深的用意。如果说第二次渲染的打出常规，意在引出杨志悲剧性人生的一个重要因素——人际关系失和的话，那么，第三次渲染的打出常规，则在引出杨志悲剧性人生的另外一个重要因素：险恶的地理条件。

（二）走向悲剧：在打出常规的地理环境的渲染中

把气候条件打出常规，为杨志的悲剧人生准备了必要的前提条件，这是不错的，但是，还不够。还需要一个合适的理由，一个合适的地点，才能把押运和智取生辰纲的双方人员都聚在一起，才能为故事发展，为杨志进一步地走向悲剧提供可能。

可是，如何才能出现这样合适的地理环境呢？突然让杨志他们出现在黄泥岗上，显然是不行的。必须让这个合适的地理环境的出现，既符合事理，又符合情理才行。这便需要一次次渲染，将地理环境逐渐打出常规。

《智》文中多次渲染了地理环境，其用意各有不同。

渲染一：

自离了这北京五七日……　（课文第 2 自然段）

刚离了北京五七日的所在，还算是个太平境界，属于常规地理环境，轻易不会有强人出没，当然，也就没有智取生辰纲这一说。所以，《智》文没有展开。

渲染二：

五七日后，人家渐少，行客又稀，一站站都是山路。

（课文第 2 自然段）

而五七日之后，离北京渐远，而且又是山路，地理环境逐渐地从常规变为非常规，这便给故事的进一步发展带来了可能，因为这样的地理环境下，按照杨志的说法，那是"尴尬去处"，是有强人出入的。为了安全起见，杨志调整了作息时间，这样虽能避免遇见强人，却容易引发内部矛盾。而这对故事的发展和杨志走向悲剧起着举足轻重的作用。

渲染三：

当日行的路，都是山僻崎岖小径，南山北岭。　（课文第 5 自然段）

第三次渲染地理环境是有决定意义的。正因为都是"崎岖小径，南山北岭"，路难行且"大热"，所以，押运的人必然要寻找"合适"处休息。而这个所谓的"合适"处——黄泥冈，究竟是一个什么样的所在呢？对于十一个厢禁军来说，当然是"合适"的，因为可以在松阴树下休息。但是，对于杨志来说，就不一样了。那是强人出没的地方，异常凶险，虽然以杨志的武艺和江湖经验自保没什么问题，但是，要想保住生辰纲就难了。而丢失了生辰纲，对于杨志的人生命运意味着什么，他再清楚不过了，所以，根本就谈不上"合适"；对于晁盖等人来讲，却有着非同寻常的意义，因为在这里他们可以暗中观察，伺机而动。所以，从本质上讲，这是一个对于晁盖等人最为"合适"的所在。这个所在，为整个故事的发展，为杨志走向悲剧人生准备了重要的地理环境。

这样，从离京五七日的太平路段到山路，到崎岖小径，再到黄泥岗，常规的地理环境逐渐地被打出常规。而这个地理环境被逐渐打出常规的过程，既是故事本身逐渐展开的过程，也是杨志一步一步地走向悲剧人生的过程。

（三）走向悲剧：在打出常规的人际关系的渲染中

古时作战，讲究天时、地利、人和，杨志押运生辰纲虽不是战争，但是从攻守双方态势来讲，同样需要这三个条件。现在，杨志已经失去了天时、地利这两个条件，如果杨志能维持人和的话，故事依旧无法发展下去，杨志的人生依旧不会走向悲剧。其实，关于人和，杨志不是没有考虑到，他担心无法控制整个队伍，临行之前，还特意跟梁中书要了人事管理权。如果这个人事管理权一直在杨志手上，或者说，他能有效控制这支队伍的话，故事还是无法展开，他的封妻荫子、光宗耀祖的人生梦想在成功押运生辰纲之后还能更进一步。而这，于作者的写作意图和《智》文的行文来说，是不允许的。这便需要把杨志的人际关系再次打出常规。

1. 把杨志与厢禁军的关系打出常规

> 杨志赶着催促要行，如若停住，轻则痛骂，重则藤条鞭打，逼赶要行。　（课文第 2 自然段）

本来，杨志与厢禁军是一体的，都是押运生辰纲不可或缺的重要力量，应该同舟共济才对，但是由于杨志太过急功近利，性格上又粗暴蛮横，再加上自认为拥有梁中书的"尚方宝剑"，对十一个厢禁军"轻则痛骂""重则鞭打"，这样，不但没有处理好与他们之间的关系，还激化了矛盾，逐渐走向了对立面，一步步地开启了自身悲剧性的人生。

而更为关键的是，把杨志与厢禁军之间的关系打出常规后，作者又通过厢禁军跟老都管的诉苦，把矛盾、怨气传递给了老都管。虽然老都管嘴上还在帮助杨志管理这支队伍，比如许诺"巴到东京时，我自赏你"，其实，"心内自恼他"已经多时了。而这又为下文把杨志与老都管之间的关系打出常规做了必要的准备。

2. 把杨志与虞候的关系打出常规

在《智》文中，两个虞候是很特殊的角色。他们虽没什么权力，但也不需要如十一个厢禁军一般天天做脚夫挑着货物行路，他们每天只是背着些包裹行李。关键是他们跟老都管的关系很近，是得罪不得的。然而，杨志还是得罪了他们。

渲染一：

> "你两个好不晓事！这干系须是俺的！你们不替洒家打这夫子，却在背后也慢慢地挨。这路上不是要处。"　　（课文第 2 自然段）

渲染二：

> "你这般说话，却似放屁。前日行的须是好地面，如今正是尴尬去处。若不日里赶过去，谁敢五更半夜走？"　　（课文第 2 自然段）

杨志先是生气地责怪两个虞候"好不晓事"，这已经摆错了自己的位置，接着更是骂他们"却似放屁"，这便激化了杨志与两个虞候之间的矛盾。虽然此时的他们还敢怒不敢言，只在肚中寻思"这厮不直得便骂人"，但是只要逮到机会就在老都管面前"絮絮聒聒"地"搬口"。这又为进一步激化杨志跟老都管之间的矛盾打下了基础，而这，于杨志而言，无疑是悲剧性的。

3. 把杨志与老都管的关系打出常规

表面看来，老都管也是来押运生辰纲的，也受杨志节制，可问题是，老都管年老体衰，在如此漫长而凶险的押运过程中，他又能起多少实质性的作用呢？很明显，他的主要职责是代替梁中书监视杨志。这一点，杨志不是不清楚，不然，他是不会在临行之前特意跟梁中书要来人事管理权的。其实，以老都管在府中的地位，杨志完全可以借助他的力量，使这支队伍更有凝聚力。然而，这样一来，故事就无法继续发展下去，杨志的人生也无法走向悲剧。所以，必须把杨志与老都管的关系打出常规，为此，作者进行了多重渲染。

渲染一：

老都管道："权且教他们众人歇一歇，略过日中行如何？"杨志道："你也没分晓了，如何使得！这里下冈子去，兀自有七八里没人家。甚么去处，敢在此歇凉！"老都管道："我自坐一坐了走，你自去赶他众人先走。"　（课文第7自然段）

在这一渲染里，本来老都管还强压着内心的不满，尽量跟杨志用商量的语气说"略过日中行如何"，但是杨志似乎没有觉察到老都管心理的变化，非但如此，还责怪老都管说"你也没分晓了"。试想，老都管的地位远高于杨志，又比杨志年长许多，而且还是梁中书派来监视杨志的，他竟然被杨志责怪为"没分晓"，这相当于被人说"不懂事"，这对于一个有地位、年长的人来说，自然是无法接受的。于是，老都管怒火中烧，直接对杨志说"我自坐一坐了走，你自去赶他众人先走"，这等于在明面上不再支持杨志了。

渲染二：

老都管喝道："杨提辖且住，你听我说。我在东京太师府里做奶公时，门下官军见了无千无万，都向着我喏喏连声。不是我口浅，量你是个遭死的军人，相公可怜，抬举你做个提辖，比得

175

> 草芥子大小的官职，直得恁地逞能。休说我是相公家都管，便是
> 村庄一个老的，也合依我劝一劝，只顾把他们打，是何看待！"
>
> （课文第 7 自然段）

如果说渲染一只是把老都管一直压在心里的怒火终于明面化的
话，那么，渲染二则使得老都管完全走到了杨志的对立面。渲染二从
三个方面强烈渲染了老都管内心的不满与愤懑：杨志身份不好，只是
个遭死的军人；官职太小，还逞能；老都管地位高应该受到尊重。从
渲染一中"略过日中行如何"的商量，到渲染二的"老都管喝道"，
老都管对杨志的愤怒已经忍无可忍了。

渲染三：

> 杨志道："都管，你须是城市里人，生长在相府里，那里知
> 道途路上千难万难。"老都管道："四川、两广也曾去来，不曾
> 见你这般卖弄。"杨志道："如今须不比太平时节。"都管道：
> "你说这话该剜口割舌，今日天下怎地不太平？" （课文第 7
> 自然段）

在这一渲染中，我们已经明显地看到，杨志感受到了处境的艰
难，但他还是努力说服老都管，只是用的方法不对。他仍在指责老都
管生长在相府里，不知道途路上的艰难，结果被老都管马上怼了过
去。当杨志不再指责，而是辩解说"如今须不比太平时节"时，老
都管立即上纲上线到政治高度，呵责他"该剜口割舌"，可见，老都
管对杨志的意见有多大。自此，他彻底失去了老都管的支持。

此时，虽说杨志等人还是一个团队，但是由于他太过急功近利，
再加上性格问题以及处事方式不当，他在得罪了厢禁军、虞候之后，
又彻底得罪了老都管，实际上他已经成了"孤家寡人"。在押运途

中，他不仅要防着贼人，还要时刻防着自家阵营里的每一个人，这已经败了三分。就这样，在气候条件、地理环境、人际关系都被打出常规之后，杨志终于失去了天时、地利、人和三个决定性的条件，而不可避免地悲剧性地走向了失败。

二、在打出常规的情节渲染中走向悲剧

然而，不可否认的是，即便失去了天时、地利、人和，以杨志的机警和丰富的江湖经验，依然很难被骗倒，更别说用蒙汗药把他麻翻。要想使故事顺利展开，且更好地塑造人物形象，使杨志这个人物形象充满悲剧色彩，还必须再一次进行打出常规的多重情节渲染。

渲染一：

> 那挑酒的汉子看着杨志冷笑道："你这客官好不晓事，早是我不卖与你吃，却说出这般没气力的话来！"　（课文第10自然段）

以杨志的江湖经验，即便天气再热，白胜想挑两桶白酒就让杨志轻易上当，也是不可能的。果然，当军士们想凑钱买酒喝时，他呵责他们"只顾吃嘴，全不晓得路途上的勾当艰难。多少好汉，被蒙汗药麻翻了"。这时，强行兜售的话，就会适得其反，更让杨志怀疑了。于是，在第一次情节渲染中，作者突破常规，让白胜对杨志说"早是我不卖与你吃"。这个"不卖"是很有意味的，是一种欲擒故纵的法子。试想，我都不卖给你了，你还怀疑我酒里有蒙汗药吗？

然而，仅仅如此，是无法麻翻杨志他们的。

渲染二：

> 那七个客人说道："我只道有歹人出来，原来是如此，说一

177

声也不打紧。我们倒着买一碗吃。既是他们疑心，且卖一桶与我们吃。"那挑酒的道："不卖，不卖！" （课文第11自然段）

那七个客人实际上就是现在所说的"酒托"，他们的任务是通过"亲身"实践证明酒里没有蒙汗药，好让杨志等人放心地买酒喝。然而，如果那七个客人一上来就十分顺利地买到酒喝了的话，那就证明了他们是"托"，杨志反而会怀疑的。所以，必须进行第二次打出常规的情节渲染——不卖。

第二次的"不卖"更有意味了。一则向杨志等人表明他们七个人不是"托"，而是跟杨志一样都是商客，以打消杨志等人的怀疑；二则通过他们的喝酒，来证明酒里确实没有蒙汗药。

但是，如果确实无药，又无法下药的话，那就无法达成目的了。这就需要第三次打出常规的情节渲染。再说了，此时的杨志并没有完全放下怀疑，还需要进一步的麻痹才行。

渲染三：

那挑酒的汉子便道："卖一桶与你不争，只是被他们说的不好。又没碗瓢舀吃。" （课文第11自然段）

第三次情节渲染中的"又没碗瓢舀吃"是有争议的，因为既然是挑去村里卖酒，就应该有瓢，就像卖鱼有称一样。但更多的人认为，这可能是作者有意为之，因为以吴用的聪明才智，还不至于犯下如此低级的错误。这实际上是一着可进可退的高招。

那个年代经济很不发达，人们大都生活得不富裕，几户人家合起来买一桶油、买一石米的情况也是有的，那么合起来买一桶酒自然不奇怪。事实上，书中就有佐证：白胜卖酒给晁盖、杨志等人便是以桶为单位，并不需要瓢。

而"进"的话，就很有意思了。我们知道杨志一直很警惕，一直怀疑酒里有蒙汗药，不过，他主要防的是白胜。令他没有想到的是，此时两桶酒里根本没有蒙汗药。而"没碗瓢舀吃"本身就是在告诉别人，"我"白胜是去村里卖酒，根本就不想在半路上把酒卖给任何人吃，又何来有蒙汗药这一说呢？这实际上是另一种"欲擒故纵"，只是没有被杨志等人看破罢了。而另一方面，作为一个道具，它又把下面情节的发展再一次打出了常规。

渲染四：

> 七个客人道："五贯便依你五贯，只饶我们一瓢吃。"那汉道："饶不的，做定的价钱。"一个客人把钱还他，一个客人便去揭开桶盖，兜了一瓢，拿上便吃。那汉去夺时，这客人手拿半瓢酒，望松林里便走，那汉赶将去。只见这边一个客人从松林里走将出来，手里拿一个瓢，便来桶里舀了一瓢酒。那汉看见，抢来劈手夺住，望桶里一倾，便盖了桶盖，将瓢望地下一丢，口里说道："你这客人好不君子相！戴头识脸的，也这般啰唣！"
>
> （课文第 11 自然段）

这是《智》文中最为精彩的一段情节渲染。看起来，这一"赶"一"夺"，一"倾"一"盖"，仅仅渲染了两个客人占小便宜饶酒喝的场景，十分的稀松平常，然而，正是因为这"饶酒"太过稀松平常，才让七位客人看起来不是"托"，让白胜看起来更像是卖酒的小贩。这同样是一个"欲擒故纵"的高招，在不着痕迹中便让杨志等人放松了警惕。而更为关键的是，在一来一去中，晁盖已经通过"饶酒"把药下到了酒里，而杨志等人并未察觉。

渲染五：

> 那卖酒的汉子道："不卖了，不卖了！"便道："这酒里有蒙汗药在里头。"众军陪着笑说道："大哥，直得便还言语。"那汉道："不卖了，休缠！"（课文第12自然段）

然而，即便如此，白胜依然没有掉以轻心，没有把酒推销给杨志等人。且看第五次情节渲染：白胜对杨志他们说"不卖了"，而且重复说了三遍，如此的坚决。再有江湖经验也架不住几次三番地欲擒故纵啊，于是，杨志等人落入了晁盖等人的圈套中，喝了酒被麻翻在地，丢了生辰纲。

就这样，在打出常规的渲染中，杨志从刚开始时周密地准备，到逐渐失去了天时、地利、人和，几乎孤军奋战，逐渐地失去了警惕，最终，喝了下有蒙汗药的酒被麻翻在地，眼见着生辰纲被劫。于是，杨志的人生命运便从最初的失意，到得志，再到现今"俺有家难奔，有国难投，待走那里去"的幻灭，终于悲剧性地走到了落草二龙山的地步。

综上所述，如果以历史的、发展的眼光，从写作思维的角度去解读的话，《智》文所表现的不单单是晁盖等人有多智慧，杨志有多精明、谨慎和蛮横，而是在打出常规的内外渲染和情节渲染中，更多地表现杨志从得志逐步走向理想幻灭的悲剧人生。

12. 循着审美思维的脚步探寻

——《范进中举》解读

  《范进中举》（下称"范文"）节选自清代小说家吴敬梓的长篇讽刺小说《儒林外史》。这篇文章自民国时期入选语文教材《开明国文讲义》以来，人们便对其进行了多角度、多层面的解读。从积存的文献来看，大多从这样四个维度展开：一是是否悲喜剧、揭露科举制度和反映世态炎凉的文本主题的维度；二是范进、胡屠户等人物形象的维度；三是讽刺、夸张、对比、细节描写等艺术手法的维度；四是平淡、简洁的语言风格的维度。① 这些解读不仅数量庞大，而且较为深入，这里不再赘言。

  当然，也有学者在上述研究的基础上再进一步，从审美价值的维度探寻，只可惜没能更深层次地从审美思维的维度展开。这在很大程度上限制了人们对这篇经典小说丰富而巨大的审美空间进行更为深入的解读。这里试作补论，以补缺憾。

一、从情感超越的审美思维中探寻

  《范》文通过范进中举喜极而疯及中举前后生活遭遇变化的描

---

  ① 鞠雅文.《范进中举》的文本解读和教学内容确定［D］上海：上海师范大学，2015：4－20.

写，深刻批判了科举制度腐蚀读书人灵魂，摧残人才及败坏社会风气的罪恶，表现了封建末世的世道人心，对各类市侩小人进行了有力的鞭策和嘲讽。① 但是，如何才能艺术性地表达这一主题呢？

要知道，日常生活事件中，虽然也包含情感的审美价值，但是实用价值太过强大，常常以压倒性的优势进入人们的视野。如果如实地记录事件本身，即便运用了夸张、讽刺等手法，也很难达到小说所应该具备的和作家所期盼达到的艺术效果。鉴于此，必须极力突破常规的实用取向的生活思维的局限，运用审美思维，有意识地使情感的审美价值超越实用价值，从而使小说具有更深的艺术性和思想性。

（一）与原始素材对话，寻求情感超越

千百年来，数以万计的考生历尽艰辛参加科举考试，期盼着一朝得中飞黄腾达。然而，真正成功的毕竟有限，于是，成功之后，喜极而疯的并不鲜见。如清朝刘献廷的《广阳杂记》卷四中便有这样的记载：

> 明末高邮有袁体庵者，神医也。有举子举于乡，喜极发疯，笑不止。求体庵诊之。惊曰："疾不可为矣！不以旬数矣！子宜亟归，迟恐不及也。若道过镇江，必更求何氏诊之。"遂以一书寄何。其人至镇江而疾已愈，以书致何。何以书示其人。曰："某公喜极而狂。喜则心窍开张而不可复合，非药石之所能治也。故动以危苦之心，惧之以死，令其忧愁抑郁，则心窍闭。至镇江当已愈矣。"其人见之，北面再拜而去。吁！亦神矣。

---

① 人民教育出版社课程教材研究所中学语文课程教材研究开发中心．义务教育教科书教师教学用书语文九年级上册［M］．北京：人民教育出版社，2018：305．

然而，能否把这个材料原封不动地改编成小说？能否通过改编这个材料来批判科举制度？这便很值得思考了。

从材料本身的曲折性、趣味性来说，的确可以改编，只是，只能改编成故事。故事就是故事，它终究不是小说。故事是通过叙述的方式讲一个带有寓意的事件，或是陈述一件往事，而小说则不同，它以刻画人物形象为中心，通过完整的故事情节和环境描写来反映社会生活，相比较故事来说，小说更强调审美艺术性。然而，这个材料恰恰缺乏足够的审美艺术性，如果不做大幅调整，是很难改编成小说的。

这是为什么呢？

我们先来看这个材料的写作胚胎："明末高邮有袁体庵者，神医也。"很显然，这个材料的主要意旨应该落在"神"上。"神"有神秘、神奇、神异的意思。这个材料的写作基调应该是表达作者对袁体庵高超医术的赞叹。下面的行文以及结尾"吁！亦神矣"，则是对这一写作基调的具体展开。不可否认，赞叹中的确含有作者的情感，但是更多的是对袁体庵医术高这一实用价值的肯定，还缺少人物自身情感的审美价值的追寻，所以艺术性远远不够。

再从材料中人物的情感脉络来分析，虽然这个材料里也有三个人物，分别是医生袁体庵、举人和何氏，但是材料本身并不涉及这三个人物内在情感的变化、发展，更谈不上把三个人的情感脉络交织在一起，形成一个立体的情感网络。然而，多层次、多线条的情感交织是一篇小说得以为小说的极为重要的标志。所以，这个原始素材所追求，或者看重的，仍旧是医好病的手段和方式这一具有压倒性地位的实用价值，而不是基于情感诉求的审美价值。把这样的材料直接改编成小说显然是不合适的。

那么，如何才能把它改编成有情感诉求的，具有审美价值的小说呢？

这便需要运用审美思维了。首先，要尽量淡化实用价值。这个实用价值既包括病人病愈这一事实，也包括医生的高超医术。那么，如何淡化呢？作者采用的第一个办法是把神医置换成毫无医疗技能的胡屠户。这样一来，即便把范进的疯病"治"好了，也无法以此来赞叹胡屠户的医疗水平有多高超。道理是显然的，因为"医"好病的人根本就不是医生。当然，病人的病终究是好了，这个实用价值本身是无法回避的。作者采用的办法是没有停留在病好这件事上，而是花大力气把读者的注意力引到范进病好之后，相关人等的语言、动作和神态上，引到这些人的情感态度的变化上。这样一来，同样是中举发疯，原始素材主要落在病人的病好了和医生的医术如何神奇的实用价值上，而改编之后，则更多地落在各色人等情感变化的审美价值上。

其次，作者在改编这个材料时，力求使人物情感线从单条走向多条，而且使其相互交织，从而，形成一个立体的情感网络，使读者从多个层面对社会、人生以及整个世界做深层的考量和人性的反思，进而使文本具备足够的审美价值。如作者运用对比思维通过范进中举前后思想情感、行为方式的变化，来揭露封建科举制度对知识分子灵魂的毒害和人格的扭曲。再如，还是运用对比思维，对胡屠户前倨后恭的态度、行为方式进行对比来表现封建科举制度下衍生的典型的小市侩阶级的冷漠、贪财、势利的性格。此外，还交织着张乡绅、邻居甚至母亲的情感变化。把这些情感线交织在一起，形成了一个巨大的情感网络，多层次、多角度地深刻批判了封建科举制度的罪恶。

这样，通过审美思维的运用，作者便有意拉开了实用价值跟情感的审美价值的距离，使得情感价值具有了某种超越性，从而使文本显现出足够深度与广度的审美价值。

（二）与汪曾祺剧本比照，探秘情感超越

对于作者通过对原始素材的改编，来实现情感的审美价值对实用

价值的超越，这种审美思维的应用，我们还可以换一个角度，从汪曾祺根据吴敬梓的小说节选《范进中举》改编的同名剧本进行更深层次的感悟、理解。

我们先来看课文《范进中举》中的一段话：

> 范进因没有盘费，走去同丈人商议，被胡屠户一口啐在脸上，骂了一个狗血喷头……辞了丈人回来，自心里想："宗师说我火候已到，自古无场外的举人，如不进去考他一考，如何甘心？"因向几个同案商议，瞒着丈人，到城里乡试。　（课文第2自然段）

中国古典小说通常通过人物的动作和语言来表现人物形象，很少像现当代小说那样大幅度、大纵深地进行心理描写。这里破天荒地运用心理描写来表现范进没钱参加乡试时内心的不甘，已经是很大的突破。要知道，这样的心理描写必然会或多或少地涉及范进的内在情感，而只要涉及内在情感，就有了一种使情感的审美价值试图超越实用价值的趋势。当然，不可否认的是，这样的超越似乎还比较单薄，如"范进因没有盘费，走去同丈人商议，被胡屠户一口啐在脸上，骂了一个狗血喷头"，再如"辞了丈人回来"，基本上还是倾向于一种事实的陈述，情感的流露并不明显，更谈不上强烈。

也许正是因为这个原因，汪曾祺在把这部小说改编成剧本时，对其做了大幅度的修改。

> 光阴似箭太匆匆，一年容易又秋风。风吹落叶飘不定，愁煞堂前老书生。八月初九场期近，赶考秀才去纷纷。旅店满，轿行空，道上尘飞马不停。唯有范进家中困，望洋兴叹坐不宁。我要走，走不成，囊中无有三两银。

数罢长亭更短亭，山又高，水又深，无钱寸步也难行。

我手上全无缚鸡力，腹中只有八股文。做不得幕，算不得命，瞧不得风水看不得坟。倘若是流落他乡无人问，不免要死投沟壑作孤魂。事到临头空烦闷，百无一用是书生。

（节选自汪曾祺剧本《范进中举》）

范进作为一名五十多岁的老童生，已经数十次参加科举考试，经历几十次失败之后，宗师终于说他火候已到可以参加乡试，他怎能不为之所动？但是心有所动又能怎么样？家中无钱，寸步难行。他心有不甘，这是肯定的。但是他的心里仅仅只有不甘吗？不，还有烦闷、焦虑、不安，应该是情感交织、百感交集。但是这样丰富而复杂的情感，吴敬梓的原文并没有充分地表达出来。于是，汪曾祺在改编剧本时，就增加了这样一大段抒情唱段。在这个抒情唱段中，"愁煞堂前老书生"中的"愁"，"望洋兴叹坐不宁"中的"叹"和"不宁"，"事到临头空烦闷，百无一用是书生"中的"烦闷"等等，都在表达范进内心复杂的情感。

通过比照可知，汪曾祺的剧本之所以能够实现对吴敬梓原文的进一步超越，其实，也是因为运用了审美思维，从情感的审美价值对实用价值的超越的角度入手的。这便使我们对课文基于原始素材的审美化改编，有了更深的理解。

（三）与奚啸伯唱本比照，感悟情感超越

当然，汪曾祺改编的剧本《范进中举》也不是十全十美的。虽然汪曾祺已经十分努力，但是依旧有做得不到位，做得不太完美的地方。

例如，小说原文写范进喜极而疯，只写了"噫！好了！我中了！"这句话，并没有对范进的心理、情感进行深层的揭示。于是，

汪曾祺对这段话进行了较大幅度的改编：

> 中了中了真中了，你比我低来我比你高！中了中了真中了，
> 我身穿一领大红袍，我摆也么摆，摇也么摇，上了金鳌玉栋
> 桥……我不是有官无职的候补道，我不是七品京官闲簿曹。我本
> 是圣上钦点的大主考，奉旨衡文走一遭。
>
> 我这个主考最公道，立下章程有一条，不过五十，一概都不
> 要，本道不取嘴上无毛。
>
> 你与我考，你与我考，你写了还要写，抄了还要抄，考了你
> 三年六月零九朝，活活考死你个小杂毛！

如此改编，把范进中举之后的情感变化写得惟妙惟肖、丰富多彩，写出了范进考中之后的自豪、骄傲，高高在上的目空一切，以及"活活考死你个小杂毛"的报复心理。但是当年唱红《范进中举》这一剧本的演员奚啸伯先生觉得还不够。他又在汪曾祺剧本的基础上，对上述最后一段，进行了大幅改编：

> 我定下文体叫八十股，
> 句句对仗平仄要调。
> 考得你昼夜把心血耗，
> 考得你大好青春等闲抛。
> 考得你不辨苗和草，
> 考得你手不能提来肩不能挑，
> 考得你头发白牙齿全掉，
> 考得你弓背又驼腰，
> 年年考，月月考，
> 活活考死你这命一条！

在奚啸伯的唱本中，我们看到，当深受八股文之苦的范进好不容易中举时，他首先想到的不是对天下考生的同情、怜悯，不是反思科举制度对他的深深毒害，而是几乎变态地期望着把"八股文"变成"八十股文"，以折磨别人来衬托自己的不易。他自己被科举考试折磨了长达数十年，变得贫困潦倒，不成人样。按说，一旦得中，他应该帮助那些跟他曾经一样的考生，但并不是，不但不是而且还近乎疯狂地希望这些考生考得弓背驼腰，甚至被"活活考死"。报复心理如此强烈，可见科举制度对他的毒害之深。这也使得人们对他的同情，一下子转变成了鄙弃和厌恶。①

综上，在原始素材、课文、汪曾祺的剧本和奚啸伯的唱本的多向度比照中，我们不难发现文字上的变化和内在情感的变化。由此我们更应该思考，吴敬梓改编原始素材时，是从哪里入手的？汪曾祺改编吴敬梓的小说时，是从哪里入手的？奚啸伯改编汪曾祺的剧本时，又是从哪里入手的？这样，通过比照之后的再次比照，我们会惊奇地发现，其实，他们都在运用审美思维，在更为丰满、更为曲折的情节中，通过情感的审美价值对实用价值的超越与再超越，使文本具有更大的审美价值和更广延的审美空间。

二、从多重对比的审美思维中探寻

原始素材的大幅度情感超越式的审美化改编，为写好一篇小说打下了必备的良好基础。但是，仅仅如此还是远远不够的，还需要对小说中的人物、环境等进行重新构画、塑造。吴敬梓在创作《范》文时，从多个角度、多个层面，对人物、环境进行深层对比，在审美化表达中深化主题。已有文献，对于范进中举前后的思想、情感以及言语、行为方式的对比，胡屠户在范进中举前后两种截然不同态度、言

①　欧阳中石．啸伯永啸：我的师父奚啸伯先生［M］．北京：文化艺术出版社，2010：30.

语、行为的对比，都有详细的论述，甚至对张乡绅、众邻居前后不同的态度及行为、语言的潜在的对比（因为文中只在范进中举之后写到张乡绅和众邻居，之前并没有涉及）也进行了分析。这里就不再赘言。

但是这里有个问题，人们关注的大多是某个人物自身在范进中举前后的态度、行为和语言的对比，对于人物之间的横向对比以及文本中具有着某种象征意义的物象的对比，却鲜有关注。看起来，这些都很微小，很不起眼，其实包含着很深的思想、情感内涵，很有审美价值，很值得人们研究。

（一）审美价值：在"千恩万谢"的对比中

《范》文中有两处写到了"千恩万谢"，只是谢人的人不一样，被谢的人也不一样，而且无论是谢别人还是被谢，他们的心态、思想和情感也都不一样。然而，正因为多有差异，才构成了别样的对比。

我们先看渲染一：

> 吃到日西时分，胡屠户吃的醺醺的。这里母子两个，千恩万谢。屠户横披了衣服，腆着肚子去了。　　（课文第 1 自然段）

渲染一中所写发生在范进中举之前。谢人的人是范进母子，被谢的人是胡屠户。范进母子之所以对胡屠户千恩万谢，是因为范进进学之后胡屠夫拿着大肠和酒来祝贺了。然而，范进母子的"千恩万谢"却使人的心里颇不是滋味，因为胡屠户在祝贺范进进学时，更多的是抬高自己，贬低别人，是显示自己有地位有身份，是让范进一家对他感恩戴德。范进母子之所以要谢他，还因为他让范进的母亲和妻子胡氏一起上桌吃饭了，然而，这样的"恩泽"中，更多的是一种居高临下的可怜。而更为关键的是，透过"千恩万谢"，我们看到的是范进逆来顺受、甘受屈辱、唯唯诺诺的卑微人格。而胡屠户就不一样了。作为被谢者，他是"横披"了衣服，"腆着"肚子去了，完全以一种高高在上的胜利者的姿态走出了范家。

渲染二：

> （胡屠户）说了一会，千恩万谢，低着头，笑眯眯的去了。
>
> （课文第 11 自然段）

渲染二中所写发生在范进中举之后。谢人的人变成了胡屠户，被谢的人却成了范进。不但如此，范进和胡屠户的思想与情感都发生了非常明显的变化。范进不再是逆来顺受、甘受屈辱、唯唯诺诺的卑微形象，比如，范进清醒后回家时，走在前面的是范进而不是胡屠户，要知道，按照中国传统文化，向来都是地位高的先走，地位低的跟在后面。可见，范进和人们的心态都发生了些许变化。范进在接待张乡绅时，逢迎自如、虚伪圆滑的表现也与之前的卑微形象产生了强烈的对比。而且连对胡屠户的称呼都发生了变化，不再尊称胡屠户为"岳父"，而改称"老爹"。虽然"老爹"并没有多少贬低的意味，但是相比"岳父"这个称呼，则明显少了些对他人的尊敬和内在人格的卑微。这一切都是因为范进中了举，成了老爷。

而胡屠户也一改往日的盛气凌人，他低头谄媚地替女婿扯了几十回衣服，还称女婿为"贤婿老爷"。范进还没有走马上任，他就得到了实惠，以后少不得要倚仗女婿，他当然要千恩万谢。这个"千恩万谢"表现了胡屠户欺贫爱富、趋炎附势、嗜钱如命、庸俗自私的市侩性格。

当我们把渲染一和渲染二进行对比，便会发现"千恩万谢""千恩万谢"的背后，谢人的人和被谢的人的思想、情感，竟然因为范进中举而发生了如此翻天覆地的变化。两者对比所折射出的人生况味，实在是耐人寻味。

（二）审美价值：在"前陋后华"的对比中

在《范》文中有个物象特别有意味，那就是范进所住的那个房子。《儒林外史》中有交代：范进"家里住着一间草屋，一厦披子，门外是个茅草棚"。文章对这个"茅草棚"多有渲染，但是范进清醒之后，草屋还是那个草屋，茅草棚还是那个茅草棚，却突然间改称为"府"，变成了"华居"。这"前陋后华"的对比中，究竟包含着作者什么样的审美诉求呢？

1. 范进清醒之前对房子的渲染

在范进清醒之前，文章对范进住处的渲染有四处。

渲染一：

> 范进唯唯连声，叫浑家把肠子煮了，烫起酒来，在茅草棚下坐着。 （课文第 1 自然段）

此时他刚刚考上秀才，无官无职，又没什么特别的经济来源，家境十分贫困，住的是草房，门外是茅草棚，这是很正常的。这种对范进家庭境况的真实描述，采取的是一种实用价值的取向。

渲染二：

> 才去不到两个时候，只听得一片声的锣响，三匹马闯将来。那三个人下了马，把马拴在茅草棚上，一片声叫道："快请范老爷出来，恭喜高中了！" （课文第 3 自然段）

渲染三：

> 正在吵闹，又是几匹马，二报、三报到了，挤了一屋的人，

茅草棚地下都坐满了。　　（课文第 3 自然段）

渲染二、渲染三，连续两次提到茅草棚，这就要引起注意了。

文学作品有一个特点，若作者偶尔提到某个物象或者某句话，那么，并不必然地说明什么，但是，若作者一而再，再而三地提到，它就不是可有可无的了，通常暗含了作者的某种思想、情感或者某种倾向。

按说，中举的消息传来，此时范进的身份比之前的秀才"高贵"了许多，按照中国古人"母凭子贵"的惯性思维，此时的"茅草棚"完全可以"棚"凭主"贵"，换一个更华丽更文雅的称呼，然而，作者却没有这样做，这是为什么呢？

原来，范进中举并不是一帆风顺的。

范进回家之后见到中举报帖，便喜极而疯，他那住了大半辈子的"草屋""茅草棚"能不能成为真正意义上象征着权势和利益的"华居"，还要打一个大大的问号。所以，只能暂时屈称"茅草棚"。

可见，这两处"茅草棚"，虽然名称并没有改变，但是已经并不完全指向于实用价值，而是在不知不觉中，多了一层新的含义，在悄无声息中向情感、思想的审美价值转换。

渲染四：

娘子哭哭啼啼，在厨下收拾齐了，拿在草棚下。　　（课文第 6 自然段）

这是第四次渲染草棚，跟前三次的渲染略有不同。这是在范进中举喜极而疯之后，再次提到草棚。此时，范进的母亲已经不知所措，她哭诉命苦，抱怨中举，担心儿病。妻子胡氏跟范进的母亲的心态略有不同，她同样不知所措，不过，她的哭哭啼啼，更多的是担心今后的生活"却是如何是好"。而这一切都意味着他们家的状况，并没有随着范进中举而发生本质的改变。事实上，随着范进的喜极而疯，这个风雨飘摇的家庭，更是雪上加霜。此时仍旧称范进住所为"草棚"，着实多了一些悲愤、悲伤与悲情。而这再一次从实用价值，走向了情感的审美价值。

2. 范进清醒之后对房子的渲染

但是，在范进清醒之后，文章对房子的称呼却发生了很大的改变。

渲染五：

> 到了家门，屠户高声叫道："老爷回府了！" （课文第 9
> 自然段）

明明只是"草屋""茅草棚"而已，怎么就成了象征着权势和金钱的"府"了呢？让我们先来看一看，在这一渲染里，胡屠户是在什么情况下这样称呼的。

范进喜极而疯之后，胡屠户为了救范进，打了范进一巴掌。但是他认为，"天上'文曲星'是打不得的，而今菩萨计较起来了"，他觉得那只手不但弯不过来，而且疼得很厉害，连忙向郎中讨了个膏药贴着。之所以如此，是因为范进中举了，有权势了，成了真正的天上的"文曲星"。这实际上是封建科举制度的长期浸淫下，封建等级观念在胡屠户的灵魂深处留下的烙印。他的手弯不过来、疼，是他对权势的惧怕的外在显现。称范进住的"草屋""茅草棚"为"府"，实际上，是他对权力的膜拜和恐惧的表现。回来的路上，胡屠户见女婿的衣裳后襟滚皱了许多，一路低着头替他扯了几十回，是胡屠户想后半世靠着他而巴结他的表现。称范进住的"草屋""茅草棚"为"府"，是他对金钱的向往，对范进谄媚的表现。也就是说，胡屠户的这一声，更多包含着他对权势的恐惧、害怕，对金钱的向往，以及他谄媚、奉迎等多重情感内涵的审美价值。

渲染六：

> 这华居，其实住不得，将来当事拜往，俱不甚便。 （课文第 10 自然段）

在张乡绅看来，范进的"草屋""茅草棚"简陋得"其实住不得"，为什么还要口是心非地称其为"华居"呢？因为他要拉拢巴结这个权势和金钱场上的新贵，他要继续干他的狗苟蝇营、结党营私的勾当。很显然，"华居"这一称呼本身的实用价值已经大幅淡化，更多的是一种思想、情感的审美价值的体现。而且，心口不一的矛盾错位越大，其审美空间就越是宽广，就越是具有审美价值。

综上，表面看来，范进住处"前陋后华"的对比，仿佛只是一种称呼上的对比，也就是一种实用价值的对比。从实用价值的角度来看，无论称其"草屋""茅草棚"或是"府"，再或是"华居"，其实都是指住的房子本身，并没有多少本质上的区别。所以，如果仅仅看到称呼上的对比，对解读小说来讲是没有多大意义的。

然而，小说终究是小说，不能仅仅停留在实用价值上，必须使情感的审美价值超越实用价值，在审美价值上形成对比。这样，才更有意义，更有价值。回到刚才话题上来，对住处称呼变化的背后，实际上是不同人等思想、情感的变化、对比。称"茅草棚"时，范进尚未清醒，这一称谓蕴含着悲愤、悲伤和悲情，蕴含着曲折的人生命运。然而，清醒之后，当权势和利益向他招手时，虽然草屋还是那个草屋，茅草棚还是那个茅草棚，却摇身一变成了"府"，成了"华居"。其实，变的不是"茅草棚"本身，而是人们的情感、思想和态度。这一改变，包含着人们对权势的恐惧、害怕，对金钱的向往，包含了谄媚、奉迎，包含了拉拢腐蚀、狗苟蝇营、结党营私的黑暗思想与行为。也就是说，"前倨后恭"并不简单，事实上，它包含了作者深刻的思想、情感的审美诉求。

三、从矛盾错位的审美思维中探寻

然而，有了良好的素材和多重对比，还是不够，还需要一个更为关键的东西——细节描写，这是小说的生命之所在。

人们通常认为《范》文之所以充满美学意蕴，一个十分重要的因素是这篇文章中有许多传神的细节描写。这些细节描写因为非常善于抓住特定环境下某个具有典型意义的动作、神态、语言，而给人留下了难忘的印象。除此之外，还因为这些细节描写生动形象地刻画了人物形象。至于，这些细节描写为什么会给人留下深刻的印象，为什么能够使人物生动形象，就语焉不详了。如果再进一步追问，作者为什么要这样进行细节描写？有什么特别的意义与价值？就更是无从谈起了。

其实，这里有个写作思维的问题。从写作的角度来讲，对材料进行改编，需要运用情感超越的审美思维，使文本更具有美学价值；对人物、环境进行描写时，需要运用多重对比的审美思维，使得人物形象更典型，使得文本意蕴更丰盈。同样道理，细节描写也需要运用审美思维。我们不能仅仅停留在表层的具体生动的描写上，停留在夸张手法的运用上，还需要运用矛盾错位的审美思维进行深层创作，这样才能使原本十分普通平常的细节描写更具美学意味。

（一）审美价值：在外显矛盾的审美思维中

1. "舞"中显乾坤

我们先来看第一个细节描写：

众邻居一齐上前，替他抹胸口，捶背心，舞了半天，渐渐喘息过来，眼睛明亮，不疯了。　（课文第 8 自然段）

对于上述细节，人们通常从漫画式夸张的角度进行解读。这样解读是一种艺术性的解读，显然是可行的。但是由于没有从审美思维，从写作思维的角度展开，所以，还不够深入，还很难揭示这个细节本身所蕴含的独特的审美价值。要想对这一细节进行解读，就需要跟原文另外两处细节进行对照、比较。

出了场，即便回家。家里已是饿了两三天。被胡屠户知道，又骂了一顿。　（课文第 2 自然段）

到出榜那日，家里没有早饭米，母亲吩咐范进道："我有一只生蛋的母鸡，你快拿集上去卖了，买几升米来煮餐粥吃，我已是饿的两眼都看不见了。"　（课文第 3 自然段）

范进不是一人生活在深山老林里，他是跟邻居居住在一起的。然而，从第 2 自然段的这段节选来看，范进参加完乡试回到家时，家里已经饿了两三天，可见乡邻们并没有来接济。出榜那日，他们家连早饭米都没有了，母亲已经饿得两眼都看不见了，只能把生蛋的母鸡卖掉来解燃眉之急。要知道对于极其贫苦的农民来讲，生蛋的母鸡跟粮食种子一样是穷人家的命根子，是一个家庭赖以生存的根本，是万万卖不得的。但是，母亲竟然让范进把生蛋的母鸡拿到街上卖掉，可见他们家已是生死存亡的危急状态，但还是没见一个乡邻来帮忙、接济。乡邻的冷漠可见一斑。然而，令人感到非常奇怪的是，范进一得中，他们仿佛突然间从平地里冒出来似的，拿蛋的拿蛋，拿酒的拿酒，捉鸡的捉鸡。这种显露于外的矛盾错位越是明显，对比的力度越大，越是生动形象地揭露、批判了乡邻的势利、庸俗与心灵的丑恶。

但是，作者觉得还不够，还要与细节一形成更为强烈的矛盾对比。

在细节一里，众邻居一起上前已经很具漫画意味、夸张色彩了，因为通常情况下，一两个人便足矣。而更为夸张的是，他们竟然跟约定好了似的，该抹胸的抹胸，该捶背的捶背。看起来忙而不乱，井然有序，其实只是"舞舞"而已。这里的"舞"字，从上下文来看可以解释为"摆弄"，也就是说，完全可以用"摆弄"来代替"舞"这个词。但是那样一来，只是陈述事实而已，文本的意蕴必然减损很多。事实上，"舞"是一种陌生化的手法，"舞"字自带形象，天然地含有手舞足蹈、毫无章法的夸张意味。

然而，问题是他们为什么要一起上前？他们如此卖力究竟是"舞"给谁看？为什么范进中举前家里已近绝境，没见他们上前接济，更没有人"舞"动这"舞"动那地帮忙？如果再进一步的话，还可以更深层地反思，作者为什么要这样写作？

其实，作者在这里运用的是一种错位的审美思维。单纯的细节描写意义是不大的，只有把某个典型细节置于某种情境之下，让他们在特定的条件下发生矛盾、错位，继而形成对比，才能彰显出特有的审美意蕴。具体到细节一，范进的乡邻之所以发生这么大的变化，都是范进中举所致。中举前，范进一无是处、一贫如洗，根本用不着巴结；但是中举后就不一样了，要权有权，要钱有钱。所以，他们殷勤作态地"舞"动，其实质都是为了谄媚奉迎。

当把范进中举前后，邻居们对他的态度联系起来看时，我们便会发现"舞"这个字并不简单，它实际上暗含着作者独具匠心的外显式矛盾、错位的审美思维。作者这样做，实际上是为了使人物的思想、情感产生矛盾与错位。而一旦涉及思想、情感的变化，便为审美价值对实用价值的超越创造了必要条件。而且，矛盾、错位的空间越大，形成的对比越强烈，就越能表现出乡邻们被封建科举制度侵蚀毒害之深，文本的审美价值便越大。

2. "扯"中窥天地

我们再来看第二个细节。

> 屠户见女婿衣裳后襟滚皱了许多，一路低着头替他扯了几十回。 （课文第9自然段）

这个细节中最有审美意蕴的是"扯"这个字，人们对其多有解读。然而，"扯"这个字为什么很有审美意蕴呢？却又常常语焉不详。

我们知道，胡屠户之所以"腆着肚子去了"，之所以一口啐在范进的脸上，把他骂了一个狗血喷头，那是因为范进还没有中举。范进无权无势，也无钱，在胡屠户的眼中当然毫无尊严和地位。他自觉高高在上，对范进可以随意侮辱、践踏。然而，中举之后，他立马换了一种姿态，不但给女婿扯衣服，而且是一路低着头地扯，这一扯就是几十回。以他之心性给女婿扯衣服，已经是自认地位低下了，低着头扯更见卑微，更何况是几十回呢！女婿还是原来的女婿，胡屠户对范进的态度为什么会发生如此大的变化呢？其根本原因就在于范进中举了，范进的政治地位和经济地位发生了翻天覆地的变化。以胡屠户嗜钱如命、嫌贫爱富、庸俗自私的市侩性格，他当然要巴结他的女婿。

解读至此，已经把"扯"这个字的含义说得比较清楚了。不过，止于此，还是不够的，我们还需要向前再走一步，即要弄清楚"扯"这个字为什么会具有如此丰沛的审美意蕴？

就其动作本身而言，意在抹平滚皱的衣服，其主要功能是实用价值，并不包含太多的情感。也就是说，就其基本意义而言，"扯"这个字没有多少审美价值。但是，当作者运用一种外显矛盾的审美思维进行写作之后，就不一样了。作者不仅让胡屠户低着头扯，而且一扯就是几十回，这就跟之前他对范进的态度形成了强烈的对比，而别有意味。因为这个动作里掺杂了胡屠夫对范进非同寻常的情感与态度。胡屠户对于范进的态度变化越大，范进中举后越是讨好、谄媚范进，便越是使"扯"这个字所包含的情感的审美价值得以超越动作本身的实用价值，从而使文本生发出更为丰沛的审美意蕴。

（二）审美价值：在内隐矛盾的审美思维中

作者除了善于运用外显矛盾的审美思维进行创作，还善于运用内隐矛盾的审美思维进行深层挖掘。请看细节三：

> 他爬将起来，又拍着手大笑道："噫！好！我中了！"笑着，不由分说，就往门外飞跑，把报录人和邻居都吓了一跳。走出大门不多路，一脚踹在塘里，挣起来，头发都跌散了，两手黄泥，淋淋漓漓一身的水，众人拉他不住，拍着笑着，一直走到集上去了。　（课文第 5 自然段）

人们在解读这一细节时，大都侧重于夸张、讽刺手法的运用，认为这一细节把范进喜极而疯的情态生动形象地表现了出来。然而，这种单线条的解读本身就缺乏对文本内在审美张力的关注。再者，这样解读虽然也注意到了夸张、讽刺等艺术手法的运用，但是实际上，主要还是把注意力落在了疯的情态描写上，并不十分关注范进的情感变化，即更多的是一种倾向于实用价值的解读，其审美意义与价值并不大。

其实，这个细节里包含着两条线。

一条是范进得知中举之后，巨大的喜悦瞬间注满整个身心的有关情感的审美价值线。范进参加科举考试数十年，历尽艰辛，五十多岁垂垂老矣方才考中，内心的喜悦可想而知。所以，他大笑，他语无伦次地说："噫！好！我中了！"说着，便跑出了门外。因此，从内心来说，他的确是个胜利者。另外一条则是喜极而疯的情态描写的实用价值线。作者不厌其烦地通过对他踹在塘里挣起来、头发散乱、满身泥水的多次描写，极力渲染了他在情态上的失败。

这样，范进内心的胜利，便跟他外在情态的失败形成了矛盾对比。而且，范进在情态上越是失败，越是夸张，越是具有讽刺意味，其内心的胜利与外在的情态的失败之间的矛盾对比就越是强烈，从而，使内心胜利的喜悦之情的审美价值超越外在形态失败的实用价值，而使文本具有更大的审美张力和审美空间。

我们再来看细节四：

> 屠户把银子攥在手里紧紧的，把拳头舒过来，道："这个，你且收着。我原是贺你的，怎好又拿了回去？"范进道："眼见得我这里还有这几两银子，若用完了，再来问老爹讨来用。"屠户连忙把拳头缩了回去，往腰里揣……　　（课文第 11 自然段）

单单分析这一细节，是很难解剖出其特有的审美意蕴的。我们不妨做如下改编，以作比照——

改编一：

> 屠户把银子攥在手里紧紧的，对范进说："那我就收着了。"说完，连忙把拳头缩了回去，往腰里揣。

改编二：

> 屠户拿着银子舒了过来，道："这个，你先收着。我原是贺你的，怎好又拿了回去？"说完，屠户硬给塞了回去。

改编一中，屠户把银子攥在手里，揣到腰里的动作，跟他嘴上说的是一致的，他的内心与动作没有矛盾、错位，这便决定了他的内在情感没有波澜。同样道理，改编二中，屠户嘴上说不能拿回去跟手上硬塞回去也是一致的，也没有矛盾、错位，因此他的内心也没有挣扎，情感同样没有波澜。然而，没有情感发展、变化的心口一致的描写，是缺乏审美张力和审美意蕴的。

不过，第四个细节就大不一样了。屠户的心口是不一致的，是矛盾的。他嘴上客气着，不能把银子拿回来，手假假地做着把银子给范进的样子，其实，攥得紧紧的，随时准备缩回来，揣进自己的腰里。需要注意的是，这种心口差异与矛盾越大，就越能表现其内在情感的发展、变化之大。情感发展、变化的幅度越大，就越能表现胡屠户嗜钱如命、庸俗自私的市侩性格，从而使文本展现出更为丰盈的审美张力和更为广延的审美空间。

综上所述，解读《范》文，我们可以跳出常规，不停留在文本本身呈现了什么，而是更深层次地从审美思维的角度展开，在情感超越、多重对比和矛盾错位中，最大限度地洞悉这篇经典小说丰富而巨大的审美张力和审美空间。

13. 在情感交织与错位的渲染中
拓展审美空间

——《三顾茅庐》解读

《三顾茅庐》（下称《三》文）节选自罗贯中的长篇历史演义小说《三国演义》第38回。文中所述并非完全虚构。据史书记载，公元206年冬至公元207年春，刘备屯兵新野，曾三次到南阳隆中请诸葛亮出山辅佐，以成大业。这一事件被记进史书，后经民间传说以及平话、杂剧、小说等不同路径不同门类的艺术形式的不断演绎而传为佳话，渐成典故"三顾茅庐"，其中，诸葛亮与刘备有一段精彩的对话，史称"隆中对"。

自"三顾茅庐"和"隆中对"被西晋史学家陈寿记进《三国志》，千百年来人们对其多有研究，且取得了丰硕的成果。单就近人而言，有从三顾茅庐的原因去研究的，如王瑞平的《刘备"三顾茅庐"原因之我见》；有从原型批评的角度去研究的，如李锐的《三顾茅庐：考验仪式的消解与重构》；有从情节演变的角度去研究的，如王以兴的《三顾茅庐情节的演变——从〈三国志平话〉到〈三国志通俗演义〉》；还有从史学的角度去研究，引经据典地探寻究竟是刘备"三顾茅庐"还是诸葛亮"北行见备"的。

然而，令人遗憾的是，从文学艺术的角度对《三》文进行研究的文献并不太多。从积存的研究文献来看，大多从人物形象、故事结构、情节顿挫等角度展开，研究的深度与广度明显单薄许多。如作为教学文本的最有权威性也最具代表性的解读——统编教材教师教学用书中的相关表述，便有许多地方值得深思。

> 课文讲述了刘备第三次前往茅庐，诚心诚意邀请诸葛亮出山辅佐自己完成统一大业的故事，赞扬了刘备求贤若渴、礼贤下士的精神，同时也展示了诸葛亮智慧的卓绝，以及在成就蜀汉大业中将要起到的巨大作用。①

这一解读主要落在对刘备礼贤下士的精神的赞美和对诸葛亮卓绝智慧的赞叹上。从文章学的角度来看，它的确是文本所要表达的主要内容和思想感情；即便从语篇学的角度换一种表述方式，或许也可以看作是作者面对特定对象交流、对话的意图。但是仅仅这样解读，似乎是不够的。这是因为小说毕竟是以语言文字为媒介、手段进行塑造、刻画的艺术作品。既然是艺术作品，最好在对其内容、思想、情感进行解读的基础上，再向前走一步。笔者以为，不妨运用"非构思"理论，从小说不同层次的情感交织与人物的心口错位、言行错位的矛盾纠结的渲染上，对其审美空间、审美力度、审美方式进行解读，或许会更深刻一些，更有意义一些。

一、审美张力：在形与质的矛盾错位的渲染中

从研究《三》文的积存文献来看，人们大都认同刘备是一个求贤若渴、礼贤下士，具有政治家风度的人物。这一点"离草庐半里之外，玄德便下马步行""且休通报""拱立阶下"和"又立了一个

---

① 人民教育出版社课程教材研究所中学语文课程教材研究开发中心. 义务教育教科书教师教学用书语文九年级上册［M］. 北京：人民教育出版社，2018：319.

时辰"可以佐证。

然而，这样解读似乎忽略了一个问题。

我们知道，小说跟诗歌有着明显的区别。通常来说，诗歌是一种单向度的情感抒发，且越是浓厚、深沉越好；而小说则需要在矛盾冲突中，在多层次的情感碰撞交融中，营造、拓展审美空间，且矛盾冲突越激烈，多层次的情感碰撞交融的力度越大，程度越深，便越使小说充满审美张力。这样，读者才能获得一种不一样的且更为深刻的审美体验。

但是，当依此来审视求贤若渴、礼贤下士的解读时，会发现，这其实是一种类似于诗歌的基于思想、情感的单向度的解读，审美空间小且张力不足。其实，小说中的刘备无论是情感还是思想都并非单向度的，而是一直处于一种十分纠结的矛盾、错位之中，有着较大的审美空间和审美张力，只是被人们有意无意地忽略了而已。

（一）另一维度看刘备

要想从单向度解读刘备的窠臼中挣脱出来，要想在矛盾、错位之中感受、理解、体悟刘备这个人物形象更为阔大的审美空间和更为丰满、更富弹性的审美张力，就必须撕掉人们一直以来给刘备贴上的求贤若渴、礼贤下士的美好标签，从另一维度来审视，或许会有不一样的发现。

1. 并不乐观的人生处境

刘备三顾茅庐之前一直寄居于刘表的辖地荆州，用他自己的话说"上无片瓦盖顶，下无置锥之地"，可见刘备处境之艰难。非但如此，他还被刘表多次暗算，侥幸存活。后得徐庶帮助，他的局面才有所好转。但是随着徐庶被逼转投曹营，局面再次变得不容乐观，刘备禁不住放声大哭，甚至动了"亦欲远遁而避世"的念头。在这种情况下，刘备求贤若渴、礼贤下士，既是现实之需，更是情势所迫，在很大程度上是不得已而为之。因此，单纯地把求贤若渴、礼贤下士当作刘备固有的精神品质进行歌颂与赞美是要十分谨慎的，刘备三次拜访诸葛亮时的所说、所做，也需要重新考量。

2. 并非绝对的礼贤下士

我们先来看《三国演义》第 37 回中的一段表述：

> 时值隆冬，天气严寒，彤云密布。行无数里，忽然朔风凛凛，瑞雪霏霏，山如玉簇，林似银妆。张飞曰："天寒地冻，尚不用兵，岂宜远见无益之人乎！不如回新野以避风雪。"玄德曰："吾正欲使孔明知我殷勤之意，如弟辈怕冷，可先回去。"

这是刘备第二次拜访诸葛亮，他明知天寒地冻，瑞雪霏霏，还坚持去请诸葛亮出山相助，仅就行为本身而言，的确可以认为他是有诚意的。然而，当注意到他说这样做是"吾正欲使孔明知我殷勤之意"时，便会猛然一惊：刘备似乎并不简单，他的心思并不像想象中那么"单纯"。他这样做，实际上更多的是有"意"为之，有"心"为之，是用所谓的礼的形式来表现他诚的实质，并以此去感动诸葛亮。从这个意义上讲，刘备的诚在某种程度上已经异化为一种实现其政治目的的策略、手段与方法。

我们再来看《三国演义》第 36 回中的另一段表述：

> 庶勒马谓玄德曰："某因心绪如麻，忘却一语。此间有一奇士，只在襄阳城外二十里隆中。使君何不求之？"玄德曰："敢烦元直为备请来相见。"

徐庶被逼投曹，在刘备面临无帅才可用的危急时刻，徐庶向刘备推荐了奇士诸葛亮。对于刘备来说，这无异于大旱逢甘霖。按说，刘备理应欣喜若狂，立刻备马亲往求贤才是。然而，他却脱口而出"敢烦元直为备请来相见"，注意，是"请来"见他，而不是"敢烦元直为备引路亲往拜谒"诸葛亮。这就很奇怪了。正值急需用人之际，刘备为什么有违常理、一反常态呢？要知道，徐庶已经说得很清楚了，对于诸葛亮这样的"奇士"，"使君"刘备要亲往"求"之，而不是让诸葛亮如"祭祀的牺牲"一样自己送上门来，就更不用说"敢烦元直为备请来相见"式的"召见"了。因此，这句看似客气且有礼的形式的话语中，实际上包含着一颗高高在上的君王般的灵魂，他的话语中并无礼的实质性的真诚。于是，在礼的形式与实质的错位中，人们不得不重新审视刘备的求贤若渴与礼贤下士。

有一种说法认为，当时的诸葛亮只是一个二十几岁的毛头小子，虽有些名气，但并不显著，至少刘备对其了解甚少。刘备这样说，或许是可以理解的。然而，接下来的表现就有点让人匪夷所思了。

> 玄德来到庄前，下马亲叩柴门。一童出问，玄德曰："汉左将军、宜城亭侯、领豫州牧、皇叔刘备，特来拜见先生。"童子曰："我记不得许多名字。" （节选自《三国演义》第37回）

如果说，徐庶刚推荐诸葛亮时，刘备对他还不太了解，那么，在经过徐庶、司马徽的极力推荐和农夫作歌后，刘备对诸葛亮的了解应该加深了许多。然而，第一次拜访诸葛亮时，他竟然还连称自己"汉左将军""宜城亭侯""领豫州牧""皇叔"。这究竟是一种什么样的心理在作祟呢？是贵为皇叔的优越心理不经意间的自然流露，还是为了在诸葛亮面前故意摆出一种高高在上的姿态：我不是在求你出山，而是在请你，只是略表尊重而已。当时的刘备究竟是一种什么样的心态，我们不得而知。但是，有一点似乎是可以明确的，那就是刘备拜访诸葛亮时，他并没有恰当地自我定位，也没有做好充分的心理准备，他的内心并非静如潭水，而是颇有波澜的。这就是说，无论从礼的形式还是实质，他都没有虔诚到求贤若渴、礼贤下士的程度。

（二）形质错位见张力

如果把上述两个因素引入《三》文的解读，重新审视下面的渲染，我们便会惊诧地发现，许多习以为常的解读竟然颇为微妙。

1. "下马步行"的刻意

渲染一：

> 于是三人乘马引从者往隆中。离草庐半里之外，玄德便下马步行，正遇诸葛均。　（课文第 2 自然段）

人们通常认为，这一渲染中"离草庐半里之外，玄德便下马步行"一句表现了刘备对诸葛亮极大的尊重，是刘备求贤若渴、礼贤下士的重要标志。

应该说，这是有一定的依据的。中国古代供奉圣贤的宫殿、文庙或者著名书院门前，大都有写有"文官下轿，武官下马"的下马碑。只要见到下马碑，不管你是多大的官，都会整冠，端身，正意，趋步以拜，即使贵为天子也会躬身前行，顶礼跪拜。可见，"文官下轿，武官下马"在古代是大礼，是对被拜谒的人的极大尊重。当然，供奉在宫殿、文庙里的人通常是已经故去的世人公认的先贤大哲。也就是说，通常情况下，古人是不会给一个活着的人以如此大的礼遇的。然而，当时的诸葛亮不仅在世，而且还是一个比刘备小了整整二十岁的毛头小子，刘备竟然给予了他如此大的礼遇，足见刘备对诸葛亮的尊重，更何况半里之外，便下马步行，其礼更重，其心更诚。

但是，有一点，是必须注意的。只有当礼的形与质相吻合时，才是真正的对人尊重，才是真正的求贤若渴和礼贤下士，否则，便仅仅是一个做给人看的形式罢了。联想到刘备在"朔风凛凛，瑞雪霏霏"中第二次拜谒诸葛亮时，曾对张飞说"吾正欲使孔明知我殷勤之意"，此时"离草庐半里之外，玄德便下马步行"，是不是也有刻意而为的成分？是不是也有故意做给诸葛亮、做给世人看的意图呢？如果这一点得到确认的话，那么，刘备亲自拜谒诸葛亮的礼的形与质便形成了巨大的矛盾与错位。而这个矛盾与错位的力度越大，就越见刘备内心世界的丰富，越使刘备的形象显示出足够的审美张力。

2."且休通报"的客套

渲染二：

> 童子曰："今日先生虽在家，但今在草堂上昼寝未醒。"玄德曰："既如此，且休通报。" （课文第2自然段）

这一渲染中的"且休通报"通常也被解读为刘备求贤若渴、礼贤下士的标志。就身份而言，当时的刘备再怎么落魄、艰难，也是汉左将军、宜城亭侯、领豫州牧、皇叔，他的政治、社会地位显然远远高于还没有出山的诸葛亮，然而，刘备竟然让童子不要通报，立等他醒来，至少从礼的形式上看，刘备对诸葛亮是尊重的。但是，当我们联想到"吾正欲使孔明知我殷勤之意"时，这个"且休通报"中便多了一些浮于表面的客套。

3."拱立阶下"的示诚

渲染三：

> 玄德徐步而入，见先生仰卧于草堂几席之上。玄德拱立阶下。 （课文第2自然段）

在这一渲染中"拱立阶下"同样被解读为刘备求贤若渴、礼贤

208

下士的标志。不过，跟上述两个渲染有所不同。

"下马步行"的刻意，"且休通报"的客套，只是一种外在的行为与语言，为了达到自己的政治目的，刘备一时屈就一下，其实，并不难办到。但是"拱立阶下"就稍有不同了。要知道，古人只有面对大贤时，才会"立侍左右""俯身倾耳以请"，作为一个自认为有身份有地位的皇叔，能如此地放下架子，以一个后学的身份"拱立阶下"俟醒而请，这的确不是一般人所能做到的，的确需要付出极大的心理上的努力。也就是说，虽然在外在形态上刘备对诸葛亮的确更加恭敬了，更加虔诚了，但是刘备的内心却不见得水平如镜，在礼的形与质的矛盾、错位中，或许更见"波澜壮阔"。

4. "又立时辰"的焦灼

渲染四：

> 望堂上时，见先生翻身将起，——忽又朝里壁睡着。童子欲报。玄德曰："且勿惊动。"又立了一个时辰，孔明才醒……
>
> （课文第 2 自然段）

渲染四中的"又立了一个时辰"，通常认为更可见刘备的礼贤下士的精神品质。这是可以理解的，毕竟刘备的身份远高于尚未出山的诸葛亮，以皇叔之尊"拱立阶下"许久已属不易，见诸葛亮翻身朝里睡着后，又等了一个时辰，一个时辰可是相当于两个小时啊，从中足可以看出刘备对诸葛亮的恭敬与尊重。

但是，这是以礼的形与质相吻合为前提的。也就是说，当刘备发自内心地求贤若渴、礼贤下士，他即便再立两个时辰，他的内心虽有焦急但总体上也是平静的，他等待诸葛亮醒来的过程，的确表现了他对诸葛亮极大的尊重。但是如果刘备此行是为了"欲使孔明知我殷勤之意"的话，那么，礼的形与质便发生了矛盾、错位，此时，刘备等待的时间越长，他的内心就会越焦灼，越难熬。而正是因为刘备内心的焦灼、难熬，刘备这个人物形象，才会在礼的形与质的矛盾、错位中更显审美张力。

二、审美张力：在怨与随的矛盾错位的渲染中

《三》文中，除了刘备、诸葛亮，还有两个看似次要却不容忽视的人物，他们分别是张飞和关羽。人们通常认为张、关二人有力衬托了刘备求贤若渴的精神，而且他们越是不赞成，就越显得刘备求贤若渴。这自然是有道理的，但是仅仅如此似乎不够。因为这样解读是一种线性的、平面的解读，性格虽鲜明，但是内在的审美张力不足。实际上，张、关二人的形象并不是平面的，而是在怨与随的矛盾、错位中，呈现出立体的、丰富的内心世界，人物形象十分丰满，充满了审美张力。

（一）在怨的渲染中见危机

渲染一：

> 却说玄德访孔明两次不遇，欲再往访之。关公曰："兄长两次亲往拜谒，其礼太过矣。想诸葛亮有虚名而无实学，故避而不敢见。兄何惑于斯人之甚也！"　　（课文第1自然段）

关羽对刘备的怨，首先缘于刘备对诸葛亮的礼太过。本来，刘备屈尊亲往拜谒一个二十多岁的毛头小子就已让关、张二人大为不悦，心中颇有怨言。结果，第三次拜谒时，刘备竟然"令卜者揲蓍，选择吉期，斋戒三日，薰沐更衣，再往卧龙冈谒孔明"（《三国演义》第37回）。要知道，如此虔诚的大礼一般是面对长者，面对当世的博学大儒，才会施行的。这必然让关羽的心里生出更多的不满与怨言，

所以，才直接向刘备进言"其礼太过矣"。让关羽心生怨言的另外一个原因是，在他看来，诸葛亮徒有虚名，不值得如此的礼遇。

除此之外，还有一层更深的原因。当年刘、关、张"桃园三结义"，三人同生共死、情同手足，如今，凭空蹦出个诸葛亮，人还未到，便受到如此礼遇，将来等他真的效力刘备时，关、张二人将如何自处呢？关羽深知诸葛亮与刘备的关系、情感的"彼长"，必然带来他与刘备的关系情感"此消"的道理，所以，关羽的怨中，还包含着深深的信任危机和情感危机。

渲染二：

张飞曰："哥哥差矣。量此村夫，何足为大贤！今番不须哥哥去；他如不来，我只用一条麻绳缚将来！"　（课文第 1 自然段）

渲染三：

张飞大怒，谓云长曰："这先生如何傲慢！见我哥哥侍立阶下，他竟高卧，推睡不起！等我去屋后放一把火，看他起不起！"　（课文第 2 自然段）

相比较而言，关羽显得稳重而委婉，他虽对刘备如此礼遇诸葛亮心生怨言，但也只是动嘴相劝罢了，并没有太多过激的行动。然而，张飞不一样，他要直爽、莽撞得多，他不仅动嘴，而且直接想用"一条麻绳缚将来"，甚至想"去屋后放一把火，看他起不起"，可见他内心的不满和怨愤有多深。张飞之所以如此，是因在他看来，诸葛亮并不是什么大贤，仅仅是一介村夫罢了，不值得如此礼遇；是因诸葛亮昼寝高卧，在张飞看来完全是故意为之，是对刘备极度的无礼傲慢。其实，跟关羽一样，在张飞的内心深处，也有一种说不出的对他与刘备间的信任和感情的担忧。

不过，人们在解读这两个人物形象时，大都没有深入到关、张二人的内在情感、思想层面，只是简单地通过外在语言和行动分析，他们越是不赞成刘备屈尊枉驾、多次拜请名不见经传的诸葛亮，就越能凸显刘备思贤若渴的精神品质。这便平面化了。其实，关张二人的精神世界也很丰富。

（二）在随的渲染中见张力

除上述解读之外，我们还可以从另一个维度来解读关张二人的内心世界。关、张虽然对诸葛亮颇为不满，对刘备如此礼遇诸葛亮也多有怨言，但是，他们在行动上却表现出了明显的矛盾、错位。然而，正是在这明显的矛盾、错位中，才更可见关、张丰富的内心世界，从而使文本表现出更为强大的审美张力。

1. 张飞内在张力的渲染

渲染一：

  飞曰："既两位哥哥都去，小弟如何落后！"　（课文第1自然段）

这一渲染是颇有意味的。

如果按照张飞刚才说的将诸葛亮用"一条麻绳缚将来"，或者碍于刘备的面子，虽然没有把诸葛亮真的缚将来，但也不陪同刘备去请诸葛亮的话，那么，张飞这个人物形象就只剩下鲁莽，形象单薄不说，且没有实际意义。而言行一致、心口一致的人物形象由于没有内在的张力，必然走向扁平化、平面化。

但是，言行不一、心口不一时，就不一样了。心理、情感的错位，使人物形象充满了内在张力。如张飞刚刚还十分莽撞地说，诸葛亮如果不来，他就"用一条麻绳缚将来"，结果转眼间便改变了主意说，"既两位哥哥都去，小弟如何落后！"这必然会引起读者的疑惑与反思：为什么张飞的"说"与"做"的差距这么大呢？仅仅眨眼的工夫，张飞就想通了？以张飞的个性，显然是不可能的。那么，问题来了，既然他并没有想通，那他为什么还这么说呢？他的内心到底经历了什么样的变化呢？

表面看来，张飞之所以如此心口不一，是因为遭到了刘备的呵斥而不得不如此。但实际情况可能并非完全如此。以他那粗中带细、勇中见智的性格特点，他的内心可能要比我们想象中复杂得多。其实，当刘备呵斥张飞时，张飞便不得不面临一个选择：要么跟刘备不一致，但是这样一来必将影响刘备的大业，那么，刘备就会跟他离心离德，他们在"桃园三结义"以来建立的"同生共死"的信任与情感，必将分崩离析，这是他绝对不愿意看到的；要么跟刘备一致，但是以刘备对诸葛亮如此大的礼遇估计，将来诸葛亮如果真的辅佐刘备的话，他跟刘备之间的关系、情感同样会受到严重的威胁。这便使得张飞处于一种激烈的煎熬之中。一个是当下的危机，一个是未来的危机，以当下的情形来看，跟刘备保持一致的危害最小。权衡利弊之后，张飞不得已违心地改变了态度。所以说，"既两位哥哥都去，小弟如何落后！"这句话看似简单，却包含着张飞极为丰富的心理变化和思想、情感内涵。

这样看来，张飞并不是一个单一的扁平化的形象，也不仅仅起着衬托刘备求贤若渴的精神的作用。事实上，在张飞的言行不一和心口不一中，人物形象丰满变得立体了。而且，这样的不一与差距越大，越是引起人们的疑惑与反思，而且疑虑与反思的力度越大，文章审美张力也就越强。

2. 关羽内在张力的渲染

渲染二：

> 云长再三劝住。 （课文第 2 自然段）

这一渲染也是颇有意味的。

"关、张在外立久，不见动静，入见玄德犹然侍立"之后，张飞之所以勃然大怒是因为在张飞看来诸葛亮如此对待自己的兄长实在是太过傲慢。那么，同样是刘备的结拜兄弟，面对诸葛亮的"傲慢"，关羽怎么会不愤怒呢？他的内心怎么可能连一点波澜都没有呢？只是他没有像张飞那样直接表现出来罢了。事实上，他是不能发作，不但不能发作，还要"再三劝住"张飞。于是，人们便据此认为关羽的性格相比张飞要稳重许多。

然而，仅仅解读到这一步，显然是不够的。

我们不妨作这样的设想：如果关羽跟张飞一样把内心的愤怒发作出来，那么，关羽的人物形象便不可避免地变得扁平化、简单化，而且单就人物形象本身而言也跟张飞有着同质化的倾向。如果像张飞一样，在别人劝解下，关羽也忍而不发，便会进一步同质化。这样一来，关羽这个人物形象就失去了存在的必要。但是，罗贯中没有这样做，他不但没有让关羽发作，而且还让其"再三劝住"张飞，这便使得关羽这个人物形象在客观上跟张飞拉开了距离，形成了反差。正是这样的距离与反差，才使得关羽这个人物形象更具审美张力。这是其一。

其二，本来关羽对刘备如此礼遇诸葛亮就多有怨言，现在，这个在关羽看来徒有虚名的诸葛亮竟然还如此"傲慢"，同样作为刘备的结拜兄弟，从情感的角度来讲，关羽自然也会如张飞一样愤怒。但是他不能像张飞一样随意发作，这固然是他的性格使然，而更为重要的是，理智告诉他，如果他任性而为的话，必然影响到刘备的大业，那么，他跟刘备好不容易建立的"同生共死"的结义之情就会受到严重影响，而这也是他绝对不愿看到的。正因为如此，他不但要强忍内心的愤怒不发作，而且还要劝住张飞不能鲁莽行事。可以想见，在情感与理智的矛盾、错位中，关羽的内心相比张飞，要煎熬、痛苦得多。然而，正是这样的矛盾、错位，才使得关羽的人物形象充满了更为丰富更为强大的审美张力。

三、审美张力：在隐与仕的矛盾纠结的渲染中

人们在解读《三》文时，常常从刘备的角度展开，原因有二。一则三顾茅庐者是刘备而不是诸葛亮，也就是说，刘备是主动者，是全文的主要人物，而诸葛亮处于被动地位，在全文中属于次要人物。二则诸葛亮在整部《三国演义》中几乎是神一样的存在：卓越的军事才能、仁义、忠诚、恪尽职守。或许是受此影响，关于《三》文的诸多解读，对诸葛亮虽有关注，但是大多局限于他的儒雅风范和他在隆中对中所表现出来的对天下局势的洞察力、运筹帷幄的战略眼光上，认为他是一个积极入世者。① 然而，诸葛亮并非单纯追求入世者，他也是人，他的内心深处怎么可能永远没有矛盾、纠结？他的感情怎么可能永远没有起伏？如此漠视人物内心心理变化的线性解读下，人物形象单一且有表层概念化的倾向姑且不说，更为关键的是，作为一篇艺术作品如此解读缺少了对文本审美空间和审美张力的足够审视，文章的艺术性便会被人为地大幅减损。

（一）退隐、出仕的矛盾纠结

许多人认为，在刘备三顾茅庐请诸葛亮出山的过程中，诸葛亮只

---

① 人民教育出版社课程教材研究所中学语文课程教材研究开发中心．义务教育教科书教师教学用书语文九年级上册［M］．北京：人民教育出版社，2018：319.

是在考量刘备是否足够真诚、足够耐心。这恐怕是有待商榷的。事实上，正如刘备有他的现实考量和政治诉求一样，诸葛亮也有自己的打算，而且诸葛亮的内心可能还要复杂一些。比如究竟应不应该出山，能不能出山，跟谁出山，什么时候出山，以什么样的方式出山才最合适，等等，这些都需要诸葛亮进行缜密思考、慎重决策。以诸葛亮的性格和行为方式，他绝然不会随意而为。也就是说，刘备三顾茅庐过程中，诸葛亮从来都不是真正的"被动者"，相反，他一直在观察、审视、思考，他在不断地权衡、取舍，然后，决策。他的思想、情感从来都不是单层次的，也不是线性发展的，而是立体多层次的，且一直处于一种动态、发展、变化的过程之中。之所以如此，是受到了下面三个因素的影响。

1. 复杂的文化心态

中国古代文人的文化心态是十分复杂的，单极解读诸葛亮可能要斟酌。

通常，人们在解读《三》文时，大多认为诸葛亮是一个积极入世者。其主要依据是，他的隆中对有着宏大且具有前瞻性的战略构想，隆中对绝对不是一时之作，而是诸葛亮长期研究、思考之后的成果，是为其出世所做的精心的准备。这也可以从司马徽转述诸葛亮"每常自比管仲、乐毅，其才不可量也"（《三国演义》第37回）中得到佐证。管仲是春秋时齐国名相，乐毅则是战国时燕国名将，以他们自比，当然可以证明诸葛亮有出仕的理想。

但是，事实上，他的心态很复杂。诸葛亮在隆中茅庐的大门上书有一联：淡泊以明志，宁静而致远。如果说这只是诸葛亮追求宁静心态的表现，还不足以证明他想退隐的话，那么，诸葛亮答应刘备出仕，临行前对诸葛均的特意嘱咐就很明显了。他说："吾受刘皇叔三顾之恩，不容不出。汝可躬耕于此，勿得荒芜田亩。待我功成之日，即当归隐。"由此可明确地看到，诸葛亮自始至终都有隐士的心态。

其实，这并不奇怪。这是由中国古代文人所特有的复杂的文化心态决定了的。孔子云："邦有道则仕；邦无道，则可卷而怀之。"孟子曰："古之人，得志，泽加于民；不得志，修身见于世。穷则独善其身，达则兼善天下。"诸葛亮既有自比管仲、乐毅，择明主而事的入世理想，又有独善其身的隐士心态。因此，刘备三顾茅庐时，诸葛亮的心态并不单一，而且也不完全处于被动的地位。

2. 错综的人际关系

诸葛亮想入世建立功业并不是一件简单的事情，除了要选择一个合适的君主之外，还必须面对复杂的人际关系。这就像女人从来都不是单纯地嫁给丈夫，而是嫁给丈夫的整个家族以及家族成员之间复杂的关系一样，诸葛亮如果要入世侍奉刘备，首先要面对的就是关羽与张飞。能不能处好与他们之间的关系，那是以后的事情，当下，他需要知道刘备能不能绝对地驾驭他们，以及刘备对自己的信任程度。要知道，关、张二人并不认可诸葛亮，他们对刘备如此礼遇诸葛亮也是颇有怨言的。诸葛亮知道，只有刘备能绝对地驾驭他们，且对自己绝对信任，将来他才有机会、有可能处理好跟关、张的关系。而这，就使得诸葛亮在刘备三顾茅庐时，多了一层考量。

3. 文人的人格自尊

"必须保持一种骨气，保持一种傲气，保持一种对于清贫和清白的固守，保持一种'岁寒，然后知松柏之后凋'的孤傲之心。这种孤傲之心的心理定式，决定了中国古代知识分子的这种不求人、不屈己、待价而沽的人格自尊。"[①] 但是诸葛亮的好友徐庶却让他在"玄德即日将来奉谒"时，不要推阻，要他"展平生之大才以辅之"，在嘉靖本的《三国志通俗演义》中甚至让诸葛亮"望勿推阻，可往见之，当展平生之大才，不负夙昔之所学也"，这让诸葛亮大为震怒，

---

① 李锐. 三顾茅庐：考验仪式的消解与重构［J］. 汉中师范学院学报，1998（5）：39.

并斥责道："君以我为享祭之牺牲乎！"

诸葛亮之所以这么愤怒，那是因为徐庶把他当成了祭祀用的牺牲一样贡献给刘备。这是有辱知识分子的人格尊严的，他当然会愤怒地"拂袖而入"。另一方面，如果在刘备那里，诸葛亮没有获得起码的人格尊严的话，他也无法真正辅佐他。因此，刘备三顾诸葛亮时，诸葛亮必须争取到足够的人格尊严。

（二）言行错位的审美张力

正因为刘备三顾茅庐时，诸葛亮有着复杂的文化心态，有着颇多人际关系的顾忌和古代文人特有的人格自尊的诉求，因而，诸葛亮的言与行必然会发生一定程度的错位、变形。目的复杂了，行为与语言自然不会简单。不过，正因为行为与语言的复杂、错位，才使得诸葛亮这个人物形象拥有更为丰满、多层的审美空间和更为强劲而多向的审美张力。

渲染一：

> 玄德忙施礼，问曰："令兄在庄否？"均曰："昨暮方归。将军今日可与相见。"言罢，飘然自去。玄德曰："今番侥幸得见先生矣！"张飞曰："此人无礼！便引我等到庄也不妨，何故竟自去了！"玄德曰："彼各有事，岂可相强。"　（课文第2自然段）

在这一渲染里，"飘然自去"这四个字需要特别关注。

按说，有人来拜谒自己的兄长，理应前面引路才是，这是起码的待客之道。为何诸葛均如此反常，竟然兀自"飘然自去"，无礼到这种地步？是诸葛均不懂礼数吗？答案显然是否定的。诸葛均也是个颇有才学的读书人，这点道理他岂能不知？这种内懂而外乖的言行错位中，必然隐藏着非同一般的文字和情感密码。

其实，这里的诸葛均就像前两次刘备拜谒诸葛亮时遇到的诸葛亮的好友一样，他更多地代表着诸葛亮本人，他的言行便是诸葛亮的"言行"。诸葛均的言行错位，实际上，就是诸葛亮的言行错位。这样看来，诸葛均的"飘然自去"，就不是随便为之，而是大有深意了。

然而，诸葛亮为什么要让诸葛均言行错位呢？在这样的错位的背后，又隐含着什么样的思想、情感的考量呢？其实，一直到刘备第三次来访时，诸葛亮也还没做好入世的思想准备。尽管已经通过前两次的试探、考验，对刘备的人品、理想、诚心和耐心有所了解，且较为认可——不认可的话，就不会有第三次刘备拜谒诸葛亮了，然而，诸葛亮还是没能下定决心，他还处于隐与仕的矛盾与纠结之中。他还需要进一步考验刘备，于是，这才有了诸葛均"飘然自去"的无礼。实际上，这是诸葛亮在用无礼试探刘备是否有礼，试探刘备能不能驾驭关、张。而试探刘备，究其实质，是进一步考量能不能够、值不值得跟随刘备出山入仕。

而这，刘备自是心领神会，立即安抚张飞"彼各有事，岂可相强"。他这样做，是当时的情境使然，但更多的是做给诸葛亮看的。

渲染二：

> 童子曰："今日先生虽在家，但今在草堂上昼寝未醒。"玄德曰："既如此，且休通报。"吩咐关、张二人，只在门首等着。玄德徐步而入，见先生仰卧于草堂几席之上。玄德拱立阶下。

（课文第 2 自然段）

在这一渲染里，首先要关注的是"昼寝未醒"四个字。

诸葛亮是否有昼寝的生活习惯，暂且不论。我们知道在《三国演义》里诸葛亮几乎是神一样的存在，算出刘备何时来访对诸葛亮而言简直是小菜一碟。即便依照一般的待客之道，纵使再有昼寝的生活习惯，他也不可能在客人来访时昼寝。更何况，依据当时的情况，如果诸葛亮真有入世的人生理想，以曹操之"势"，孙权之"地利"，刘备或许是他唯一的选择。那么重要的人生机遇，他岂能"昼寝未醒"？如此的言行不一，心口错位，必然会引起人们的疑虑与思考：他为什么要这么做？他这样做希望得到什么？或者说，他在期盼什么？

其实，这些疑虑与思考既是留给读者的，同时，也是留给刘备的。刘备是何等人也，他当然明白古代读书人通常都会把修身、齐家、治国、平天下作为人生理想，当然明白古代隐士大都有人格自尊的诉求，诸葛亮如此的怠慢、失礼，如此的一反常态，他岂有不懂之理？于是，他当即表示"且休通报"，并且"拱立阶下"。

由此可见，诸葛亮的内心世界着实不平静。诸葛亮的"昼寝未醒"，表面看来是言与行的错位，深层包含的却是理想与尊严，退隐与出仕的矛盾与纠结。而且，言与行越是错位，对比的力度越大，就越是表现出他在理想与尊严，退隐与出仕的矛盾中有多纠结。这种纠结越大，持续的时间越长，就越能表现他丰富的内心世界，其审美空间与审美张力就越大。

渲染三：

> 半晌，先生未醒。关、张在外立久，不见动静，入见玄德犹然侍立。张飞大怒，谓云长曰："这先生如何傲慢！见我哥哥侍立阶下，他竟高卧，推睡不起！等我去屋后放一把火，看他起不起！"云长再三劝住。玄德仍命二人出门外等候。　（课文第2自然段）

然而，做到这些还是不够，还需要再次渲染，于是，诸葛亮

"半晌未醒"。这显然是有特殊用意的。以诸葛亮的聪慧和周密的准备，他当然知道刘备手下有两位大将，如果他答应辅佐刘备，那么，这两个人便是他不得不面对的。张飞鲁莽、关羽稳重他是知道的，但他还不能确定的是，张飞究竟会鲁莽到什么程度，是否可控，关羽会稳重到什么程度，危急时刻能否以他的稳重挽既倒于狂澜。果不其然，张飞终于忍耐不住要去屋后放火，关羽虽然心里也颇有怨言，但是以他的稳重，仍旧劝住了张飞。而更为关键的是，刘备在极端情况出现时，仍能有效掌控局面，让他们二人在门外继续等候。而这，正是诸葛亮所乐于且希望见到的。

渲染四：

> 望堂上时，见先生翻身将起，——忽又朝里壁睡着。童子欲报。玄德曰："且勿惊动。"又立了一个时辰，孔明才醒……
>
> （课文第 2 自然段）

这里的渲染颇不寻常。

要知道，诸葛亮刚刚才把张飞惹毛了，好不容易在关羽的劝导下张飞没有继续发作。后在刘备的命令下，他们二人仍在门外继续等候。但是这对于想成就一番大业的诸葛亮来说是不够的，他还要进一步考验刘备，于是又让他们在门外立了一个时辰，其实，这也是对张飞和关羽的进一步考验。

然而，相比之前，此次"又立一个时辰"的等候并不简单，也颇不容易，无论对于诸葛亮、刘备，还是对于关、张都是一种煎熬。要知道，张飞刚刚的发怒，并非无缘无故，也非完全无理取闹。在张飞看来，一个荒野村夫竟然如此的无礼傲慢，实在让人忍无可忍。这说明，诸葛亮的试探已经到了张飞的极限。而此时，关羽的心里难道就没有愤怒吗？当然有，只是他没有表现出来罢了。刘备的心里就不焦急吗？刚刚仅仅"半晌"未醒，就出现了那样的状况，现在还不知道他要睡到什么时候，再这样下去，关羽会不会也情绪失控呢？到时候，他刘备即便再有心请诸葛亮出山，也无法完全不考虑两个结拜兄弟的内心感受。

对此，诸葛亮自是洞若观火。只是让诸葛亮颇为为难的是，在理想与尊严，退隐与出仕的矛盾、纠结中，他既需要全面考量，更需要护住刘备成就大事的决心和意志。所以，真正煎熬的是诸葛亮，心里最紧张的也是诸葛亮，然而，正因为如此，诸葛亮的人物形象才有更为广阔的审美空间和更强大的审美张力。

渲染五：

　　孔明吟罢，翻身问童子曰："有俗客来否？"童子曰："刘皇叔在此，立候多时。"孔明乃起身曰："何不早报！尚容更衣。"遂转入后堂。又半晌，方整衣冠出迎。　　（课文第3自然段）

在这一层渲染里，有两个明显的矛盾。诸葛亮明明知道以刘备之尊，当然是"雅客"，甚至是诸葛亮生命里的"贵客"，为什么还故意称他为"俗客"呢？其实，这是诸葛亮刻意为之。诸葛亮这样做，实质上是在试探，且在有意贬低刘备的同时，争取更大的人格尊严。

矛盾之二，为什么客人已到，他还故意转入后堂更衣，而且要半晌才整衣出迎？如此失礼，如此言行错位究竟为了什么？相比较官渡之战时，许攸投曹，曹操高兴地"不及穿履，跣足出迎"，用兴奋到失礼的办法来欢迎许攸，以示尊重和最高的礼遇，诸葛亮的内心要复杂得多。他故意转入后堂更衣半晌才出，表面看来是失礼，实际上是在向刘备强烈地传达这样一个信息：你在我诸葛亮的眼里，算不了什么。如果刘备因此而发作，也就没有了"三顾茅庐"的美谈，其后发生的亮备合作创立丰功伟绩，更是无从谈起了。所以，这实际上是诸葛亮对刘备的度量、诚意和耐心的进一步考量。诸葛亮在对刘备请他出山辅佐的诚意和耐心有了初步的了解后，又对刘备的抱负、志向，进行了试探，最终答应出山辅佐刘备。

通过上述五次渲染的分析，我们知道，表面看起来是刘备三顾茅庐，是刘备请诸葛亮出山辅佐以成就他的大业。其实，对诸葛亮来讲，究竟是退隐还是入仕，他的内心是矛盾的，是错综复杂的，他需要全面考量刘备成就大事的决心和意志，考量他的政治家的胸怀。所以，从本质上讲，"三顾茅庐的过程，其实就是诸葛亮和刘备两个人之间互相试探和了解的过程。"①

综上所述，《三》文所表现的并不仅仅是刘备的求贤若渴和礼贤下士的精神，也不仅仅是诸葛亮的宏才大略，作为一篇小说，文章还有更丰富、更深刻的审美追求。其实，在这篇小说节选里，不但交织着刘备、张飞、关羽以及诸葛亮的多条情感线索，而且，每个人物的内心世界都不是单向度的。在形与质，怨与随，以及隐与仕的矛盾、错位与纠结的不断渲染中，人物形象变得丰富，文本的审美空间得到了极大程度的拓展，文章更具审美张力。

---

① 曲亚洲. 三顾茅庐：诸葛亮自编自导的千古美谈［J］. 集宁师范学院学报，2017（5）：14.

14. 情感交织：审美价值的最大化

——《刘姥姥进大观园》解读

《刘姥姥进大观园》（下称《刘》文）节选自基于"程乙本"校注的《红楼梦》的第 40 回（人民文学出版社于 1964 年出版），而不是节选自根据"庚辰本"校注的校注本①。事实上，这两个版本各有利弊，下文适时涉及，这里暂且不表。

对于《刘》文，已有的文献，或是从不同版本的角度进行解读，或是从喜剧效应的内在心理进行分析，或是从文本细节的全息性进行解剖，或是从智慧艺术与现代公关的角度进行拓展，或是从世家文化的角度进行挖掘，还有从刘姥姥的结构意义、视角价值、语言风格进行深入探讨的，而统编教材教师教学用书则侧重于从人物的语言、动作、神态的角度解读小说中的人物形象及其在《红楼梦》中的作用。

这些解读无疑是很有建设性的，不过，以此作为《刘》文的教学化文本解读，似乎还略显不足，因为一线语文教师更希望看到的是，文本特有的审美价值是通过何种写作思维，运用何种写作策略得以呈现的。换句话讲，老师们不仅希望知道文本呈现了什么，更期盼洞悉文本是如何呈现这些内容、思想或情感的。而已有文献对此大都

———————————

① "康辰本"《红楼梦》是市面上较为通行的版本，代表着红学界最新研究成果，由中国艺术研究院《红楼梦》研究所整理。

语焉不详。

更为关键的是，已有的解读大多侧重于刘姥姥这个人物形象本身的解读，如该人物的语言、动作、形态所表现出来的性格、文化、心理等，而很少涉及刘姥姥本人内在情感的审美价值的分析与解读，即便涉及了，也只是一种单线条的，近似于散文文本式的解读。[①] 其实，《刘》文涉及多个人群（人物）多条线索的情感变化，但已有文献要么避而不谈，要么一笔带过。至于，各类人物的内在情感的多重渲染及其交织，更是鲜有人涉及。然而，需要特别说明的是，多线条情感交织是一个文本得以成为小说的最为基本的审美价值诉求。忽略《刘》文多线情感变化与交织的事实，仅仅关注刘姥姥一人，《刘》文的审美价值是很难得到充分展现的。

鉴于此，本文拟从"非构思"写作思维的角度入手，从各类人物的情感变化及其交织的层面展开分析，或许能更深层次地、最大可能地探寻《刘》文的审美价值。

一、审美价值：在"笑剧"导演的情感渲染中

《刘》文后的"阅读提示"中有这样一句话很值得思考：这场"笑剧"，凤姐和鸳鸯是导演，有意策划，精心设计。

凤姐和鸳鸯是导演这没有异议，但问题是她们为什么要做这个导演？为什么要有意策划？为何要精心设计？在这场由凤姐和鸳鸯导演的"笑剧"中，她们二人情感的审美价值又在哪里？教材和教参中都没有相关提示，这就需要我们细细地解读了。

我们先来看渲染一：

> 鸳鸯笑道："天天咱们说外头老爷们：吃酒吃饭，都有个凑

---

① 写景状物的散文大都涉及作者一条线的情感变化，写人的散文可能会涉及两条情感线，但一般也不会超过三条线。

趣儿的，拿他取笑儿。咱们今儿也得了个女清客了。"李纨是个厚道人，倒不理会；凤姐儿却听着是说刘姥姥，便笑道："咱们今儿就拿他取个笑儿。"二人便如此这般商议。李纨笑劝道："你们一点好事儿不做！又不是个小孩儿，还这么淘气。仔细老太太说！"鸳鸯笑道："很不与大奶奶相干，有我呢。"　（课文第3自然段）

这是《刘》文中第一次渲染凤姐和鸳鸯的内在情感。

从渲染一中可知，这场"笑剧"是由鸳鸯起的头，凤姐附和。鸳鸯为何要起头取笑刘姥姥呢？我们知道，鸳鸯是深受贾母信任的大丫头。她在贾府丫头中拥有很高的地位。贾母倚之为左右手。贾母玩牌，她出主意，贾母摆宴，她充令官，便是明证。正因为此，她起头取笑刘姥姥的目的相对要单纯许多，既不是为了争名夺利，也不是为了争风吃醋，她只是希望逗得贾母开心。所以，她的内在情感中，多是对贾母的一片"孝心"，是奴才对主子的"衷心"罢了。

但是，凤姐就稍稍复杂了些。

鸳鸯刚刚说到"咱们今儿也得了个女清客了"，还没来得及说要取笑刘姥姥，凤姐就立即肯定地附和道，"咱们今儿就拿他取个笑儿"。虽然她是附和着鸳鸯的意思接着说的，不过，多少还是让人觉得有点迫不及待。如果这一点可以肯定的话，我们便要思考了，凤姐为何要如此呢？其实，即便凤姐没有迫不及待的意味，也是需要思考的：她为什么也要取笑刘姥姥以逗乐贾母？要知道，凤姐跟鸳鸯不同，她是主人不是奴才，而且是贾府"权倾朝野"式的人物。她至于这样吗？答案是至于。因为她深知，她再如何风光，再怎么在千人之上，也一定在一人之下。这个人便是贾母。她必须时时刻刻注意讨得贾母的欢心。因此，凤姐取笑刘姥姥以逗贾母开心，相比起鸳鸯来，并不简单，她的内在情感中，阿谀奉承的成分显然多了许多。

至于，鸳鸯说"很不与大奶奶相干，有我呢"这句话，不要做过分的解读。不能据此就认为鸳鸯自高自大、目空一切。其实，更多的是表现了鸳鸯的俏皮和对导演这场"笑剧"以逗贾母开心的信心和把握罢了。

渲染二：

> 凤姐一面递眼色与鸳鸯，鸳鸯便忙拉刘姥姥出去，悄悄的嘱咐了刘姥姥一席话，又说："这是我们家的规矩，要错了，我们就笑话呢。" （课文第4自然段）

这是《刘》文对两位导演内在情感的第二次渲染。

这回是凤姐主动，但是不必太在意。谁主动谁其次有什么要紧呢，只要在逗贾母开心这个终极目的上是一致的，取笑刘姥姥的动因和两人的情感起点不一致又何妨？

有人认为，需要关注鸳鸯悄悄嘱咐刘姥姥的一席话。其实，这席话并不需要太过关注。一来文本中并没有具体明示，如果一定要关注的话，只能从下文中刘姥姥的言行做反向猜测，但也仅仅是猜测而已，并不能完全确定；二来这只是一段陈述性的语言，陈述的是鸳鸯嘱咐刘姥姥这个事实，其基本诉求在实用价值，并未涉及情感的审美价值，认真追究起来意义不大。真正需要关注的倒是鸳鸯说的"规矩"这个词。

"规矩"这个词的字面意思并不难懂，就是规则、礼法的意思。问题是贾家究竟有什么样的规则与礼法需要刘姥姥去遵守呢？在贾家众多的规则与礼法中，什么才是最高的规则与礼法？我们知道贾母是贾家的最高权威，尊重贾母、让贾母开心便是贾家行事的最高规则和礼法。所以，这才有了千万不能错，否则就会被笑话的嘱咐。而这个怕笑话本身，就涉及人物的情感层面，涉及审美价值了。只是，需要注意的是，凤姐和鸳鸯担心被笑话的不仅仅是刘姥姥的表演，更是她们自己。因为一旦弄岔了，首先尴尬的是她们自己。

还有一点需要留意，这里的"规矩"跟课文第 11 自然段的"礼出大家"遥相呼应，颇有意味。这一点将在下文中详细展开。

渲染三：

> 贾母素日吃饭，皆有小丫鬟在旁边拿着漱盂、麈尾、巾帕之物，如今鸳鸯是不当这差的了，今日偏接过麈尾来拂着。丫鬟们知他要捉弄刘姥姥，便躲开让他。鸳鸯一面侍立，一面递眼色。刘姥姥道："姑娘放心。"　　（课文第 5 自然段）

渲染四：

> 那刘姥姥入了坐，拿起箸来，沉甸甸的不伏手，——原是凤姐和鸳鸯商议定了，单拿了一双老年四楞象牙镶金的筷子给刘姥姥。……一个丫鬟上来揭去盒盖，里面盛着两碗菜，李纨端了一碗放在贾母桌上，凤姐偏拣了一碗鸽子蛋放在刘姥姥桌上。
> （课文第 6 自然段）

这是《刘》文中第三次、第四次渲染两位导演。

上文已经说到鸳鸯是贾母身边的高等丫鬟，贾母吃饭时她已经不用在旁边拿漱盂、麈尾、巾帕之物了，可今日偏接过麈尾来拂着，这个反常的举动，丫鬟们一看便知用意。但是刘姥姥并不知晓，所以鸳鸯给刘姥姥递眼色，好让刘姥姥开始她的"笑剧"表演。

渲染四中的"单"字和"偏"字，都有故意而为的意味，是导演这场"笑剧"的关键环节。

不过，总体来说，渲染三和渲染四大都是在渲染导演"笑剧"

本身，并没有过多涉及凤姐、鸳鸯的个人情感。

渲染五：

> 独有凤姐鸳鸯二人掌着，还只管让刘姥姥。 （课文第7自然段）

而渲染五就不太一样了，尤其是"独"和"掌"两个字中所包含的情感，颇耐人寻味。

我们知道，人是一种情感动物，喜悲是人的基本情绪。就喜而笑，悲而哭，并不难做到。难的是，明明大喜却不能喜形于色，明明大悲却不能悲形于色。其内心的煎熬，其复杂的情感历程是常人难以体会的。

然而，凤姐、鸳鸯二人却做到了。

当别人因为刘姥姥的语言、动作、神态，笑得人仰马翻时，即便有心理准备，她们的内心就当真毫无涟漪吗？答案是否定的。第5自然段中，丫鬟们预先"知他要捉弄刘姥姥"，不也同样笑得形色俱失吗？这个"掌"字本身就说明了问题。她们在努力支撑、忍耐的时候，她们的心理、情感也同样处于剧烈的震荡、复杂的变化之中，只是不方便流露出来罢了。其中缘由并不复杂。首先跟她们是导演有关。试想作为"笑剧"的导演，她们自己先笑得前俯后仰的，还如何逗得别人发笑呢？而更为重要的，还跟她们的情感诉求有关。如果贾母还没怎么着呢，她们自己已笑得不成样，如此地表忠心和对贾母阿谀奉承，且不说贾母是否受用，即便在别人眼里，也成了令人作呕的拙劣表演。而这，定然不是她们希望看到的。所以，她们不能笑，也不敢笑，无论如何都得"掌"着。

渲染六：

> 刘姥姥看着李纨与凤姐儿对坐着吃饭，叹道："别的罢了，我只爱你们家这行事！怪道说，'礼出大家'。"凤姐儿忙笑道："你可别多心，才刚不过大家取乐儿。"一言未了，鸳鸯也进来笑道："姥姥别恼，我给你老人家赔个不是儿罢。" （课文第11自然段）

这是课文中对凤姐、鸳鸯的内在情感的第六次渲染。刘姥姥赞扬贾府"礼出大家"，凤姐连忙说"你别多心"。刘姥姥的赞美是肺腑之言，还是临场奉承，不太好判断。刘姥姥有没有多心，文本中也找不到足够的支撑。但可以肯定的是，凤姐和鸳鸯的的确确多心了。只是，她们多心的是怕刘姥姥多心的那个"多心"。

但问题是凤姐和鸳鸯为什么怕刘姥姥多心呢？为什么向刘姥姥解释说这是大家取乐？言下之意，您老不必在意。为什么还要向她老人家赔不是呢？凤姐和鸳鸯内心究竟有什么样的情感心路呢？

其实，她们也知道，如此富贵风雅的人家，竟然拿一个七十五岁高龄的乡下老人取乐，这本身便是对富贵风雅的反讽。再说了，如此庄严的贾府，如此高雅的小姐、老爷、太太们，竟然被一个乡野村妇逗得人仰马翻，形容失色，还谈何"礼出大家"呢？凤姐和鸳鸯虽然各有各的情感诉求，但是保持贾府表面的庄严、肃穆，保持贵族应有的高雅与身份，是她们共同的利益诉求。所以，她们是不能让一个外人，尤其是一个乡下老妇多心的。这样，她们过激的反应也就可以理解了。

综上，作者没有简单停留在凤姐、鸳鸯是如何有意策划和精心设计"笑剧"上，因为再如何策划和设计都是为了使"笑剧"更可笑，而那只是一种实用价值，于一篇小说来说，意义并不大。所以，作者在创作《刘》文时，努力超越导演这一"笑剧"本身的实用价值，如鸳鸯对刘姥姥的嘱咐、"笑剧"展开时凤姐与鸳鸯的精心准备等，文本一律略写，而是运用"非构思"写作思维，把更多的笔墨落在凤姐、鸳鸯的奉迎与表忠心的情感诉求的渲染上，落在她们支撑、忍耐的情感变化的渲染上，落在"笑剧"落幕时小心解释的渲染上。也就是说，文本更多的是落在凤姐、鸳鸯的情感的审美价值的追求上。或许，这才是这篇小说节选最有意义、最有价值的部分。

二、审美价值：在"笑剧"主角的情感渲染中

人们在解读"笑剧"的主角刘姥姥时，大多关注她如何积极地配合凤姐和鸳鸯，如何卖力地表演，如何滑稽搞笑。甚至，有人认为刘姥姥就是一个"丑角"。如此解读看似抓住了重点——因为刘姥姥也是《刘》文的主要人物，然而，这仍然是一种倾向于实用价值的解读，于一篇小说节选而言，意义与价值终究有限。在解读刘姥姥这个人物形象时，我们应该努力超越刘姥姥表面上的可笑、滑稽的实用价值的探寻，借助"非构思"写作思维，在对刘姥姥一次又一次的渲染的分析中，力求探知刘姥姥这个人物的内在情感，品悟文本更为本质的审美价值的追求。这样解读才更有意义，更有价值。

我们先来看渲染一：

> 那刘姥姥入了坐，拿起箸来，沉甸甸的不伏手，——原是凤姐和鸳鸯商议定了，单拿了一双老年四楞象牙镶金的筷子给刘姥姥。刘姥姥见了，说道："这个叉巴子，比我们那里的铁掀还沉，哪里拿的动他。"说的众人都笑起来。　（课文第6自然段）

渲染一中的"叉巴子"和"铁掀"，都是农村种田用的农具，它

们跟坐席用的筷子八竿子打不着。这段话之所以可笑，有两个原因，一是刘姥姥把完全不搭界的东西糅合在了一块，自然引人发笑；二是贾府是一个庄重、高雅的所在，大到亭台楼榭，小到简单生活用具，都大有讲究、十分雅致，刘姥姥竟然把筷子说成了粗俗不堪的"叉巴子"，还与"铁掀"相比，在雅与俗的强烈对比中，人们岂能不笑？

相比课文，"庚辰本"中的表述可能更有味一些：

> 刘姥姥见了，说道："这叉爬子比俺那里铁锹还沉，那里犟的过他。"

"庚辰本"中的"俺"和"犟"，相比课文中的"我们"和"拿"，要更口语化更俗一些，尤其是这个"犟"字更是把"老年四楞象牙镶金的筷子"的沉重和刘姥姥使用这双筷子时笨拙的形象，惟妙惟肖地表现了出来，着实引人发笑。

然而，我们更应该思考的是，刘姥姥为什么要把筷子说成是"叉爬子"，说成是"铁掀"，把拿不动、不方便使用这样的筷子，说成是"犟"不过呢？这些农村的生活用具或场景怎么就搬到酒席上来了？刘姥姥为什么要这样做呢？是自然流露，还是刻意为之？

我们不妨稍稍关注一下第5自然段的最后一句话，或有助于破除刚才的疑惑：当鸳鸯一面侍立，一面递眼色给刘姥姥时，刘姥姥道："姑娘放心。"什么叫"姑娘放心"？这说明刘姥姥知道自己的任务，就是配合凤姐和鸳鸯来取悦贾母。这句"姑娘放心"中，还含有第二层意思——她要让凤姐、鸳鸯放心。她在取悦贾母的同时，也在取悦贾府的第二号当权人物——凤姐和贾母身边位份最高的丫鬟鸳鸯。而这两个人物对于刘姥姥二进贾府的意义非同寻常，她们让她配合演戏，她是万万不能推辞的。依此可见，刘姥姥把筷子跟农村的生活用具、场景联系起来，其实不是自然流露，而是刻意为之。

渲染二：

> 贾母这边说声"请"，刘姥姥便站起身来，高声说道："老刘，老刘，食量大如牛：吃个老母猪，不抬头！"说完，却鼓着腮帮子，两眼直视，一声不语。众人先还发怔，后来一想，上上下下都一齐哈哈大笑起来。　（课文第7自然段）

如果说渲染一中，刘姥姥以用语的粗俗对比雅致来引人发笑的话，那么，渲染二中的表现就有点自我贬损了。这段话之所以引人发笑，是因为她把自己比成牛，比成一个可以吃下一头老母猪的"大"牛。而且，还借助鼓腮、直视、不语等多重动作渲染来强化这样的"笑剧"效果。

如果说渲染一中用语粗俗，可能跟刘姥姥的生活环境有关，跟她在生活中积累的知识有关，而看起来还较为自然的话，那么，渲染二中刘姥姥的语言、动作、神态就完全是刻意而为了。如此故意通过贬损自己来引人发笑，刘姥姥内心的卑微与无奈可见一斑。

我们再来看渲染三：

> 刘姥姥拿起箸来，只觉不听使，又道："这里的鸡儿也俊，下的这蛋也小巧，怪俊的。我且得一个儿！"众人方住了笑，听见这话，又笑起来。　（课文第8自然段）

渲染三在"庚辰本"中是这样表述的：

> 刘姥姥拿起箸来，只觉不听使，又说道："这里的鸡儿也俊，下的这蛋也小巧，怪俊的。我且舍攮一个。"众人方住了

笑，听见这话又笑起来。

一个七十五岁的农村老妪，怎么可能分不清鸡蛋和鸽子蛋呢？她故意把鸽子蛋说成鸡蛋，还赞美它的"小巧"与"俊"，实际上是为了进一步地讨好贾母。这里无须赘言。倒是需要关注的是，课文中把"庚辰本"中的"夵攮"改成了"得"。这样一修改，通俗倒是通俗了许多，而且也文雅了一些。可问题是，删改之后，其所包含的生动性、形象性也被一同遮蔽了。这就有点得不偿失了。当然，这是版本选择问题，不在本文的讨论范畴。我们需要思考的是，刘姥姥为什么要这样讲？

如果说，刘姥姥把筷子跟粗俗的农具联系在一起，还有一点田园味道的话，那么，用"夵攮"一词以陋俗来博人一笑，看起来的确是更可笑了，但也更可叹、可悲了。虽然刘姥姥二进贾府时的情形，相比一进贾府时好了许多，但终究还是仰面求人，无论如何她都得放下自尊，夹起尾巴做人。所以，她的内在情感绝不像她的语言、动作、神态那样引人发笑，细细思来，她的内心其实颇不是滋味。

我们再来看渲染四：

> 刘姥姥便伸筷子要夹，哪里夹的起来？满碗里闹了一阵，好容易撮起一个来，才伸着脖子要吃，偏又滑下来，滚在地下。忙放下筷子，要亲自去拣，早有地下的人拣出去了。刘姥姥叹道："一两银子也没听见个响声儿就没了！"　　（课文第9自然段）

这是《刘》文第四次渲染刘姥姥是如何引人发笑的，也是第四次渲染刘姥姥的情感。这一渲染中的"闹""撮""伸""滑""滚"等动词，用得非常形象，非常传神。尤其是这个"闹"字。我们当然可以认为是刘姥姥因为筷子沉而且滑，不习惯使用，而夹不住鸽子蛋。但是，当我们联想到第 5 自然段中刘姥姥对鸳鸯说"姑娘放心"，联想到第 11 自然段中对鸳鸯说"不过大家取笑儿"这两句话时，我们完全可以相信，即便刘姥姥能顺利地把鸽子蛋夹起来，她也会有意"闹"一阵子的，不然，如何引人发笑呢？

也就是说，刘姥姥从头到尾都不是个丑角，都不该是一个被人嘲笑的低俗的对象。她的心里跟明镜似的。她所说所做的一切都是为了逗笑他人，既逗笑贾母，也逗笑凤姐和鸳鸯，事实上，她在逗笑贾府中的所有人以博取他们的好感，因为她和她女儿、女婿家要生存，她别无选择。

三、审美价值：在"笑剧"配角兼观众的情感渲染中

《刘》文中的贾母、薛姨妈等人，看起来是观众，然而，换个角度来看，他们何尝不是这场"笑剧"的配角呢，而且还是最重要的配角。因为如果没有她们的"精彩"表演，没有他们丰富的情感变化的心路历程，这场"笑剧"又何来意义？更重要的是，如果没有这些配角兼观众的"表演"，这场"笑剧"都无法进行下去，又何谈《刘》文的审美价值？

（一）主要配角兼观众的情感渲染

在这个"笑剧"中，贾母显然是最主要的配角兼观众。在解读这个人物时，我们应该力求超越对贾母笑的动作、神态的描写，即超越对笑本身的实用价值的分析，努力深入她的情感领域进行赏析，这样，文本的审美价值才能得以彰显，尽管这样做很困难。

渲染一：

> 贾母便笑道："这屋里窄，再往别处逛去罢。"　（课文第 1
> 自然段）

这是"笑剧"开始前，第一次渲染贾母的情感。

不过，这个"笑"字并没有太多特别的用意。阅读《红楼梦》原文可知，贾母之所以笑着提议到别处逛逛，是因为刚刚在众人的逢迎下，她略略显摆了一下有关窗纱"软烟罗"的见识，心情颇为不错。

渲染二：

> 远远望见池中一群人在那里撑船。贾母道："他们既备下船，咱们就坐一回。"说着，向紫菱洲蓼溆一带走来。……王夫人道："问老太太在哪里就在哪里罢了。"贾母听说，便回头说："你三妹妹那里好，你就带了人摆去，我们从这里坐了船去。"
>
> （课文第 2 自然段）

这是"笑剧"开始前，第二次渲染贾母的情感。

以贾母的高龄本不太适合，似乎也没打算乘船游玩，但她此刻心情不错，又见他们预备下了船，这才来了兴致要坐一回。她的心情好还表现在，当她听到问在哪里摆早饭时说的话，"你三妹妹那里好"。只可惜，课文中的这句话，似乎仅仅止于"好"的判断，限于实用价值，多少有点可惜。而"庚辰本"中的表述就不一样了，多了一个字"就"："你三妹妹那里就好。"这个"就"看似简单，却蕴含着老祖宗说话时应有的那种稳重和妥帖，[①] 这显然更倾向于一种审美价值。不过，无论哪一种表述，贾母这样说，都跟她当时美好、愉悦的心境有着莫大的关系。

渲染三：

> 贾母因说："把那一张小楠木桌子抬过来，让刘亲家挨着我

---

① 詹丹．关于解读《刘姥姥进大观园》的几个问题［J］．语文学习，2019（6）：67.

这边坐。"众人听说，忙抬过来。　　（课文第4自然段）

这是"笑剧"开始前，第三次渲染贾母的情感。

在这一渲染里有两个词需要关注，首先是"刘亲家"。刘姥姥女婿家的祖上只因攀荣附贵跟贾家联了姻，祖上还稍有点走动，到了女婿这一辈已经没有什么往来了。也就是说，刘姥姥的女婿跟贾家根本就不是什么正亲。到了刘姥姥这儿，又隔了一层，更是八竿子打不着。用曹雪芹的话，相比贾家来说，刘姥姥只是一个"千里之外，芥豆之微"的小得不能再小的小人物而已。然而，就是这么一个小人物，贾家的最高权威贾母竟然称其为"刘亲家"，可见贾母与刘姥姥关系的亲近和感情的贴近。

第二个需要关注的词是"挨着"。我们知道，封建社会十分讲究等级、礼仪，通常情况下，只有辈分最高，跟贾母关系最近的人，才有资格跟贾母坐在一起。比如宝玉是贾母的命根子，所以，从来都是坐在贾母的身边。然而，贾母竟然要刘姥姥挨着她坐。以刘姥姥的地位怎能够高过贾府里真正的公子、小姐呢？以她跟贾母的关系又如何能跟宝玉相提并论呢？然而，贾母的确让她挨着自己坐了。可见，她内心对刘姥姥有多喜欢。

渲染四：

宝玉滚到贾母怀里，贾母笑的搂着叫"心肝"。　　（课文第7自然段）

这是"笑剧"的最高潮，也是课文对贾母情感的第四次渲染。

贾母是一家之主，高高在上，她的一言一行影响着贾府的所有人。她若放开了笑，所有人都会放开，不会拘谨着；她若讨厌谁，所有人都会避之而不及。贾母深知此理。所以，当刘姥姥说自己食量如牛，故意鼓腮、直视、不语时，她当然是笑翻了。一来，刘姥姥的语言、动作、神态的确好笑，不由得人不笑；二来她若不笑，大家就都不敢笑了。她这个配角兼观众要是没有当好的话，这场"笑剧"就没法演下去了。所以，她必须笑。只是，她要护着宝玉。再说，她年岁也大了，并不能十分地放开，只能口叫"心肝"不停。然而，即便如此，在贾母笑着叫"心肝"里，在贾母笑神经的剧烈震荡中，我们不仅看到了她精神上的亢奋和情绪上的快乐，更是看到了她的慈爱。

渲染五：

众人方住了笑，听见这话，又笑起来。贾母笑的眼泪出来，只忍不住；琥珀在后捶着。贾母笑道："这定是凤丫头促狭鬼儿闹的！快别信他的话了。"　　（课文第 8 自然段）

渲染六：

众人已没心吃饭，都看着他取笑。贾母又说："谁这会子又把那个筷子拿出来了，又不请客摆大筵席！都是凤丫头支使的！还不换了呢。"……贾母见他如此有趣，吃的又香甜，把自己的菜也都端过来给他吃。又命一个老嬷嬷来，将各样的菜给板儿夹在碗上。　　（课文第 10 自然段）

这是课文对贾母内在情感的第五、六次渲染。

表面看来这两处都是渲染的贾母对凤姐和鸳鸯导演的这场"笑剧"的肯定，因为"促狭鬼儿""凤丫头"明显都是褒义词，都满含着贾母对凤姐满满的喜欢；然而，究其实质，却是表达了贾母对刘姥姥的惜老怜贫，而且从一般性的关爱，更进一层地上升到怜爱。

我们知道，古代皇帝有赏黄马褂之说，其实，黄马褂本身并不值钱，大臣们为什么如此在意呢？这是因为把自己心爱之物赏给大臣或亲近的人，向众人传递的信息实在不简单，那代表着皇帝对被赏赐者的最大信任和深厚情谊。贾母把原本自己吃的菜都端过来给刘姥姥吃，还命老嬷嬷把各样的菜给板儿夹在碗上，也是同理。

在六次渲染中，贾母由心情不错，颇有兴致，到对刘姥姥的贴近、喜欢，再到对刘姥姥的关爱，最后上升到怜爱，贾母一直满含着情和爱对待身边的人，对待刘姥姥。这样，一个慈爱的、惜老怜贫的形象便在不知不觉中立了起来。

（二）其他配角兼观众的情感渲染

这个"笑剧"中，除了贾母，还有许多配角兼观众。没有他们同样无法成"剧"。不过，在解读这个人物群体时，我们应该同样力求超越对人物群体的笑的动作、神态的描写，即超越对笑本身的实用价值的分析，甚至要超越对每个人的性格的分析，努力深入人们的情感领域进行赏析，这样，文本的审美价值才能得以彰显。

也许有人会问，超越笑本身的动作、神态的描写，或许可以理解。为什么还要超越每个人的性格分析呢？这似乎有点匪夷所思。应当承认，人物的语言、动作、神态大都是人物的性格特征的外在表现，从外在表现来分析人物性格的确是一个可行的路径。也许正是基于这样的考量，统编教材教师教学用书的"教学重点"中才有相关要求，在"问题探究"中才有与之对应的细致解读。但是，这里有个问题我们同样不能回避：不同的动作、神态，并不必然地对应着相应的性格特点，因为语言、动作、神态跟人物性格特点并不是完全的一一对应关系。反过来也可以这样说，即便性格不同，他们也有可能说出相同的话，做出相似的动作，或表现出相仿的神情。所以，通过语言、动作、神态进行人物性格分析要适可而止，不能像自然科学家做实验那样精准。这或许就是薛宝钗虽然全程在场，作者却没有对她做出细致描写的原因之一吧。

更为关键的是，即便人物的语言、动作、神态能够与某个人物的性格特点一一对应，且解读正确无误，也还是无法深入人物的情感，而没有涉及情感的分析，怎么说都离文本的审美价值有着较远的距离。

上海师范大学的詹丹倒是提供了一个崭新的角度，或许可以深入人物的情感，从而，有可能深入到文本的审美价值的角度来解读。詹丹认为可以从人物内心是否克制、克制到什么程度进行层次化划分。①

第一层是彻底放松、难以克制的人。他们是桌边吃饭包括喝茶的薛姨妈等人。课文是这样描写这类人的：

> 湘云掌不住，一口茶都喷出来。黛玉笑岔了气，伏着桌子只叫"嗳哟！"宝玉滚到贾母怀里，贾母笑的搂着叫"心肝"，王夫人笑的用手指着凤姐儿，却说不出话来。薛姨妈也掌不住，口里的茶喷了探春一裙子。探春的茶碗都合在迎春身上。惜春离了坐位，拉着他奶母，叫"揉揉肠子"。　（课文第7自然段）

这里有一点先要说明一下，课文第5自然段中已有交代，薛姨妈是"吃过饭来的，不吃了，只坐在一边吃茶"。这就是说，除薛姨妈喝茶外，其他人都在吃饭。然而，课文第7自然段，写史湘云、林黛玉、探春等人，喷出来、合人身上的竟然都是茶，而不是饭，明显的前后不符。在这一点上，"庚辰本"就做得比较好了，说她们喷出来的，合人身上的，是饭，不是茶，这样，不但前后相符，还使得当时笑的场面更有层次感。在此不再细说。

---

① 詹丹. 关于解读《刘姥姥进大观园》的几个问题［J］. 语文学习, 2019 (6)：68.

这里需要关注的是，无论是贾母、王夫人、宝玉，或是探春、惜春，再或者是薛姨妈、林黛玉、史湘云等人，她们要么是贾府的主人，要么是贾家的亲戚，都是有权利、有资格坐着吃饭、喝茶的，她们当然可以"彻底放松""毫无克制"地大笑，此时，她们的情感是完全放开的，是自然流淌的。

第二层是笑与克制兼而有之的一类人，如旁边站着伺候的丫鬟婆子。她们虽然也是笑得"弯腰屈背"的，却只能"躲出去蹲着笑去"，只能"忍着笑上来替他姐妹换衣裳"，这是由她们的身份决定的。她们毕竟是身份低下的丫鬟婆子，再怎么着也不能像主子一样，毫无顾忌地大笑。所以，她们虽然也在笑，但是其情感并不能完全放开，是有所克制的。

而第三层，努力克制自己、忍住不笑的只有凤姐和鸳鸯。她们的内心情感，在前文已有论述这里不再赘言。

这样一分析，我们便会发现，同样是配角，同样是观众，内在情感却是不一样的，是丰富多层的。当如此丰富多层的情感交织在一起时，文本的审美价值就不再单薄，而变得丰满而厚重了。

其实，不仅配角兼观众的情感是多层的，是交织在一起的，统观整个《刘》文，作为导演的凤姐、鸳鸯的情感，作为主角的刘姥姥的情感，何尝不是在这场"笑剧"中交织在一起呢？如此众多的情感线索交织在一起而又各不相同，文章的审美价值自然能得到最大化的表现。

综上所述，作为一种教学化的文本解读，我们不仅要关注文本呈现了什么，还要关注人物的情感线索，关注各类人物的情感变化，关注作者是如何运用写作思维把这样的情感的审美价值表达出来的。只有这样，我们才能越过"笑剧"本身的实用价值，深入到人物情感的审美价值，更加深刻地解读文本。

15. 多重意蕴背后的叙事风流

——《孔乙己》解读

　　鲁迅先生的短篇小说《孔乙己》（下称《孔》文）没有固定聚焦于某一特定事件的发展过程，而是截取生活的横断面，"选取咸亨酒店这一社会的一角，描写里面各色人物，并以此为背景，烘托和刻画了孔乙己这样一个迂腐、可怜的'苦人'形象。"① 它"一反《狂人日记》式的愤厉"，采用"沉郁哀婉"的叙事笔调，② 用一种"象征现实主义"的手法进行叙事，这使得鲁迅先生的小说"比其他同代人的要复杂和具有深度"③。鲁迅本人特别喜欢这篇小说，曾亲自翻译后由日文杂志发表。鲁迅先生的学生、散文家孙伏园曾问其原因，鲁迅先生回答说《孔》文能"于寥寥数页之中，将社会对于苦人的冷淡，不慌不忙的描写出来，讽刺又不很显露，有大家的作风"④。

　　那么，《孔》文究竟通过孔乙己这个"苦人"形象表达了什么样

---

　　① 人民教育出版社课程教材研究所中学语文课程教材研究开发中心．义务教育教科书教师教学用书语文九年级下册［M］．北京：人民教育出版社，2018：56.

　　② 周仁政．论《孔乙己》与"纯粹教育"：《呐喊》重读［J］．鲁迅研究月刊，2018（12）：4.

　　③ ［新加坡］王润华．鲁迅小说新论［M］．上海：学林出版社，1993：93.

　　④ 孙伏园．关于鲁迅先生［N］．晨报副刊，1924–01–12（4）．

的主题？仅仅如鲁迅先生所说，表现了社会对孔乙己这个"苦人"的凉薄吗？这个"不慌不忙的描写"到底有什么样的叙事风流？作者讽刺的又是什么？

《孔》文诞生百年来，人们对《孔》文的解读经历了从平等对话到理性建构，再到演绎权威，最后到自我及哲学层面的探究，这样一个由浅入深，由感性到理性逐步推进的过程。① 在这个过程中，《孔》文的主题及解读的侧重点，并不是恒定不变的，它随着时代的变化而变化，随着主流意识及话语主权的变化而变化，也随着理论思潮、观视角度的变化而变化，然而，"无论是反封建的政治解读，还是看客吃人的文化审视，抑或是生命主体的体验感悟，无论是按照鲁迅的创作意图，还是作品自然释放的客观效果，抑或是读者的参与再创造，我们往往只是在一定范围、某个角度揭示了鲁迅思想情感的某个方面，未必看到整个鲁迅"②。这是因为每一部文学作品都是未完成的，有待于进一步的补充、丰富和发展，这一过程是永远不能全部完成的。③

这便必然地决定了这样一个事实：我们可以用一种新的理论从一个新的视角积极探寻一种完全不同的解读，却不必执着于否定一种解读，而偏爱另外一种自认为正确的解读，那是不可取的，也是不理性的。其实，我们根本就没有必要进行一元化的解读，"横看成岭侧成峰"，多层次、多角度的解读，必然意味着多重意蕴、多种主题的并存。这是解读《孔》文时，我们需要注意的第一个问题。

其二，我们还要清醒地意识到，通常人们对《孔》文的解读大都是一种基于"成品"的解读，而"对于一切作品，如果只限于对

---

① 王晓东.《孔乙己》阅读史［D］. 福州：福建师范大学，2008：3.

② 王志蔚. 九十年来《孔乙己》主题的五种解读［J］. 上海鲁迅研究，2015（2）：78.

③ ［德］伊瑟尔. 阅读活动：审美反应理论［M］. 金元浦，周宁译. 北京：中国社会科学出版社，1991：205.

成品进行鉴赏，既不能打破读者心理的封闭性，又不能穿透文本的结构层次"。"文学文本解读学的基础是创作论"，要想深入解读文本，"最方便的法门就是进入文本写作的过程"。① 所以，我们完全可以换个思路，与其执着于某个预设主题，对固定"成品"进行排他性的论证式解读，还不如以作者的身份和作者对话，关注《孔》文的叙事历程和叙事形式，看看《孔》文究竟以什么样的独特的叙事风流，才形成了如此丰厚、如此多重的主题意蕴。事实上，探寻《孔》文独特的叙事风流的过程，便是对其主题意蕴的不断深化认识的过程。

下面，我们便尝试着借鉴孙绍振的"错位"理论，对《孔》文的叙事历程和叙事形式进行深层探索。

一、叙事风流：在错位思维②中多重观照

（一）"赤裸文化"与"三位一体"的错位

百年来，人们对于《孔》文主题的解读主要有五种：一、批判封建科举制度的罪恶；二、表现社会对"苦人"的凉薄；三、批判封建等级观念的残酷性；四、反映中国知识分子地位与命运的悲剧性与荒谬性；五、表现人生孤独与"隔膜"的生存困境。③

仔细研究上述解读，我们发现："批判封建科举制度的罪恶"

① 孙绍振，孙彦君．文学文本解读学［M］．北京：北京大学出版社，2015：462.

② 这里的"错位思维"是笔者从孙绍振文本解释学同名概念"错位"中衍生而来的。孙绍振的"错位"理论是从文本解释学的角度来阐释文本中的人物情感、思想等错位现象的，笔者以为，文本中的错位现象，如果换一种角度，以作者的维度看，何尝不是一种写作思维方式呢？于是，便借用马正平的"对比思维"理论对其进行了重新演绎，提出了"错位思维"这一概念。

③ 王志蔚．九十年来《孔乙己》主题的五种解读［J］．上海鲁迅研究，2015（2）：69 – 79.

是通过孔乙己这个封建科举制度的牺牲品进行的；"表现社会对'苦人'的凉薄"中的"苦人"指的也是孔乙己；第三、四、五种主题的解读，同样都离不开孔乙己。也就是说，五个主题看起来千差万别，其实，之间有着十分紧密的联系，都离不开孔乙己这一形象的塑造。这样问题就来了。从写作的角度讲，"五四"前后，受封建科举制度毒害的并不是一个人，像孔乙己这样的"苦人"很多，能引起读者对于中国知识分子地位及其自身生命观照的思考的对象也很多。既然要塑造孔乙己这个形象，那么，如何才能使孔乙己这样的人从封建文化背景中，从封建知识分子群体中"前景化"，从而凸现在读者面前呢？如何让孔乙己这样的形象深深地积淀着民族、传统、文化、时代的精神骨髓，使文本呈现出丰厚而多重的主题意蕴呢？

这里就不得不提到一种很独特的写作思维方式：错位思维。

我们知道，任何一个人都是一种综合的存在，其民族性、传统性、文化性、时代性，以一种整体的形式系统地存在于每个生命个体之中，只不过，不同阶级、不同身份、不同地位的人，在某一方面有所突出罢了。正因为人是一种综合的存在，所以，要想塑造一个充满个性的人物形象，如果没有特殊的写作思维策略和具体可行的操作方式，就非常困难了。具体到封建社会中的知识分子，他们身上所表现出来的文化性、所拥有的权力和金钱，也是以整体的形式结合在一起的。如果不采用一种特殊的写作思维策略，就会使得通过科举成功进学的"丁举人"们跟没有进学的"孔乙己"们之间的区别被有意无意地淡化、模糊化，尽管两者之间的差别巨大。很显然，这是很不利于塑造孔乙己这样的人物形象的。那怎么办呢？

我们知道，在科举时代，文化似乎有着神圣的特质，它被人尊重，被人敬畏，受到全社会人的崇拜，不过，文化在中国社会里只是一种票证，凭着这个票证可以领到权力和金钱，而一旦它没有了领取权力和金钱的功能，它就毫无用处了。① "丁举人"们之所以受人尊重，被人敬畏，是因为他们成功进学，他们的所谓的文化领到了权力和金钱，而"孔乙己"们则没有。"丁举人"们与"孔乙己"们之间的区别就在于此。找到了区别，就可以运用错位思维进行创作了。

《孔》文中说"孔乙己是站着喝酒而穿长衫的唯一的人"，这是别有深意的。

在这里 "'长衫'是他（指孔乙己）的文化的象征"，"他的'话语'形式就是他文化的表现"，然而，由于他终身没有进学，所以，他的所谓的文化没有领取权力、金钱的功能，于是便从文化、权力、金钱三位一体的形式中被提取出来，成了一种赤裸裸的"文化"。② 这使得他跟同为知识分子然而进学成功的丁举人发生了严重错位，而被"前景化"，凸现了出来。这一错位便使孔乙己与丁举人的对比成为可能。这是其一。孔乙己站着喝酒的事实，说明他的经济基础从本质上讲跟短衣帮是差不多的，甚至还不如他们，但他又穿着长衫，看起来似乎比"短衣帮"有文化一些，这样，孔乙己的身份又跟短衣帮发生了错位。于是，孔乙己与"短衣帮"的对比又成为可能。而无论是错位思维，还是随之产生的对比思维的运用，其实，都是手段，都是一种独具风流的叙事策略，其根本都是为了错位之后的思考和对比之后的反思，这样，便在客观上使《孔》文有了多重意蕴、多种主题的可能性。

（二）"身份坚持"与"社会价值评判"的错位

有了孔乙己与丁举人的身份错位以及孔乙己与"短衣帮"的身份错位，只是第一步。如果孔乙己对自己有一个清醒的认识，即便身

① 王富仁. 中国文化的守夜人——鲁迅 [M] . 北京：人民文学出版社，2002：215.

② 同①.

份错位了，还是无法进行正常叙事和形象塑造。因为一旦孔乙己意识到，虽然自己是一个知识分子，是一个读书人，但是终究没有进学，他跟丁举人的地位是无法比的，完全不在一个层面上，他甚至跟那些只有钱的"长衫客"也不在一个层面上，那么，他就不会"站着"喝酒而"穿长衫"了，这样，自然就没有后面的故事了。如果他能意识到，他虽然有些文化但并没有获得相应的权力和金钱，他在经济上和"短衣帮"是差不多的，甚至还不如他们。他也不会"穿着长衫"却"站着"喝酒了。他会跟"短衣帮"打成一片，跟他们一样"靠柜台站着，热热的喝了休息"，那么，他跟"短衣帮"之间同样没有什么故事可言。也就是说，要想让《孔》文的叙事进行下去，还必须有进一步的错位：身份坚持与社会价值评判的错位。

　　他坚持穿"十多年没有补，也没有洗"的长衫，他坚持"满口之乎者也"，当"短衣帮"嘲笑他偷了别人东西时，他会睁大眼睛争辩不要"凭空污人清白"，当他稍稍有钱的时候，他会当着"短衣帮"的面，不无傲娇地说"温两碗酒，要一碟茴香豆"，并有意"排"出九文"大"钱。其实这所有的一切，都是孔乙己在坚持着自己的文化人身份。他希望获得人们的尊重，甚至是敬畏。然而，实际上却是另外一回事。不要说丁举人完全不把他放在眼里——仅仅因为偷了几本书，就让他写服辩，还打断了他的腿，也不用说掌柜的，以及那些"长衫客"，他们没有一个不把他当成笑料的，即便跟他一样受到封建毒害的"短衣帮"，同样麻木地把孔乙己当成了笑料。于是，身份坚持与社会价值评判的严重错位，不但使《孔》文的叙事得以顺利地进行下去，更为关键的是，如此独特的叙事必然会引起人们的思考：孔乙己为什么要如此执着地坚持自己的身份，身份坚持与社会价值评判错位之后的对比又给人什么样的启示？

（三）"叙述自我"与"经验自我"的错位

　　有了赤裸文化与三位一体的错位和身份坚持与社会价值评判的错

位,《孔》文的叙事便成为可能。不过,也仅仅是一种可能,因为上述两种错位,从某种意义上讲还只是较为宏观的错位。如果到此止步的话,叙事还是无法进行下去的,要想使叙事顺利地进行下去,还要有深度,有层次,那就需要解决一个更为关键也更为具体的问题:从哪一个角度进行叙述,即叙述者是谁。

关于《孔》文的叙述者,学术界通常有三种看法:①小伙计"我";②小伙计"我"与成年"我"的交替;③成年的"我"。但无论哪一种看法,叙述者是"我",这是公认的。以"我"为叙述者有很多的优势。因为如果以孔乙己为叙述者的话,那么,孔乙己的基于自我主观审视的身份坚持,就无法与旁观者的社会价值评判形成错位与对比;如果以掌柜及酒客为叙述者,对于孔乙己就只有一边倒的嘲弄、折磨,孔乙己就完全是一个负面的扁平的形象。如此,《孔》文的意义就不大了。而以"我"为叙述者就不一样了。"我"可以与上述人等保持一定的距离,从而,进行相对客观的叙述。而相对客观的叙述,不但使各种错位与对比成为可能,更重要的是,能使《孔》文具有一种更为深刻的叙述力量。

明确了《孔》文的叙述者,显然前进了一大步,但是如果就此止步的话,终究还是功亏一篑,停留在表层的叙事上,文本叙事的思想深度及人物形象塑造还略显不足。这便需要再向前走一步。如果以"我"为叙述者,再暗含一个更为深层、更为本质的错位,那么,就能真正使《孔》文的多重主题意蕴的开发和多种主题的并存得以实现。这个错位便是叙述自我与经验自我的错位,简单地说,即二十多年后的"我"与孩童时代的"我"的错位。

我们知道,如果单纯以经验自我,即孩童时代的"我"进行叙述的话,只能表现孩童时代的"我"对孔乙己的并不成熟的鄙视;如果单纯以叙述自我,即二十多年后的"我"进行叙事的话,只会更多地表现"我"对孔乙己的怜悯与同情。而无论哪一种叙述,

《孔》文的主题都会显得较为单薄。但是，如果运用叙述自我与经验自我的错位思维进行叙事的话，就很不一样了。

按照学术界对《孔》文叙述者的第二种说法，叙述者是小伙计"我"与成年"我"的交替，一是叙述者"我"从现在的角度追忆往事的眼光（叙述自我视角），二是被追忆的"我"过去正在经历事件的眼光（经验自我视角）。这两种眼光可体现出"我"在不同时期对事件的不同看法和对事件的不同认识程度，这往往导出叙述文本的复调。① 前者主要表现出"我"对孔乙己的鄙视，而后者更多地表现出"我"对孔乙己的怜悯与同情。如："只有孔乙己到店，才可以笑几声，所以至今还记得。"在这里，"孔乙己到店，才可以笑几声"，是以二十多年前小伙计"我"，即以经验自我的角度来写的，很显然，在那时的"我"的眼里，孔乙己是可笑的，虽然在掌柜的一副凶脸孔下，小伙计"我"也生活得很是"单调""无聊"，而且小心翼翼。如果以这个视角一路写下去的话，那么孔乙己，不要说在丁举人、"长衫客"的眼里，抑或在"短衣帮"那里不能获得起码的尊重，即便在"我"这个十二岁孩子的眼里，怕也难以翻身。如果真是那样的话，《孔》文的深度就大打折扣了。好在作者没有就此停下，而是悄无声息地使文本的叙述者发生了改变与错位："所以至今还记得。"这个"至今还记得"，很显然是二十多年后"我"的表述，是叙述自我的表述。但问题是，"我""至今还记得"的是什么呢？是孔乙己的可笑？是当年的"我"对他的鄙视？还是二十多年后，因为对当年"我"的不成熟的语言与行为的反思，而记得孔乙己这个人和孔乙己发生在咸亨酒店里的事呢？其实，无论二十多年后"我"记得的是什么，文本的意蕴显然在叙述自我与经验自我的错位中丰富了起来。这才是关键。

---

① 佘小云. 浅析《孔乙己》的复调及原因［J］. 湖南冶金职业技术学院学报，2004（1）：66.

按照学术界对《孔》文叙述者的第三种说法，叙述者是二十多年后成年的"我"，其效果也是一样的。持第三种说法的人认为，《孔》文"自始至终只有成年后的'我'这一个叙述者，小伙计'我'不过是成年'我'的一个'他'而已。复调（笔者注：文本的多重意蕴、多种主题）的形成是因为作者采用了'在叙述中追忆、在追忆中叙述'这一特殊的叙述方式"①。如"只有孔乙己到店，才可以笑几声，所以至今还记得"这句话中，"只有孔乙己到店，才可以笑几声"属于"在追忆中叙述"，是一种基于经验自我的表述；而"至今还记得"则是"在叙述中追忆"，是一种基于叙述自我的表述。这就是说，即便按照第三种说法，在叙述方式这个层面上也不是"从一而终"的，而是采用了一种有意错位的方式，使孩童时代的"我"与二十多年后的"我"对待孔乙己的态度、情感、思想在错位中产生了对比。这便在客观上使得文本的多重意蕴和多种主题的并存成为可能。

这样，从赤裸文化与三位一体，到身份坚持与社会价值评判，再到叙述自我与经验自我的层层递进式的多重错位思维的运用，既展现了《孔》文独特的叙事风流，又为文本的多重意蕴和多种主题的生成提供了可能。

二、叙事风流：在胚胎思维中多重观照

在"非构思"写作思维中有一个非常重要的思维方式——胚胎思维。"非构思"理论认为，每个文本都有写作胚胎，暗含了全文的思想情感和写作基调，且整个文本都是基于写作胚胎的意图化的明晰和情境化的展开。上述三重错位之后的叙事，便是从写作胚胎的写作开始的。

---

① 陈丹.《孔乙己》的文学解读与教学解读研究［D］. 南京：南京师范大学，2014：22.

《孔》文的写作胚胎是文本第一自然段。

（一）独特的鲁镇文化

"鲁镇的酒店的格局，是和别处不同的"，这里的"不同"，表明鲁镇有着非常特别的"鲁镇文化"。如，"曲尺形的大柜台"，"柜里面预备着热水，可以随时温酒"；"短衣帮"散工后，常常"花四文铜钱，买一碗酒"站在柜台外面喝，可以用"盐煮笋"和"茴香豆"做下酒物；而"长衫客"则到隔壁房子里坐下来喝酒；等等。

需要注意的是，《孔》文写作胚胎中有一句话：

> 鲁镇的酒店的格局，是和别处不同的：都是当街一个曲尺形的大柜台，柜里面预备着热水，可以随时温酒。

这里虽然没有提到咸亨酒店，不过，文中"都是"一词透露了重要信息。它表明鲁镇所有酒店的格局全是一个样子，咸亨酒店在鲁镇，自然也是如此。这里有意没有提到咸亨酒店，是有深意的：既然鲁镇所有酒店的格局是一致的，文化也是相同的，那么，《孔》文中发生的故事也会在鲁镇任何一个酒店上演，只是人物不同、具体的故事情节有异罢了。我们还注意到，这里的鲁镇也没有标明是哪里的，如此模糊化的处理，其实是想进一步告诉人们，像孔乙己这样的旧社会知识分子的悲惨故事，不但会在鲁镇的酒店上演，而且会在全国的任何地方上演，从而使本文具有了更为广阔而深远的悲剧意义。

（二）异样的对比风格

《孔》文的写作胚胎并非常规意义上的叙事性的展开，它展现了孔乙己那个年代特殊的社会环境，且运用了异样的对比风格。

先看写作胚胎对"短衣帮"的渲染：

做工的人，傍午傍晚散了工，每每花四文铜钱，买一碗酒，……靠柜外站着，热热的喝了休息；倘肯多花一文，便可以买一碟盐煮笋，或者茴香豆，做下酒物了，如果出到十几文，那就能买一样荤菜，但这些顾客，多是短衣帮，大抵没有这样阔绰。

"短衣帮"之所以站着喝酒，是因为他们常常只买一碗酒，而一碗酒很快便喝完了，没有必要坐下来慢慢地喝。即便稍有一点钱的"短衣帮"肯多花一文钱买来下酒物"一碟盐煮笋，或者茴香豆"，但并没有多少，似乎也不值得坐下来慢慢地吃，慢慢地品。再说了，"短衣帮"喝酒，只是傍午傍晚散了工之后稍作休息罢了。而"长衫客"则不同。

我们来看写作胚胎对"长衫客"的渲染：

只有穿长衫的，才踱进店面隔壁的房子里，要酒要菜，慢慢地坐喝。

"短衣帮"是"热热的喝了休息"，他们大都匆匆来又匆匆去，只有孔乙己到店时偶尔笑两声罢了；而"长衫客"则不同，他们是"要酒要菜，慢慢地坐喝"。"要酒要菜"说明他们的经济地位跟"短衣帮"大不一样，他们之所以能够"慢慢地坐喝"，是因为他们不需要为生计而奔波。他们有的是时间，也有的是金钱让他们慢慢地喝，慢慢地品。这便是他们"踱"进店面隔壁的房子里喝酒的根本原因。"踱"字表面看来是慢步行走的意思，实则更多地表现了"长衫客"的一种悠闲的状态，一种故意在"短衣帮"面前摆出来的充满优越感的姿态。这就使得"长衫客"和"短衣帮"之间充满了非同寻常的对比性。而这个对比性，便形成了鲁镇颇为特殊的社会环境。对比，从本质上讲，是为了引起人们的思考，下文中孔乙己在作者精心营造的社会环境中，以既非"短衣帮"，又非"长衫客"的十分尴尬身份出场，意在通过孔乙己与"短衣帮""长衫客"的对比引起人们的思考：在这充满异样对比的叙事中，作者究竟想表达什么样的思想、情感？《孔》文究竟有什么样的审美张力呢？

（三）深沉的反思基调

写作胚胎中有一句话很有意味，需要特别注意：

> 这是二十多年前的事，现在每碗要涨到十文。

看起来，这是作者闲闲的一笔，仅仅交代酒钱涨价了，似乎没有什么特别的用意。其实不然。整个写作胚胎除这句话外，都是"在叙述中追忆"二十多年前鲁镇的风土人情，以及鲁镇发生的事情，这是一种基于经验自我的表述，其叙述视角是孩童时代的"我"；而"这是二十多年前的事，现在每碗要涨到十文"这句话，则是"在追忆中叙述"二十多年后鲁镇的一碗酒的价钱跟以前不一样了，这是一种基于叙事自我的表述，其叙述视角是二十多年后的"我"。由此可见，写作胚胎没有采用"从一而终"的叙述方式，而是在有意无意中，使孩童时代的"我"与二十多年后的"我"发生了错位。而这个错位思维的巧妙运用，暗示着全文都可以从多个角度、多个层面来审视，其多重意蕴和多种主题的并存便在这样的审视中成为可能。

三、叙事风流：在对比思维中多重观照

从某种意义上讲，错位思维只是一种手段，是为了形成不同人物、不同事理、不同角度、不同程度间的矛盾与差异，从而引起更为深层的对比。如果再做进一步的审视，我们会发现，其实，对比思维

也是一种手段，一种更高级的手段。其根本目的是通过对比引起人们深深的反思。而且，对比越是强烈，引起的反思便越是深刻，由此而生成的文本的主题意蕴就越是深邃而丰厚。

（一）孔乙己自身的对比

1. 肖像对比

【断腿前】青白脸色，皱纹间时常夹些伤痕；一部乱蓬蓬的花白的胡子。穿的虽然是长衫，可是又脏又破，似乎十多年没有补，也没有洗。 （课文第 4 自然段）

【断腿后】他脸上黑而且瘦，已经不成样子；穿一件破夹袄，盘着两腿，下面垫一个蒲包，用草绳在肩上挂住。 （课文第 11 自然段）

断腿前，孔乙己虽然生活得不好，还经常挨打，但好歹还有个"青白脸色"，还有点人样；然而断腿后，他又黑又瘦，完全不成样子。断腿前好歹还有一件长衫可穿，尽管这件长衫又脏又破，但是再怎么说，那也是一件长衫，是一种身份的象征；然而，断腿后，就只能穿一件破夹袄了，而且还不得不在肩上用草绳挂一个蒲包，已经完全没有读书人的模样了。从断腿前的穷困潦倒到断腿后的苟延残喘，前后的对比竟然如此之大，使人不得不思考：他究竟经历了多少事，受了多少苦，忍了多少辱？他的生存状态何以变得如此糟糕？是因为封建科举制度的罪恶，还是因为封建等级观念的残酷？抑或还有其他什么原因？

2. 神情对比

【断腿前】

渲染一：孔乙己睁大眼睛说，"你怎么这样凭空污人清白……"

（课文第4自然段）

渲染二：孔乙己便涨红了脸，额上的青筋条条绽出，争辩道，"窃书不能算偷……窃书！……读书人的事，能算偷么？"　（课文第4自然段）

渲染三：孔乙己看着问他的人，显出不屑置辩的神气。　（课文第6自然段）

上述加点的词很有意味，它们写出了孔乙己断腿前独特的神情。渲染一中的"睁大眼睛"是写"短衣帮"没有见到事实，就十分笃定地坚称孔乙己偷了人家东西时，孔乙己认为污了他的清白，而略有些愠怒地争辩；渲染二中的"涨红""绽出""争辩"是写"短衣帮"具体指出他偷书的事实时，他的尴尬、窘迫和他的据理力争；而渲染三中"不屑置辩"的神情，则写出了他作为一个知识分子，一个读书人仅有的一份骄傲和自尊。总体来说，在断腿之前，孔乙己的生命状态还不算特别的糟糕，至少还能为自己争辩，还拥有些许的自尊。

【断腿后】

渲染一：孔乙己很颓唐的仰面答道："这……下回还清罢。这一回是现钱，酒要好。"　（课文第11自然段）

渲染二：但他这回却不十分分辩，单说了一句"不要取笑！"（课文第11自然段）

渲染三：孔乙己低声说道，"跌断，跌，跌……"他的眼色，很像恳求掌柜，不要再提。　（课文第11自然段）

然而，断腿之后就大不一样了。当掌柜说他还欠十九个钱时，他已经没有了往日的神态，而是很颓唐；当掌柜嘲笑他偷了东西时，他也不像往日那样十分地分辩；当掌柜直戳他的心灵创伤，说他因为偷书而被打断腿时，他也不再十分地分辩而是露出了一种恳求的神情。肖像对比，大多呈现的是生活的磨难对他的身体的折磨，从某种程度上来讲，还只是外伤，假以时日还是可以愈合的；而神情的对比，却直击孔乙己灵魂的卑微与凋敝，那是内伤，是无法自愈的。从断腿前还能为尚存的些许"自尊"勉强争辩，到断腿后不得不面对卑微的灵魂而无以为辩，孔乙己的灵魂质态竟然相差如此之大。这强烈的对比，不禁使人思考：一个如此自命清高的读书人，何以变得如此颓唐呢？

3. 语言对比

【**断腿前**】"窃书不能算偷……窃书！……读书人的事，能算偷么?" （课文第 4 自然段）

孔乙己是个读书人，他当然知道，在古代"'窃书'指的是欺世盗名，是将自己写的书盗用他人的名印出。而'偷书'则指写诗作文时袭用他人的文句"①。所以，"窃书"是不能算"偷书"的。即便按照当时的语境，就偷东西而言，在孔乙己的思维逻辑里，"窃书"也不能算"偷"，这是因为"书是用来阅读的，它与其他东西，比如金银财宝等贵重物品，以及吃的、穿的、用的等，均不相同……书不是东西，窃书不等于偷东西"②。所以，他才会涨红了脸，青筋条条绽出地争辩。

【**断腿后**】"不要取笑!" （课文第 11 自然段）

---

① 刘玉凯．论《孔乙己》悲剧的丰富性：纪念《孔乙己》发表 100 周年[J]．鲁迅研究月刊，2019（11）：8.
② 谷兴云．孔乙己的逻辑 [J]．中学语文教学，2019（2）：65.

然而，断腿之后，"窃书"与"偷书"还是那个意思并没有变化，孔乙己还是那个思维逻辑也没有变化，那么，他为什么又"不十分争辩"，仅仅说一句"不要取笑"呢？这不得不使人思考：在"偷书"这件事上，他的语言在他断腿前后为什么会发生这么大的变化？如此大幅度的对比说明了什么呢？唯一的解释是他的生命质态发生了根本性的变化。他不是不想分辩，而是他的社会处境、没落知识分子的命运，使他无力分辩，也无须分辩。其中的悲凉与凄惨可见一斑。

当然，谈到孔乙己的语言，除了上述前后对比外，还不得不提到他的另外一个显著特点——口语文言化。人们大都认为，孔乙己文言化的语言是一种自命清高的表现，是一种面对尴尬处境而不得不自我掩饰的表现。这自有一定的道理，不过，还不太够。要想有更深的体会，还需要跳出《孔》文进行跨文本的对比。

【范进】（邻居来报喜时）范进道："你夺我的鸡怎的？你又不买。"

"为甚么拿这话来混我？我又不同你顽，你自回去罢，莫误了我卖鸡。"

（接受张乡绅庆贺时）"晚生久仰老先生，只是无缘，不曾拜会。"

【孔乙己】直起身又看一看豆，自己摇头说："不多不多！多乎哉？不多也。"　（课文第8自然段）

范进在跟邻居对话时，说的完全是"村野之语"，也就是我们常用的口语、古白语，而在接受张先生庆贺时，立马变得"文雅知礼"起来。他之所以"能够根据语境而转换，这是因为他的读书，意在追求功名富贵，读书之于他的性情、习惯、趣味和修养并无关联，只是一种工具，自然能随机应变"。而孔乙己则不一样，他只要一紧张，一尴尬，就会露出"本性"，就会满口"之乎者也"，哪怕面对孩子。鲁迅之所以用"这样富有书面色彩的语言来描写孔乙己的说话方式"，很显然是为了"显示出他深深浸润于书籍的特征。"① 从某种意义上讲，这是一个落寞知识分子特有的精神状态和生命质态使然。

4. 动作对比

【断腿前】便排出九文大钱。　　（课文第 4 自然段）

人们大都认为，这个"排"字十分形象地表现了孔乙己拮据穷酸而又死要面子的本质特征。孔乙己拮据穷酸是事实，死要面子也能说得通，但是，我们还应该注意到，当孔乙己到店时，所有喝酒的人便都看着他笑，"孔乙己，你脸上又添上新伤疤了！"更是指在脸上嘲笑他，在知识分子看来这是有辱自尊的。然而，面对"短衣帮"这群没念过书的"粗人"的戏弄、嘲笑，他一个"知识分子"看来，是"秀才遇到兵，有理说不清"，最好的回击，便是无声的反抗，于是很是阔绰地"排"出九文大钱。所以，这个"排"字里有着孔乙己作为一个知识分子的些许的自尊与骄傲，有着他对"短衣帮"无声的抗议，当然，也有他面对当下处境的无奈。

【断腿后】他从破衣袋里摸出四文大钱……　　（课文第 11 自然段）

而这个"摸"字就不一样了，不仅写出了孔乙己穷途末路的惨

---

① 何宏玲. 长衫、抄书与孔乙己的形象寓意 [J]. 南京师范大学文学院学报，2016（3）：73.

状，更为关键的是，在与"排"字的强烈对比下，我们显然看到了一个没有进学的知识分子无边的落寞、生命的衰竭和尊严的消陨。

至此，通过肖像、神情、语言与动作的多重对比，我们不得不思考：是什么原因让孔乙己一步一步地走向没落、消亡？中国知识分子的地位与命运何以如此地充满悲剧性与荒谬性？为什么人生如此孤独呢？

（二）孔乙己与别人对比

在言及孔乙己与别人的对比时，孔乙己与丁举人的对比常常被提及，这里不再细言。接下来着重分析的是孔乙己与"短衣帮"、掌柜和"我"的对比。

1. 孔乙己与"短衣帮"的对比

我们先看《孔》文对"短衣帮"的渲染——

渲染一：

> 孔乙己一到店，所有喝酒的人便都看着他笑，有的叫道，"孔乙己，你脸上又添上新伤疤了！"　　（课文第4自然段）

渲染二：

> 他们又故意的高声嚷道，"你一定又偷了人家的东西了！"（课文第4自然段）

渲染三：

> "什么清白？我前天亲眼见你偷了何家的书，吊着打。"（课文第4自然段）

渲染四：

　　"孔乙己，你当真认识字么?"　　（课文第 6 自然段）

渲染五：

　　"你怎的连半个秀才也捞不到呢?"　　（课文第 6 自然段）

　　在上述渲染中，有两点需要注意：一是"短衣帮"对孔乙己这个"苦人"的戏弄、嘲笑都是主动的、蓄意的；二是他们的戏弄、嘲笑主要集中在新伤疤、偷东西、被吊打、当真识字和捞不到秀才这几点上，而这些都是直击孔乙己这个"苦人"的心灵创伤的。本来，孔乙己就是一个孤独而悲惨的"苦人"，他们还一次又一次地在孔乙己的心窝里撒盐，给孔乙己造成了巨大的心灵伤害。

　　再来看《孔》文对孔乙己的渲染——

　　渲染一：

　　他不回答，对柜里说："温两碗酒，要一碟茴香豆。"便排出九文大钱。　　（课文第 4 自然段）

　　渲染二：

　　"你怎么这样凭空污人清白……"　　（课文第 4 自然段）

　　渲染三：

　　孔乙己便涨红了脸，额上的青筋条条绽出，争辩道，"窃书

不能算偷……窃书！……读书人的事，能算偷么？" （课文第4自然段）

渲染四：

　　孔乙己看着问他的人，显出不屑置辩的神气。 （课文第6自然段）

渲染五：

　　孔乙己立刻显出颓唐不安模样，脸上笼上了一层灰色，嘴里说些话；这回可是全是之乎者也之类，一些不懂了。 （课文第6自然段）

　　这五处渲染中，唯有"不屑置辩的神气"中还略有点读书人的自豪与骄傲，其他四次渲染，都是面对"短衣帮"的咄咄逼人的嘲弄、戏耍，而不得不被动、勉强地争辩，以努力维持一个读书人最起码的尊严。然而，这样的争辩，无论是语气，还是底气，都是那样的苍白，那样的孱弱。所以他非但没有让对方有所收敛，反而越是尴尬、痛苦地争辩，"短衣帮"就越是病态地快乐了起来。于是，在"店内外充满了快活的空气"里，孔乙己的心灵受到了巨大的伤害。

　　需要引起注意的是，"短衣帮"和孔乙己同样处于社会的底层，同样是被剥削者，都生活得很是艰难，他们本应相互同情，相互扶持才对。"本是同根生，相煎何太急"，这是最起码的人性诉求。"短衣帮"本不应该跟孔乙己构成对比关系的。然而，长期生活在社会的底层，使这些看客的人性发生了严重的扭曲。他们竟然以比他们更惨更穷更艰难的"苦人"的痛苦为快乐，集体无意识地欺辱这些"苦人"。这样，"短衣帮"以"苦人"的痛苦为乐，便与孔乙己的艰难、尴尬、痛苦构成了强烈的对比，这样的对比让人们细思极恐：杀死孔乙己这个"苦人"的仅仅是封建科举制度吗？仅仅是残酷的等级观念吗？不，还有这些人性已经严重扭曲的看客。

2. 孔乙己与掌柜的对比

我们先来看对孔乙己的渲染——

渲染一：

> 掌柜也伸出头去，一面说："孔乙己么？你还欠十九个钱呢！"孔乙己很颓唐的仰面答道："这……下回还清罢。这一回是现钱，酒要好。"　（课文第11自然段）

渲染二：

> 掌柜仍然同平常一样，笑着对他说："孔乙己，你又偷了东西了！"但他这回却不十分分辩，单说了一句"不要取笑！"
> （课文第11自然段）

渲染三：

> "取笑？要是不偷，怎么会打断腿？"孔乙己低声说道："跌断，跌，跌……"他的眼色，很像恳求掌柜，不要再提。
> （课文第11自然段）

在这三次渲染中，都是掌柜首先发问嘲笑、戏弄孔乙己，而孔乙己只是被动地勉强应对。"颓唐""不十分分辩"反映出孔乙己的生命质态已经十分糟糕，他甚至恳求掌柜给他一点最后的尊严。然而，掌柜跟后来聚集的几个人还是得意地、开心地、舒畅地笑了。但是这样的"笑",却是以孔乙己的"哭"为基本前提的。

再来看对掌柜的渲染——

渲染一:

> 而且掌柜见了孔乙己,也每每这样问他,引人发笑。

(课文第7自然段)

"每每"这个词说明掌柜也跟"短衣帮"一样常常拿孔乙己最深的伤疤嘲笑、戏弄孔乙己。可见,掌柜也是一个看客,只不过是一个有钱的看客罢了。

渲染二:

> 有一天,大约是中秋前的两三天,掌柜正在慢慢的结账,取下粉板,忽然说:"孔乙己长久没有来了。还欠十九个钱呢!"

(课文第10自然段)

掌柜"取下粉板"才"忽然"记起孔乙己欠他十九个钱,这说明,孔乙己这个生命在掌柜的心里已经消失很久了,要不是孔乙己还欠有十九个钱的账,掌柜怕是想不起来的。

渲染三:

> 掌柜说:"哦!"……"后来怎么样?"……"后来呢?"……"打折了怎样呢?"……掌柜也不再问,仍然慢慢的算他的账。

(课文第10自然段)

这里的"哦""后来怎么样""后来呢""打折了怎样呢?"说明

掌柜只是在随口应答，完全没有付诸情感。他只不过在听一个稍微有点意思的故事罢了，故事听完了，也就完了。可见，他的心多么的冷漠。

渲染四：

> 掌柜也伸出头去，一面说："孔乙己么？你还欠十九个钱呢！"……掌柜仍然同平常一样，笑着对他说："孔乙己，你又偷了东西了！"……"取笑？要是不偷，怎么会打断腿？"
> （课文第 11 自然段）

孔乙己已经变得不成样子了，可掌柜再次见到孔乙己时，不是关心孔乙己怎么断了腿，也没有关切地询问孔乙己的生命处境究竟怎么样，他首先关心的是孔乙己欠了他十九个钱，并依然嘲笑他偷了东西被打断了腿。这就不是一般的冷漠所能涵盖的，而是一种令人发指的残忍。

渲染五：

> 到了年关，掌柜取下粉板说："孔乙己还欠十九个钱呢！"到第二年的端午，又说："孔乙己还欠十九个钱呢！"到中秋可是没有说，再到年关也没有看见他。　（课文第 12 自然段）

掌柜之所以在年关和第二年的端午两次提到孔乙己，是因为他还欠十九个钱；到了中秋掌柜之所以没有再提起孔乙己，那是因为孔乙己在掌柜的心里已经死了，无须再提了。

孔乙己生活在社会的最底层，既无心，也没有能力嘲笑、伤害掌柜，而掌柜作为那个时代金钱的拥有者，却一而再再而三地伤害孔乙己。孔乙己悲苦而凄惨的恳求与掌柜冷漠、残酷的嘲讽、戏弄形成了强烈的对比。在这样的对比中，另外一个层面的看客形象被刻画得淋漓尽致，同时一个十足的剥削者、冷酷的生意人扭曲的人性也展现在了人们面前。

3. 孔乙己与"我"的对比

通常我们都能注意到第 7 自然段中孔乙己与"我"的对比。

孔乙己对"我"从"热心的问"到"恳切的说"，到"极高兴"，再到"极惋惜"，一直都是想跟"我"交流，且真心地想教"我"，然而，"我"是如何对他的呢？从稍显不耐烦的"略略点一点头"，到认为孔乙己是"讨饭一样的人，也配考我么"，从"懒懒"的回答，再到"愈不耐烦了，努着嘴走远"，"我"始终不太愿意跟孔乙己交流，不但不愿意，甚至很鄙视孔乙己。这"一老一少、一冷一热互相对比的细节描写"，"真实地反映了孔乙己在人们心目中的地位之低和这个社会对不幸者、孤独者的冷漠"。① 其实，不但"我"如此，邻居孩子也是一样的。他们只是想吃孔乙己的豆而已，最后，在当时社会的"熏陶"下，"都在笑声里走散了"。他们对孔乙己这个"苦人"同样是冷漠的。

解读到这一步，还只是停留在表层，要想更进一步地解读，还必须关注这样一句话："孔乙己自己知道不能和他们谈天，便只好向孩子说话。"这个"只好"很有意味，说明孔乙己在成人世界里得不到起码的尊重，只能十分无奈地期盼着在孩子的世界里获得。这是很有深意的。对当下社会的失望，使得作家常常把目光转向充满希望的孩子的世界，这在中外作家作品中是普遍存在的。如：鲁迅在小说《故乡》中，因为现实世界中"我"与中年闰土的隔膜以及对现实世界的失望，而把目光转向宏儿与水生；法国作家莫泊桑在《我的叔叔于勒》中，因为菲利普夫妇对叔叔的冷酷无情的逃避、嫌弃，而

---

① 孙景鹏. 没有"茴香豆"，就没有《孔乙己》：试析《孔乙己》的细节描写［J］. 河北科技师范学院学报（社会科学版），2014（2）：47.

把目光转向若瑟夫。而无论是宏儿与水生，还是若瑟夫，他们身上都寄予了作家满满的理想和希望。那么，《孔》文中，有没有从"我"及邻居孩子的身上看到希望呢？没有。不但孔乙己没有看到，作家自己也没有看到，同样，读者也没有看到。所以，孔乙己跟"我"与邻居孩子的对比，并不是孔乙己与成人世界对比的简单延伸，看客世界里竟然有孩子的身影，这使得《孔》文的悲剧意味散发出令人窒息的绝望。

而如果从一个知识分子的角度来考量的话，这样的对比，没法不引起人们的思考：中国知识分子的地位与命运为何如此充满悲剧性与荒谬性？如果再进一步以作者自身的生命观照《孔》文的话，人们又不得不思考：为什么人生会如此孤独？为什么人与人之间竟然隔膜到了这样的程度，竟然连小孩都无法沟通交流了呢？

（三）社会环境中的对比

写作胚胎中，"长衫客"和"短衣帮"之间非同寻常的对比，以及这个对比所反映出的鲁镇颇为特殊的社会环境，笔者想已经进行了较为详细的论述，这里不再赘言。在这里，笔者想着重关注的是"其他人的笑闹"与"孔乙己的悲怆"的对比所渲染的黑暗的社会环境。

在《孔》文中十四次写到"笑"，有喝酒人的笑，有众人的哄笑，有掌柜的引人发笑与取笑，有小伙计的附和着笑与感到好笑。在这些"笑"中，除小伙计的笑没有太多的恶意外——多是一种陪笑，大都是一种没有丝毫同情心的戏耍、欺凌的笑。[①] 而他们嘲笑、戏笑的是一个没有进学的苦苦挣扎的下层知识分子，一个逐渐没落并逐步消亡的"苦人"。一边是"悲惨的遭遇和伤痛"，一边"不是同情和

---

① 谷兴云.《孔乙己》中的几种笑：兼谈课后练习一及其说明［J］.中学语文教学，2018（1）：59－60.

眼泪，而是无聊的逗笑和取笑"，孔乙己便在这其他人的笑闹与孔乙己的悲怆的强烈对比所形成的无边黑暗的社会环境里，逐渐而不可逆转地走向了死亡，这便"使得孔乙己的悲剧笼上了一层令人窒息的悲凉的意味"。①

综上所述，从赤裸文化与三位一体，到身份坚持与社会价值评判，再到叙述自我与经验自我的层层递进式多重错位使得《孔》文的独特叙事成为可能，而独特的鲁镇文化、异样的对比风格和深沉的反思基调在写作胚胎中悄然孕育后，便在孔乙己自身、孔乙己与别人以及社会环境中的强烈对比中进行意图化、情节化的展开。正是这种错位思维、胚胎思维以及对比思维的巧妙运用所形成的独特的叙事风流，才使《孔》文多重意蕴、多种主题的并存成为可能。所以，阅读《孔》文不能仅仅关注主题意蕴，更要以作者的身份去关注多重意蕴背后独特的叙事风流。

---

① 人民教育出版社课程教材研究所中学语文课程教材研究开发中心. 义务教育教科书教师教学用书语文九年级下册［M］. 北京：人民教育出版社，2018：62.

16. 显性批判下的人性的扭曲

——《变色龙》解读

短篇讽刺小说《变色龙》（下称《变》文）是 19 世纪俄国批判现实主义作家契诃夫的代表作之一，曾先后入选我国数个版本的初中语文教材。不过，各版本教材对《变》文的定位是不一样的，如沪教版侧重于学习兴趣，拓宽视野，培养审美意识和世界眼光；河北大学版侧重于讽刺艺术；苏教版侧重于认识社会，品味生活，感悟人生；鄂教版侧重于讽刺艺术的品味，作品深层内涵的把握；人教版侧重于对时代和社会的认识，对情节的把握，人物形象的分析和艺术手法的了解；等等。①

从定位来看，各版本语文教材对《变》文的解读似乎差异性很大，其实，这只是表面现象。定位的不同，只是因着编写者思想的不同而导致课程与教学内容的选择不同罢了。事实上，在看似千差万别的定位的背后，是相同、相似的内核，即这些课程与教学内容的选择大都基于从人物形象、艺术手法、细节描写等层面展开的文本解读，而且，其解读通常都指向于通过"对见风使舵、趋炎附势、媚上欺下的警官奥楚蔑洛夫这个沙皇忠实走狗的刻画，揭露了沙皇专制统治

---

① 李雪梅、契诃夫《变色龙》的文本解读与教学价值探究［D］. 上海：上海师范大学，2019：19－21.

的黑暗腐败，也揭示了小市民阶层麻木、庸俗、愚昧的社会病苦"①。

不过，近来似乎有所转向。

统编教材教师教学用书中指出，像奥楚蔑洛夫这样的小官僚，"虽然可恨，但作者批判的锋芒更多地指向当时腐朽专制的社会，指向孕育这种奴性人格的土壤。"请注意"奴性人格的土壤"这个词组，它的中心语是"土壤"，指向的虽然是当时腐朽专制的社会，但是显然已经关注到像奥楚蔑洛夫这样的小官僚的奴性人格。而在另一处，则更为鲜明地指出，作者"将自己的好恶隐含在客观的描写里，通过人物自己的言行，通过他的前后矛盾、丑态百出，尖锐地讽刺了这样一种奴性人格"②。

这是一个非常重要、非常有意义的转向。从文学接受心理的角度来看，对主人公的讽刺和对沙皇黑暗统治的批判是小说的显性层面，而潜藏于背后的深层次的生命与人性问题才是重点，所以，在解读《变》文时，不能把眼光仅仅停留在讽刺奥楚蔑洛夫的性格和揭露沙皇的黑暗统治上，更要从普遍的人性和人文生态因素去探析这种黑暗社会形成并得以延续的深层次原因。③

然而，很可惜的是，统编教材似乎没有循着这个方向，向前再走一步，而是退了回去。请看统编教材的教学定位：

1. 梳理小说的主要情节，了解故事的来龙去脉，把握课文大意。

2. 抓住人物的言行举止，把握其心理活动，分析其形象。

---

① 洪宗礼. 义务教育教科书语文教学参考书八年级下册［M］. 南京：江苏凤凰教育出版社，2017：275.

② 人民教育出版社课程教材研究所中学语文课程教材研究开发中心. 义务教育教科书教师教学用书语文九年级下册［M］. 北京：人民教育出版社，2018：82－83.

③ 杨定胜.《变色龙》：生命教育的人性之维［J］. 语文建设. 2012（Z1）：87.

3. 了解讽刺小说的特点，品析其主要艺术手法。①

这个教学定位主要侧重于情节、形象、手法等，且依据的依然是从人物形象、艺术手法、细节描写等角度进行的文本解读。在"素养提升"栏目里，统编教材教师教学用书中更是明确地指出：契诃夫敏锐地抓住了一个日常生活中常见的狗咬人事件，充分运用语言、动作描写等对人物进行刻画，揭露了沙皇专制统治下的社会黑暗和官僚阶层的厚颜无耻。② 可见，统编教材教师教学用书对《变》文的解读依然指向于对奥楚蔑洛夫形象的刻画，指向于对沙皇专制统治的黑暗腐败的揭露，指向于对小市民阶层麻木、庸俗、愚昧的社会病苦的揭示，并没有指向奥楚蔑洛夫的奴性人格和孕育这种奴性人格的土壤。真是太可惜了。

笔者以为，作为一种教学化的理解性的解读，对《变》文的解读不仅要落在显性的批判上，还要指向显性批判下的人性的扭曲。为此，不妨运用"非构思"理论，从写作思维的层面，去探寻作者是如何展现特定社会里不同阶层人物的生命形态和生活状态，探寻他们在面对具体事件时的态度和价值观，从而深层次地揭露极权社会下的人性问题。③

一、人性的扭曲：在写作胚胎的渲染中

正常的人性是轻易不会被扭曲的，人性的扭曲，必然是在某个特定时代、特定制度、特定环境的压迫下形成的。这就是说展现、书写人性的扭曲，通常需要有特定的环境、平台和基调。

---

① 人民教育出版社课程教材研究所中学语文课程教材研究开发中心．义务教育教科书教师教学用书语文九年级下册［M］．北京：人民教育出版社，2018：82－83.

② 同①：83.

③ 杨定胜．《变色龙》：生命教育的人性之维［J］．语文建设．2012（Z1）：87.

不过，所谓的环境、平台、基调是很难"一望而知"的，因为它是"悄然"蕴含在写作胚胎的字里行间的，需要细心地揭开"和谐"表象下的"矛盾"，才能进行较为深入的解读。

1. 在衣着错位的矛盾中渲染

《变》文的写作胚胎是小说的第 1 自然段。我们先来看第一句话：

> 警官奥楚蔑洛夫穿着新的军大衣，提着小包，穿过市场的广场。

这句话中的"警官"和"军大衣"两个词很有意味，需要引起足够的注意。

在体会这两个词之前，我们先来思考一下《变》文中一个令人疑惑的地方：《变》文描写了警官奥楚蔑洛夫因小狗的主人是不是席加洛夫将军而产生了数次"变色"，奥楚蔑洛夫身为警官，怎么会那么怕席加洛夫将军呢？这完全没有道理啊！要知道，警察是警察，军队是军队，它们是两个不同的系统，奥楚蔑洛夫根本就不用那么怕的。很显然，在这个有违常理的跨系统恐惧的矛盾中，包含了很特别的信息。而这个信息，必须在前文有所暗示或有所交代，不然，全文在行文逻辑上是行不通的。

带着这样的疑问，让我们再回到写作胚胎上来。按照常理，警察应该穿警服，军人应该穿军大衣才对，作为警官的奥楚蔑洛夫不可能不认识军大衣的，那他怎么会穿着军人才能穿的军大衣招摇过市呢？把这个衣着矛盾和跨系统恐惧矛盾联系起来看，作者通过身为警官却穿着军大衣的细节，在渲染什么，在暗示什么呢？

要想弄明白这个问题，我们就得弄清楚《变》文的写作背景。《变》文写于 1884 年。19 世纪 80 年代是俄国历史上最黑暗、最反动的"停滞时代"，当时民粹派采取了个人恐怖手段，刺杀了亚历山大二世，不但没有解决任何社会问题，反而促使新上台的沙皇采取了更加反动的高压政策，强化了宪兵警察统治。整个俄国笼罩在军警宪兵的白色恐怖之中。① 这就是说，19世纪80年代的俄国社会是一个"以宪代警"的"军政"社会。在这里军大衣并不是件平常的衣服，而是一个社会学符号，潜藏着深刻的内涵。它是一种权力的象征，是了解俄国沙皇社会的一个很特别的窗口。从这个意义上来看，貌似矛盾的衣着和跨系统恐惧，因着强权的凌驾，不但在情理与事理上合逻辑了，更为关键的是，它会引起人们更深层次的思考：在权力的压迫下人性的扭曲和人的生存状态究竟是什么样的。

2. 在外表与行为的矛盾中渲染

我们再来看第二处渲染：

> 警官奥楚蔑洛夫穿着新的军大衣，提着小包，穿过市场的广场。他身后跟着一个火红色头发的巡警，端着一个筛子，盛满了没收来的醋栗。

这一处渲染，乍一看没什么特别之处。但是，当我们把它跟汝龙先生早期的译本比较一下，就很不一样了。

> 警官奥楚蔑洛夫穿着新的军大衣，手里拿着小包，走过市场的广场。他身后跟着一个火红色头发的巡警，拿着一个筛子，那上面盛满了没收来的醋栗。②

---

① 康林. 谈契诃夫的《变色龙》[A] // 王连云. 初中语文课文分析集. 广州：广东教育出版社，1990.

② [俄]契诃夫. 老年集 [M]. 汝龙，译. 上海：上海译文出版社，1982：3.

"拿着小包"中的"拿"和"走过市场的广场"中的"走"都是对动作的客观描述，通常不带有主观情感倾向，而"提着小包"中的"提"则有一种刻意而为的装腔作势的威严感，"穿过市场的广场"中的"穿"字，则有一种摆出来的昂首挺胸、威风凛凛的威仪感；同样，巡警"拿着一个筛子"中的"拿"，也是对动作的客观描述，而改为"端着一个筛子"，就不一样了，端着搜刮来的人民财物，有一种故意摆给人看的居高临下的威服感。

本来，警察的职责是维护社会治安，保护人民利益，然而，这样一个穿着新军大衣，身后还跟着一个巡警的仪表威严、威风凛凛的警官，却违背自己的职责公然干着搜刮人民财物的勾当。他不但不以为耻，反以为荣。在这种威严的外表与龌龊的行为的强烈对比中，一个扭曲的人性和丑恶肮脏的灵魂便鲜明地呈现在了读者面前。

3. 在环境描写的矛盾中渲染

再来看写作胚胎的最后一部分：

> 四下里一片沉静。广场上一个人也没有。商店和饭馆的门无精打采地敞着，面对着这个世界，就跟许多饥饿的嘴巴一样；门口连一个乞丐也没有。

如果单看这几句话，这是从周围环境、广场上没有人、商店和饭馆的门敞着和门口没有乞丐等四个层面渲染了沙皇统治的社会一片萧条败落的景象，反映了 19 世纪 80 年代俄国社会阴森恐怖黑暗的面貌。除此之外，似乎便没什么了。但是，当我们跟汝龙早期的译本进行比较，便有了新的发现。

> 四下里一片沉静……广场上一个人也没有。商店和饭馆的敞开的门口无精打采对着上帝创造的这个世界张开，就跟许多饥饿

的嘴巴一样；在那些门口左近，就连一个乞丐也没有。①

除句式有所不同外，最为鲜明的区别是，在"这个世界"的前面，多了"上帝创造"四个字。（苏教版也有这四个字）"上帝创造的世界应该是美好的，公正的，但这里却注明是'无精打采'的，酒店的大门又像是'饥饿的嘴巴'。"而且，门口连一个乞丐都没有，这是多么的萧条败落啊！这显然是相互矛盾的。然而，正是因为这样的矛盾，才会引起人们的思考，才能让人们意识到，这里不仅仅是对现场景象的简单描写，更是对这个世界的反讽。② 而下文中各色人等的人性，正是在这扭曲的社会中被扭曲的。

《变》文的写作胚胎看起来很平常，仅仅描写了两个人物的出场，以及这两个人物的表演舞台，然而，在平常的表象下，却潜藏着衣着的矛盾、外表与行为的矛盾和环境描写的矛盾。正是在三重矛盾的层层渲染中，悄然埋下了人性扭曲的种子，为下文进行情境化的渲染和意图性的展开设定了特殊的叙事基调。

二、人性的扭曲：在物象的多重渲染中

《变》文中四十三次提到狗、九次提到手指头、四次提到法律和大衣，如此大规模密集地渲染"实体物象"和"文化物象"，自然引起了一线语文教师及相关研究者的关注。人们多从细节描写或意象意蕴的角度对其进行了深入的研究，认为《变》文通过对这些"道具"的多重渲染，有力地促进了情节的发展，辅助塑造了人物形象，并升华了小说的主题。这无疑是很有意义的。不过，能否再向前走一步

① ［俄］契诃夫. 老年集［M］. 汝龙，译. 上海：上海译文出版社，1982：3.
② 孙绍振.《变色龙》：喜剧性五次递增［J］. 语文建设，2014（13）：43.

呢？其中，"大衣"这个物象尤为重要，它不但关涉情节推动、人物塑造和主题升华，更关涉对主人公人性的扭曲，需要细细解读。

渲染一：

> 警官奥楚蔑洛夫穿着新的军大衣，提着小包，穿过市场的广场。 （课文第 1 自然段）

这一处渲染，上文已有论述。这里的"提""穿"，以及"新"字，带有一种刻意而为的装腔作势的威严感，一种摆出来的昂首挺胸、威风凛凛的威仪感。自觉没有威严感、威仪感，就刻意地摆出装腔作势、盛气凌人的警官形象来，这已经是一种人性的扭曲了；而摆出一种装腔作势、盛气凌人的警官形象，竟然是为了欺压人民，这就更是一种人性的扭曲。

渲染二：

> "席加洛夫将军？哦！……叶尔德林，帮我把大衣脱下来……真要命，天这么热，看样子多半要下雨了……" （课文第 10 自然段）

渲染三：

> "哦！……叶尔德林老弟，给我穿上大衣吧……好像起风了，挺冷……" （课文第 20 自然段）

人们在解读这两处渲染时，常常关注"脱""穿"两个动词本身。通常认为，这两个动词表现了奥楚蔑洛夫紧张、窘迫、害怕和纠结的内心活动，他这样做只是为了掩饰处境的尴尬和复杂的心理活动。这是从人物心理活动的角度来解读的。

其实，脱下大衣掩饰尴尬只是奥楚蔑洛夫的目的之一，更重要的是要借此转向赫留金："它怎么会咬着你的？"刚刚还要弄死这条狗，现在仅仅因为狗的主人变了，便立即责问赫留金。如此不管事实如何，见风使舵，随意为之，不要说丧失了一个警察所应该具有的基本的职业操守，就连一个人起码的人性也扭曲了。

同样道理，穿上大衣掩饰尴尬也只是奥楚蔑洛夫的目的之一，更重要的是让叶尔德林把"这条狗带到将军家里去"，告诉将军，这狗是他找着，派人送上的。刚刚还要"好好教训他们一下"，现在，仅仅因为狗的主人是将军，就立即罔顾事实，恬不知耻地溜须拍马，完全没有一个警察所应该具有的起码的善恶观，可见人性扭曲到了什么程度。

渲染四：

> "我早晚要收拾你！"奥楚蔑洛夫向他恐吓说，裹紧大衣，穿过市场的广场径自走了。　（课文第 29 自然段）

一起简单的狗咬人事件让他的内心经历了一场心惊胆战的旅程，他当然痛恨赫留金。"裹紧"这个动作衬托了奥楚蔑洛夫的不寒而栗，他要用这样一个动作来掩饰自己的狼狈不堪。[①] 不过，这场心惊胆战的旅程仅仅是赫留金带给他的吗？明明是自己害怕权贵而罔顾事实地胡判乱判，明明是自己要溜须拍马，让自己几度身处险境，在众人面前颜面尽失，他却把这一切归咎于赫留金。这样的结尾，不但反讽了奥楚蔑洛夫，更是进一步展现了他人性的扭曲。

看起来，《变》文对军大衣的四次渲染是孤立的，其实不然。它

---

① 赵经科，王晓蕾. 读出隐藏在"道具"背后的灵魂密码［J］. 教学月刊中学版（语文教学），2018（12）：61.

们贯穿小说的始终，伴随着主人公奥楚蔑洛夫的威风出场到尴尬掩饰，再到最后的狼狈而走，串起了整个故事，既推动了情节的发展，辅助了人物形象的塑造和主题的升华，更见证了主人公奥楚蔑洛夫人性扭曲的过程。其实际意义，已经远超一般层面上的"道具"，所以，需要引起足够的关注。

三、人性的扭曲：在情节的多向渲染中

《变》文没有采用"通过截取社会生活的横断面，来反映社会风貌和人物命运"，而是把"笔触集中在一件事情上"[①]，用一种"介于有限全知和旁观者的"较为"客观叙述的笔调"，[②] 记述了一个完整的故事。尽管客观的叙述笔调能尽可能地让故事本身说话，从而使小说具有更强的说服力和穿透力，然而，要在一个十分平常的狗咬人的故事中，一个十分窄小的时空场域里刻画人物、展现人性，还是较为困难的。为此，契诃夫对小说的情节进行了多向度的陌生化处理，既对文本层面的情节结构进行多重渲染，又通过情节的特殊结构引起读者阅读期待的快速切换产生一种特殊的渲染，从而，尽可能宽与深地延展时空场域，使人物形象得到更为丰满更为鲜明的塑造，使人性的扭曲得到更为充分的展现。

（一）文本情节陌生化：喜剧式递增性渲染[③]

"陌生化"就是力求运用新鲜的语言或奇异的语言，去破除"自

---

① 人民教育出版社课程教材研究所中学语文课程教材研究开发中心．义务教育教科书教师教学用书语文九年级下册［M］．北京：人民教育出版社，2018：82．

② 王巧霞．主观还是客观：《变色龙》叙事学分析［J］．名作欣赏，2011（3）：66．

③ 孙绍振．《变色龙》：喜剧性五次递增［J］．语文建设，2014（13）：42–45．

动化"语言的壁垒，给读者带来新奇的阅读体验。它并不只是为着新奇，而是通过新奇使人从对生活的漠然或麻木状态中惊醒过来，感奋起来。① 其实，情节也是一样的。平常狗咬人的情节描写，大都只是一次性渲染，太单薄不说，而且还是一种司空见惯的"自动化"叙述，没有新鲜感，很难让人"惊醒"过来，所以，作者进行了陌生化处理，使其在递增性的多重渲染中②，更具喜剧性，更具张力，更能凸显主题，更能展现人性的扭曲。

1. 第一次喜剧性渲染

起初，奥楚蔑洛夫故意摆出一副威严的样子，表示要严办狗的主人，并把这条狗马上弄死。可是，当他得知狗是将军家的，心里十分恐惧，于是，假借天太热让巡警帮忙脱下军大衣之机，顺势把话题岔开，并质问赫留金："它怎么会咬着你的？难道它够得着你的手指头？"前后态度变化如此之大，如此的自相矛盾，初步展现了小说的喜剧性。如果小说就此结束，也能塑造奥楚蔑洛夫诣上欺下、见风使舵的小人形象，其人性的扭曲也略有可见，但终究太平常，太肤浅了些。作者没有停留于此，接着进行了第二次渲染。

2. 第二次喜剧性渲染

巡警提出这狗不是将军家的，因为将军家全是大猎狗，奥楚蔑洛夫的态度马上发生改变，说将军家的狗都是名贵的、纯种的狗，而这条狗是一个下贱坯子。他要好好教训狗的主人，要为刚刚还是"鬼东西"的赫留金讨回公道。其逻辑的荒谬感、情节的喜剧性和人性的扭曲度有了进一步的提升。

---

① 百度百科.陌生化［EB/OL］.（2019 - 12 - 6）［2020 - 3 - 28］ht-tps：//baike. baidu. com/item/陌生化.

② "喜剧性递增"本是孙绍振在《〈变色龙〉喜剧性五次递增》一文中的观点，笔者在其基础上，借用"陌生化"理论和"非构思"渲染理论，从写作思维的角度对《变色龙》一文的情节进行重新解读，从而把《变色龙》一文那充满张力的审美意蕴和显性批判下的人性的扭曲，鲜明地展现了出来。

3. 第三次喜剧性渲染

这里通过笔下人物说话的断裂——本来可以一次性说清，却偏偏要断开，分成几次——造成情节跌宕起伏，来塑造人物形象。[①] 巡警本可以一次性说完，却有意分开来犹疑地说，"说不定就是将军家的狗"。奥楚蔑洛夫再次慌张起来，于是，假借起风了，天太冷，让巡警帮忙穿上军大衣之机，再次转向。刚刚还是下贱坯子的狗，现在成了娇贵的动物，刚刚还要为赫留金讨回公道，现在却训斥他是个混蛋，怪他自己不好。这使得小说的喜剧性再次加强，奥楚蔑洛夫的人性的扭曲程度再次加深。

4. 第四次喜剧性渲染

这里运用了巧合的艺术手法，让将军家的厨师偶然经过。在得到肯定的回答之后，奥楚蔑洛夫立即进行了第四次"变色"，刚刚还是"娇贵的动物"，现在变成了"野狗"，而且"弄死它算了"。故事在这里进一步达到了高潮，如果就此结束也是可以的，因为故事的喜剧性和主人公人性的扭曲，都得到了较为充分的展现。但是作者还嫌不够，还要进行第五次渲染。

5. 第五次喜剧性渲染

这里再次运用了断裂的艺术手法，让将军家的厨师本可以一次性说完的话，分两次说。那虽然不是将军家的狗，却是将军哥哥家的狗。于是，奥楚蔑洛夫立即进行了第五次"变色"，不但夸这条小狗很伶俐，还奴颜婢膝地讨好小狗。其情节的极度的戏剧性、夸张性，把故事推向了最高潮，深刻地展现了奥楚蔑洛夫人性的扭曲。

[①] 王明. 从人物话语的断裂解读《变色龙》［J］. 中学语文教学参考，2017（26）：63.

（二）读者视角陌生化：期待视野的切换式渲染①

从文本结构的角度，进行多重渲染，是一种传统意义上的情节的陌生化；从"作者心目中的理想读者，或者说是文本预设的读者"②，即"隐含读者"的期待视野的快速切换的角度进行多重渲染，则是另外一种意义上的情节的陌生化。

那么，什么是期待视野呢？

所谓期待视野是指读者据以阅读文本的既定心理图式。在文学阅读之先及阅读过程中，作为接受主体的读者，基于个人与社会的复杂原因，心理上往往会有既成的思维指向与观念结构。③ 需要特别注意的是，这种读者的期待视野，以及由读者的期待视野的切换式渲染形成的情节的陌生化，④ 当然跟读者本身有着莫大的关系，但是也不会任由读者自己凭空产生，更多的情况下是作者通过特殊的情节结构进行巧妙引领而产生的。事实上，正是在这种特殊的渲染里，读者才对奥楚蔑洛夫人性的扭曲形成了更为深刻的感同身受式的体验与理解。

1. 第一次期待视野的切换渲染

阅读《变》文之初，读者往往会根据作者批判现实主义的创作风格和写作胚胎中流露出的情感倾向、叙事基调，形成最初的阅读期

---

① 赵先栋.论《变色龙》的讽刺艺术：基于文艺学方法的多维度分析[J].安徽大学（下半月），2013（7）：103－104.

② 申丹，王丽亚.西方叙事学：经典与后经典[M].北京：北京大学出版社，2010：77.

③ 百度百科.期待视野[EB/OL].（2016－3－3）[2020－3－25] https://baike.baidu.com/item/期待视野.

④ "期待视野的快速切换"本是赵先栋《论〈变色龙〉的讽刺艺术——基于文艺学方法的多维度分析》一文中的观点，笔者在其基础上，借用"陌生化"理论和"非构思"渲染理论，从写作思维的角度对《变》文的这一特殊渲染进行别样解读，从而把奥楚蔑洛夫的人性的扭曲，从读者的角度以更为深刻的感同身受式的体验与理解，清晰地呈现了出来。

待：小说应当会对当时那个社会以及警官奥楚蔑洛夫进行讽刺、批判。但是让读者深感意外的是，奥楚蔑洛夫竟然非常的"公正"，而且要好好教训狗的主人。这便跟读者的阅读期待形成了强烈的冲突。这样的期待视野的切换也就引起了读者的阅读兴趣和深深的思考。

2. 第二次期待视野的切换渲染

然而，人群里有人告诉奥楚蔑洛夫，这狗是将军家的，于是他马上进行了第一次"变色"：斥责赫留金是鬼东西。这时，读者的阅读期待实现了回归：小说肯定还会对当时那个社会以及警官奥楚蔑洛夫进行讽刺、批判。接着，奥楚蔑洛夫进行了第二次、第三次、第四次"变色"，而且，每次"变色"都是因为小狗主人发生了变化，于是，读者便形成了新的期待视野：奥楚蔑洛夫是一个没有原则的，一个溜须拍马、谄上欺下、见风使舵、趋炎附势的警官，一个人性严重扭曲的小人。

3. 第三次期待视野的切换渲染

按说，进行了两次期待视野的切换渲染，故事就可以结束了，因为人物形象已经塑造成功，对当时的社会以及奥楚蔑洛夫式的小人已经进行了较为深刻的讽刺、批判，对其人性的扭曲也进行了深刻的揭露。但是作者觉得还不够，又进行了第三次渲染。

将军家的厨师说小狗不是将军家的，而是将军哥哥家的，于是，奥楚蔑洛夫又立即进行了第五次"变色"。这个结局很是出人意料，它显然跟读者的新期待视野产生了部分的冲突。因为新期待视野是基于这条小狗的主人是否是将军而产生的。现在，这条小狗既不是野狗也不是将军家的，而是将军哥哥家的。然而，这样的结局又在情理之中。毕竟将军的哥哥，也是他这样的小人物得罪不起的，他的第五次"变色"是对当时的社会以及奥楚蔑洛夫式的小人更为深刻的讽刺、批判。这样的情节结构使读者产生了第三次期待视野的切换，给读者以极大的冲击力：孕育奴性人格的土壤是多么的可怕，在那种社会里人性竟然扭曲到了如此的地步，实在是令人震惊。

看起来，阅读期待是读者的事情，但是，实际上，这样的阅读期待也是可以由作者精心设置的文本引领的。"契诃夫设置的五次态度转变引导了读者的期待，使读者的期待与作者的期待保持一种若即若离的黏合关系，将读者牢牢吸引在故事之中。同时读者在期待视野的转换之中，深化了对主人公人物形象的把握"①，深化了读者对孕育奴性人格的土壤的感知，对人性扭曲的感知。

四、人性的扭曲：在形象的深层反衬中

《变》文译介到中国以后，人们对文中的奥楚蔑洛夫、赫留金、叶尔德林等人物形象及其性格特点，进行了深入的研究，对奥楚蔑洛夫在很短的时间里，因着狗主人身份的不断变化而表现出来的大跨度、快速度的五次"变色"的夸张手法的运用也多有关注。这里不再赘言。至于对比手法的运用，如警官与巡警的对比、警官与市民的对比、警官前后态度的对比、狗的命运的对比、人与狗的对比、环境的对比等，积存文献也多有研究。不过，大多是从人物性格的塑造和主题思想的表现角度，从前后行动的对比与反衬、心理活动的前后矛盾的对比与反衬进行研究的。就奥楚蔑洛夫而言，能否在溜须拍马、谄上欺下、见风使舵、趋炎附势的小人形象的基础上，向前再走一步，从这个小人的精神本色的对比来看他的人性的扭曲呢？

我们先来看一个美国教师教学《灰姑娘》的片段：

> 师：如果你是灰姑娘的后妈，你会愿意灰姑娘参加王子的舞会吗？记着，一定要诚实回答哟！
>
> 生：如果我是灰姑娘的后妈，我也不希望灰姑娘参加舞会，

---

① 赵先栋.论《变色龙》的讽刺艺术：基于文艺学方法的多维度分析 [J].安徽文学（下半月），2013（7）：104.

因为她太漂亮了，如果她参加舞会，那么我的女儿就不可能有机会成为王后了……

　　师：所以说后妈不一定就是坏人，只是她不能像爱自己的孩子一样去爱别人的孩子。

这个教学案例最为特别的是，美国教师没有局限于灰姑娘谈灰姑娘，也没有局限于后妈谈后妈，而是把读者（学生）"代入"到灰姑娘的后妈的灵魂深处去看后妈、体会后妈、理解后妈。于是，学生明白了，从灰姑娘的后妈的角度来看，她不愿意灰姑娘参加王子的舞会，不是完全没有自己的情感逻辑的，只不过她爱的方式不对罢了。同样道理，警官奥楚蔑洛夫在大跨度、快速度的夸张性"变色"和前后矛盾的对比中，是否也有自己的情感逻辑和思维逻辑呢？答案是肯定的。

表面看来警官奥楚蔑洛夫是多变的，其实，如果深入奥楚蔑洛夫的灵魂深处来看，他的精神本色又是不变的：当不损害警官奥楚蔑洛夫的个人利益时，就保持本色，惩处咬人的狗；当惩处咬人的狗会得罪将军，进而威胁到个人利益时，他就"变色"，表扬咬人的狗，训斥受害者赫留金。然而，我们要明白的是，每一个执法者自觉维护社会的公平正义，才是真正意义上的精神本色，每一个公民自觉坚守社会的公平正义，才是真正意义上的精神本色。[①] 所以，这里的对比与反衬，不仅是人物行为动作上的对比与反衬，不仅是心理活动前后矛盾的对比与反衬，这些都是显性的，而更为深层的其实是个人精神本色与真正意义上的精神本色的对比与反衬。

从这个角度来看奥楚蔑洛夫，我们就不会停留在他那溜须拍马、谄上欺下、见风使舵、趋炎附势的性格表象上，就不会停留在对他的嘲笑、讽刺、憎恶上，"还应当看到奥楚蔑洛夫也是社会中的一个可

---

　　① 王飞. 用题目延伸的方法解读《变色龙》［J］. 中学语文教学，2019（5）：62.

悲的小人物，是他所处的封建沙皇时代的制度和文化构成了他的行为方式，导致了他人性扭曲的悲哀"①。也就是说，我们可以从一个人的行为、语言、性格的表象深入下去，从人性扭曲的角度来解读奥楚蔑洛夫，来解读孕育这种奴性人格的社会。

综上所述，作为一种教学化的理解性的解读，对《变》文的解读不仅要落在显性的批判上，还要通过写作胚胎渲染、物象渲染、情节渲染以及人物的精神本色的对比与反衬，把对《变》文的解读落在显性批判下的人性扭曲上。这样，或许更深刻一些，更恰当一些。

① 汪笑梅．能否多一种角度解读奥楚蔑洛夫［J］．中学语文教学，2010（5）：17.

17. 世俗中的风流

——《溜索》解读

阿城的《溜索》是一篇很特别的小说，要想深入解读这篇文章，必须弄明白三个问题。首先要弄明白的是，这是一篇什么样的小说？

这篇小说没有宏大的叙事，仅仅记述了马帮人溜索跨越怒江大峡谷的经过，故事内容十分简单；也没有通过主人公的多重性格特点或透过对时代背景的细致刻画描写来表现作者对生活、对世界的洞察与思考，仅仅表现了马帮人的勇敢、沉着、冷静罢了，文本主题谈不上深刻，甚至还有点模糊；小说的情节更是十分平淡，没有戏剧性，没有激烈的矛盾冲突。无论从哪个方面来看，这篇小说都不太像通常意义上的短篇小说。所以，从短篇小说的视角来解读这篇文章似乎是不合适的。

那么，《溜索》究竟属于什么样的小说呢？

统编教材教师教学用书上说，阿城认为他写的是"笔记小说"，继承的是中国古典笔记小说的传统。中国古典笔记小说十分发达，且源远流长。它既像笔记，有着广泛的取材，有着随意的行文表达；又像小说，有一定的故事性，有生动逼真的写人记事。这便必然地决定了，笔记小说不强调宏大叙事，不强调深刻的主题，也不强调情节的曲折性。以笔记小说的视角来审视、理解、鉴赏《溜索》，显然是可行的。但问题是中国古典笔记小说，于"五四"之后便逐渐消亡了，而《溜索》一文选自出版于20世纪90年代末的小说集《遍地风流》，很显然，《溜索》不属于中国古典笔记小说，而是属于兴起于社会主义新时期的"新笔记小说"。

这便带来了第二个问题：《溜索》是一篇什么样的新笔记小说？

新笔记小说一方面"表现为对旧文体、旧形式的寻觅和利用"，即具有古典笔记小说基本的审美基因；另一方面"所写的是当今的现实生活或今人眼中的故人往事，体现着新的时代精神和美学趣味，还包含着新的文体实验的意向"①，即具有现代美学特性和新的文体自觉。如《遍地风流》所写的题材，就不是古典笔记小说常涉列的灵鬼、玄怪、集异等，而是一些凡人俗事，其所追求的是具有现代美学意味的"感觉意象"等。这就是说，以《溜索》为代表的新笔记小说，从总体上来说，在选材上，在时代精神、美学趣味以及文体自觉上，有着与古典笔记小说不一样的地方。

不过，这只是对新笔记小说的一个整体上的共性认知罢了，显然是不够的，还要通过《溜索》获得一个更加个性化的认知，这样，才能对其进行深入的解读。因此，我们要弄明白的第三个问题是：这是一篇有着什么样个性特征的新笔记小说？

阿城在给研究中国当代文学的法国专家杜特莱的一封信中说，"笔记这一文类消失了，这是我想写笔记小说的理由之一。"这便很好地说明了阿城创作新笔记小说不是一时兴起，而是有着强烈的"复兴"意图，有着继承古典笔记小说传统的审美自觉的。不过，他不是单纯地"复兴"和原样不动地"继承"，而是努力进行着"各种各样的实验，例如句子的节奏、句调、结构、视角等等"②的进一步

---

① 钟本康. 关于新笔记小说 [J]. 小说评论，1992（6）：14.

② [法] 杜特莱. 不可能存在的小说：阿城小说的写作技巧 [J]. 中国文化研究，1994（4）：132.

扬弃。他从来不写主流文坛所热衷的时代主题，也不写不食人间烟火的高大、伟岸的人物，他笔下的凡人俗事，从来都是鲜活的有生命温度的，是作者所"看到的或喜欢的风度"①，是"世俗"中的"风流"。因此，阿城笔下的新笔记小说既具有深厚的传统美学韵味，又具有鲜明的现代美学特色。《溜索》便是这样"实验"的杰出代表。

弄清了这三个问题，我们便对《溜索》一文有了一个较为明晰的概念。不过，仅仅止于此，依旧是不够的。作为一种教学化的理解性解读，我们还需要进一步搞清楚作者是如何表现这世俗中的风流的？我们不能停留于现象式的赞叹之中，而应该积极地从更为本质的写作思维的角度，从渲染、反衬思维的角度切入进行深度解读。这样，才能真正弄明白《溜索》一文中的世俗究竟有何风流，才能真正弄明白阿城在新笔记小说世俗性的创作中，如何有属于自己的艺术风流。

一、风流：在写作胚胎的孕育中

通常来说，一篇文章是对写作胚胎所设定的特殊的叙事基调进行的情境化的渲染和意图性的展开的结果，所以，要深入解读《溜索》，就必须从《溜索》的写作胚胎开始。请看《溜索》的写作胚胎：

> 不信这声音就是怒江。首领也不多说，用小腿磕一下马。马却更觉迟疑，牛们也慢下来。　　（课文第1自然段）

这个写作胚胎一共三句话。第一句话中，"不信"一词很有意味。统编教材中说"起笔突兀，一下子就把读者带入特定的情境之

---

① 阿城. 阿城精选集［M］. 北京：燕山出版社，2011：15.

中"，这是从情境营造的角度来阐释的。有人认为，"情景化叙述引入故事"是一种"情节结构散文化"的表现。[①] 这是从文本结构的角度来阐释的。这没有错，但是，我们可能更需要知道的是，为什么会不信这声音就是由怒江发出来的呢？作者这样写有什么特别的用意吗？要想解决这个问题，就必须联系文中其他三处对怒江之声的渲染，做综合的考量。

渲染一：

> 一个钟头之前就感闻到这隐隐闷雷，初不在意，只当是百里之外天公浇地。雷总不停，才渐渐生疑，懒懒问了一句。首领也只懒懒说是怒江，要过溜索了。　（课文第3自然段）

不信这是怒江发出来的声音，并不是毫无道理的。因为离怒江还那么远，怎么可能"一个钟头之前就感闻到这隐隐闷雷"呢？于是，便错误地以为那只是百里之外的天公在浇地罢了。但是雷总是不断，就让人渐渐生疑了，无缘无故不能总是打雷啊。这个"只当"的过程，这个"生疑"的过程，其实就是反向渲染怒江发出来的声音大、持续的时间长的过程。

渲染二：

> 不由捏紧了心，准备一睹气贯滇西的那江，却不料转出山口，依然是闷闷的雷。　（课文第4自然段）

可是，究竟是什么样的怒江竟能发出如此之大、持续时间如此之长的"雷声"呢，而且还是隐隐的"闷雷声"？这必然会引起人们的

---

① 朱再枝. 别样的"风流"：读阿城的《溜索》［J］. 语文学习，2019（6）：53.

兴趣，然而，作者并没有把怒江直接呈现在读者面前，而是把急于要看而不得的急切的心情，再一次进行反向渲染，使文本的审美张力得到进一步扩大，从而使人更为"心下大惑"。走到跟前才发现，"万丈绝壁飞快垂下去"，原来怒江就在这深深的大峡谷之中。怒江的涛声在狭窄的大峡谷里不能四面发散，只能沿着峭壁向高处升腾直到天空，让人感觉这是从天而降的雷声；在到达天空的过程中，又由于连绵的峰峦不能一下子传出去，而是在到处碰壁的过程中形成多次回声，犹如闷雷在天空中隐隐作响。于是，我们这才明白，写怒江之声如雷是在渲染大峡谷的险峻，写"雷"声"闷闷"的也是在渲染大峡谷的险峻。

渲染三：

顺风扩一扩腮，出一口长气，又觉出闷雷原来一直响着。
　　　　　　　　　　　　　　　　　　　　　·　·　·
（课文第 25 自然段）

这里有一个矛盾，通常情况下，只要怒江在，闷雷便会一直响，这是一个基本常识，可是为什么"又觉出"闷雷原来一直在响呢？难道有一段时间闷雷没有响吗？不是的，之所以造成短暂的听觉空白，是由于在怒江上溜索时高度紧张；而在怒江上溜索之所以高度紧张，又是怒江大峡谷太过凶险所致。换句话讲，"又觉出闷雷原来一直响着"，其实是从人的听觉的角度再次渲染怒江大峡谷的险峻和溜索过峡谷的凶险。

原来，作者之所以三次渲染怒江那闷闷的雷声，其实是为了着力渲染怒江大峡谷的险峻，继而为描写马帮人溜索过江的凶险埋下伏笔。不信这声音是怒江发出来的，实际上是一种反向渲染。这里的"不信"，无论从"全知视角"，还是从"有限视角"来看，都是为了强化渲染怒江声之大，持续时间之久，之与众不同。

不过，这里需要注意的是，"不信"的是别人，而不是常年溜索过怒江大峡谷的首领，甚至，不是马帮的马和牛们。本来，在"万丈之处盘桓"就很危险，所以，才会有所"迟疑"和"慢"。现在，"更觉"迟疑而慢了下来，那是因为它们听到了怒江的声音，知道离大峡谷不远了，离溜索不远了，也就是说，离"凶险"的处境越来越近了。但是同样知道这样处境的首领却不多说话，仅仅用小腿磕一下马，继续前行。在马、牛们与首领的对比、反衬中，初现马帮人的勇敢、沉着和冷静的性格特征。

至此，我们便明白了，在这个写作胚胎中，写不信这声音就是怒江发出的，是一种反向渲染。渲染怒江声音之大，持续时间之久，之与众不同，实际上是为进一步渲染怒江大峡谷之险峻和溜索过大峡谷之凶险做好铺垫。写马和牛们的"更觉"迟疑和慢，是为了反衬首领以及下文中的马帮人的勇敢、沉着和冷静。以首领为首的马帮人，只是一群普通的"俗人"罢了。文章所讲述的溜索过江的事也是滇西人民生活中一件普通得不能再普通的"俗事"而已。然而，作者却把目光倾注于这些凡人的世俗生活，来表现普通马帮人勇敢、沉着、冷静的别样的风流。这大概便是作者想通过写作胚胎向人们传递的与众不同的信息吧。

二、风流：在诗性意象的渲染中

通常情况下，人们大都喜欢或者更愿意把诗的语言、诗的意境融入散文创作，甚至还因此诞生了一种兼具散文和诗的特性的"两栖"类文类——散文诗。不过，把诗的意味移植到小说创作中的并不多，把它当作自己的一种自觉的艺术追求的作家就更少了。但是，阿城不一样。阿城在《闲话闲说——中国世俗与中国小说》一书中说道："要想在中国的这样一种情况下将小说做好，运用诗的意识是一种路子。"再综合他给杜特莱的信中所言，"这种文类大概同时具有诗、散文、随笔和小说的特征"，可见，将诗的语言、诗的意境融入新笔记小说创作是阿城自觉的审美追求。在《溜索》一文中，鹰、铃铛声不仅是作者的叙事对象，还是融铸了作者主观情感的两个特别的意象，具有明显的诗性意味。这一自觉的美学追求，成就了阿城新笔记小说独特的艺术风流。

（一）鹰

鹰是《溜索》一文中很是独特的存在。它是一个意象，寄寓了某种隐喻。它贯穿全文，有着特别的意味，需要仔细解读。对于鹰，一共渲染了三次。

渲染一：

一只大鹰旋了半圈，忽然一歪身，扎进山那侧的声音里。

（课文第 2 自然段）

教师教学用书上说，这里的"扎"写尽了老鹰的迅猛。这自然没有错，但是仅仅这样理解还是不够的。课文中紧接着说："马帮像是得到信号，都止住了。"马帮得到了什么信号，为什么都止住了呢？从下文我们知道，马帮得到的信号是山的那侧便是"万丈绝壁飞快垂下去"的怒江大峡谷；"都止住了"的原因是马上就要溜索飞渡凶险的大峡谷了。所以，老鹰忽然"扎进山那侧的声音里"，既写出了老鹰的迅猛，更隐喻了峡谷之深，之险。而隐喻峡谷之深与险，便为下文表现马帮人飞身过溜索的勇敢、沉着、冷静的性格特点做了很好的铺垫。

渲染二：

那只大鹰在瘦小汉子身下十余丈处移来移去，翅膀尖上几根

291

羽毛被风吹得抖。 （课文第 11 自然段）

这里有两个矛盾。

矛盾一：普通的鹰再如何大，也不会比瘦小汉子大多少，即使距离的原因会使人产生某种错觉——事实上，瘦小汉子离鹰并不远，只有十余丈，人们基于生活常识，也不会认为鹰比人大多少的。既然如此，为什么说是"大"鹰"瘦小"汉子呢？有意无意地把鹰之"大"与"瘦小汉子"之"小"进行对比，作者有什么特别的用意吗？

我们知道人是属于大地的，瘦小汉子飞身溜索过怒江是一件十分危险的事情。而鹰则天生属于天空，它展翅翱翔于天空是它的平常生活、自然属性。但是它竟然在比瘦小汉子还要低十余丈的地方移来移去。以瘦小汉子溜索过大峡谷的凶险对比鹰的自由翱翔，以汉子的瘦小来对比鹰的大，其实，都是为了强调人的不一般，突出瘦小汉子的勇敢、坚强和不畏天险的气概。

矛盾二：鹰在空中通常是"飞来飞去"，怎么会是"移来移去"呢？这显然不符合通常的用词习惯。"飞来飞去"是一种状态的描述，不带有任何情感倾向；"移来移去"虽然也是一种状态的描述，但是当把这个词用于翱翔于万米高空的鹰时，便有一种闲庭信步的质感。用鹰在险境中淡定从容的状态来渲染瘦小汉子飞身过峡谷的英姿，显然也是为了突出瘦小汉子的勇敢、坚强和不畏天险的气概。

渲染三：

那鹰斜移着，忽然一栽身，射到壁上，顷刻又飞起来，翅膀一鼓一鼓地扇动。首领把裤腰塞紧，曲着眼望那鹰，说："蛇？"几个汉子也望那鹰，都说："是呢，蛇。" （课文第 24 自然段）

在这一处渲染中，人们通常会注意到"移""栽""射"等动词，它们表现了鹰捕食时动作之迅速；还会注意到"忽然""顷刻"等词语，它们表现了鹰捕食时间之短暂。由此可见老鹰捕食的快、猛、准的特点。不过，我们还应该注意到这样一个矛盾：生活在云南一带的多为苍鹰，多以老鼠、兔子为食，而这里的老鹰舍弃了较为弱小的老鼠与兔子，而捕食更具攻击性、更危险的蛇。这是为何呢？实际上，这是作者借描写老鹰捕蛇时的快、猛、准来隐喻马帮人勇敢、野性、不畏凶险的个性特点。①

综上，我们发现，对"鹰"这个意象的三次渲染中，无论是渲染一通过"扎"隐喻峡谷之深和险，还是渲染二通过"大"与"小"的对比，以及"移来移去"的错位描写隐喻瘦小汉子勇敢、坚强和不畏天险的气概，抑或是渲染三通过捕蛇来隐喻马帮人的勇敢、野性、不畏凶险的个性，都无一例外地指向人——马帮人，都是为了渲染世俗生活中的一群平常的马帮人的勇敢、沉着和冷静的个性风流。

（二）铃铛声

在《溜索》一文中还有一个意象——铃铛声，常常会被人忽略。也许是因为它在刻画马帮人的过程中"作用"不是很大，没有引起人们太多的注意，又或许是因为"鹰"这个意象及隐喻义太过显豁而被有意无意地遮蔽了吧。其实，"铃铛声"这个意象还是有些意味的，值得一解。文中共有三处渲染了铃铛声。

渲染一：

铃铛们又慌慌响起来，马帮如极稠的粥，慢慢流向那个山

---

① 姜京，李敏. 边地志怪，野性讴歌：阿城新笔记小说《溜索》赏析［J］. 语文教学与研究，2019（21）：49.

口。 （课文第 2 自然段）

这句话中，人们通常都会注意到"如极稠的粥"这个比喻句的妙处。其实，这里的"慌慌"也是很值得关注的。"慌慌"是恐慌、慌乱的意思，这里不止一个铃铛在"慌慌"，而是"铃铛们"整个群体都在恐慌、慌乱。表面看起来这个慌乱的群体指的是牛马们，但是以叙述者之心投射其中的"慌慌"，自然也包括叙述者本人在内。

渲染二：

牛铃如击在心上，一步一响，马帮向横在峡上的一根索子颤颤移去。 （课文第 8 自然段）

这句话中的"击"字很有意味。当马帮一步步地靠近索头时，危险也就一步步地逼近。于是，每一声铃铛都产生了心惊肉跳的感觉，似乎不单纯是铃铛响，也是叙述者自己的心在应和着铃铛声的激烈跳动。① 这是从叙述者个体的角度渲染了内心的紧张、担心、恐惧的感觉。

渲染三：

牛们终于又上了驮，铃铛朗朗响着，急急地要离开这里。
（课文第 25 自然段）

这里的"朗朗"有声音大的意思，但更含有明快的色调。那是一种安全渡过峡谷之后的轻松、愉快、舒畅之情的外在流露。

综上，如果说"鹰"这个意象多是为了渲染世俗生活中的一群平常的马帮人勇敢、沉着和冷静的个性风流的话，那么，"铃铛声"

---

① 詹丹．把感觉写得更有感觉：读阿城的《溜索》［J］．语文学习，2019（7）：59.

这个意象，则更多地从叙述者的角度来渲染溜索之前的紧张、恐惧和溜索之后的轻松、愉快和舒畅。这样，无形之中，"铃铛声"与"鹰"这两个意象便形成了某种意义上的对比、反衬关系。渲染叙述者的恐慌、慌乱，不正反衬了马帮人的勇敢、沉着吗？同样道理，渲染叙述者溜索过大峡谷之后的轻松、愉快、舒畅之情，也反衬了马帮人的冷静、淡定。因此，在《溜索》一文中，"鹰"与"铃铛声"不仅是作者的叙事对象和精心营造的意象，更含有作者独特的诗性隐喻。而这一自觉的美学追求，显然成就了阿城的新笔记小说的独特的艺术风流。

三、风流：人与物的多向度对照反衬中

《溜索》一文不求情节的完整性，削弱传统情节结构模式中的因果性因素，不求情节的跌宕性，淡化传统情节结构模式中的戏剧性因素，它的情节结构自由而灵活，打破了小说和散文的界限。① 不过，这样一来，文体的确是创新了，但随着情节因果性的淡化和戏剧性的缺失，文本看起来却有点松散，缺乏必要的审美张力。这就使我们不得不思考这样一个问题：作者把什么当作《溜索》的叙事动力，用什么来结构全文呢？

细读《溜索》，我们便会发现，这篇文章中充满着对照、反衬。如：叙述者与首领的反衬，怒江大峡谷与首领的反衬，牛们与汉子们的反衬，叙述者与汉子们的反衬，等等。作者之所以大规模地运用反衬思维，用反衬思维来结构全文，是因为反衬思维有一个非常重要的特性：反衬的幅度越大越能引起人们的思考，越能最大限度地拓展审美空间。它在有效化解新的文体的缺陷的同时，还开创了一种别具风流的叙事风格。

① 刘俊. 从《遍地风流》看阿城笔记小说的艺术特征［J］. 牡丹江师范学院学报（哲社版），2015（1）：71.

（一）叙述者与首领的对照反衬

面对孤悬、高峻、险恶的怒江大峡谷，叙述者与首领的态度、表现是完全两样的。我们先来看《溜索》一文是如何渲染叙述者的。

渲染一：

> 行到岸边，抽一口气，腿子抖起来，如牛一般，不敢再往前动半步。　（课文第4自然段）

这一处渲染看起来很简单，没什么特别之处。但是当我们注意到"行到岸边"这几个字，就有点不一样了：叙述者刚刚到岸边还没有往下看怒江大峡谷，就已经抽了一口气，腿就抖起来，就像牛一样不敢往前走半步，足见怒江大峡谷有多么险峻。那么，当叙述者亲眼看到大峡谷又会怎么样呢？

请看渲染二：

> 俯望那江，蓦地心中一颤，惨叫一声。急转身，却什么也没有，只是再不敢轻易向下探视。　（课文第6自然段）

这里有一个矛盾。明明叙述者在"万丈绝壁之上"俯望怒江，被"升腾"上来的"阴森"之气吓得"心中一颤，惨叫一声"，为什么还要"急转身"寻找呢？好像那声惨叫不是自己叫的。这是不是不合情理呢？

不是的。美国作家莫顿·亨特的《走一步，再走一步》中也有一个类似的情节：

从小胆怯的"我"跟小伙伴们爬悬崖，小伙伴们都爬了上去，"我"却在岩脊上上不得，去去不得，留也留不得。"我"非常恐惧。

"我听见有人在哭泣、呻吟；我想知道那是谁，最后才意识到那就是我。"明明是自己在哭泣、呻吟，为什么"我"却觉得是别人呢？这是因为人在极度的恐惧下，思想、情感、行为、意识等会发生暂时的分裂。由此可见，写"我"听见别人在哭泣、呻吟，实际上是强烈地渲染了"我"极度的恐惧和害怕。同样道理，《溜索》一文中，叙述者急转身寻找谁在惨叫，也是在渲染叙述者本人的极度恐惧和害怕。

我们要思考的是，作者为什么要如此渲染叙述者的恐惧和害怕呢？请看文本是如何渲染首领面对怒江大峡谷的——

《溜索》一文对首领的渲染还是比较多的，如第1自然段中"首领也不多说，用小腿磕一下马"，以及第3自然段中"首领也只懒懒说是怒江，要过溜索了"，其中的"也不多说""懒懒"都表现了首领的不在意，表现了他于凶险中溜索过峡谷的从容不迫和胸有成竹。接下来，我们来重点探讨一下，课文第7自然段的渲染，相比而言，此处最为突出。

> 首领稳稳坐在马上，笑一笑。那马平时并不觉雄壮，此时却静立如伟人，晃一晃头，鬃飘起来。首领眼睛细成一道缝，先望望天，满脸冷光一闪，又俯身看峡，腮上绷出筋来。

这处渲染又可分为三次分渲染。分渲染一中的"稳稳""笑一笑"，是从形态、神态描写的角度来渲染首领的沉着、冷静；分渲染三中的"细""闪""绷"是从动作描写的角度来渲染首领面对"重大战役"时特有的冷峻与沉着。最难理解的是分渲染二。因为第22自然段写道："牛马们还卧在地下，皮肉乱抖，半个钟头立不起来。"可见，过溜索时马也是害怕的。好像后面的马跟这里的马是完全两样的，是不是前后矛盾了呢？不是的。分渲染二是承接分渲染一来说的，也就是说，分渲染二也在渲染首领的沉着、冷静。这里的"静立如伟人"的神态和"晃一晃头，鬃飘起来"的形态，渲染的不仅是马本身，更是稳稳坐在马上的首领。只不过这是一个侧面渲染罢了。也就是说，这段话中无论是正面的神态渲染和动作渲染，还是侧面从马的神态和形态来渲染，其实，都是在极力渲染首领的沉着、冷静。

回到刚才的问题上来，作者一方面如此极度地渲染叙述者的恐惧和害怕，另一方面又一次又一次地渲染首领面对怒江大峡谷的沉着、冷静，这是为什么呢？除了下文将要详细论述的，叙述者本身的"成长"和"主观世界"的完成之外，还为了把叙述者的恐惧、害怕与首领的沉着、冷静进行鲜明的对比。这个对比的力度越大，审美的空间就越大，就越能突出首领在面临凶险时的沉着和冷静。这样，即便没有矛盾冲突，没有明显的因果关系，同样能把世俗生活中一个平常的马帮人独具风流的性格特点充分地展现出来。

（二）怒江大峡谷与首领的对照反衬

课文中对怒江大峡谷的渲染有侧面的，也有正面的。

渲染一：

一只大鹰旋了半圈，忽然一歪身，扎进山那侧的声音里。
（课文第 2 自然段）

这是侧面渲染，既写出了老鹰的迅猛，也隐喻了峡谷之"深"，之"险"。

渲染二：

万丈绝壁飞快垂下去，马帮原来就在这壁顶上。　（课文第 5 自然段）

这是正面渲染。这里有个矛盾，绝壁是静止不动的，怎么可能会"飞快垂下去"呢？这显然是不合理的。但是文学的妙处就在于"无理之妙"。越是不可能动的东西，赋予它强有力的动态感，就越能形象、生动地表现怒江峡谷深邃、陡峭的特点，让人触目惊心。

渲染三：

怒江自西北天际亮亮而来，深远似涓涓细流，隐隐喧声腾上来，着一派森气。　（课文第6自然段）

渲染三中的"腾"和"森"需要注意一下。在这里，"腾"是"升腾"的意思，"森"是"阴森"的意思。明明可以用双音节词，作者却用文言词语替代，这是为了使文本更加庄重、文雅。如"一个钟头之前就感闻到这隐隐闷雷"的"感闻"和"初不在意"的"初"都是文言词语，将之换成"听到""开始"，变成大白话，就丧失了古典的风雅。如果说"腾""森"还只是文言词语的运用，那么，"山不高，口极狭，仅容得一个半牛过去"，就不一样了，它显然是从陶渊明的《桃花源记》中的"初极狭，才通人"化用而来，是古典文言句式在新笔记小说中的一种运用。这些有意的探寻与实践，形成了阿城的新笔记小说的独特的语言风流。这里不再细说。

这一处渲染也是正面的。从"天际"而来，怒江的源头已是遥远；如星星之于地球一般"亮亮"的，更是遥不可及。正因为源头如此遥远，怒江才会如此汹涌澎湃，才会在"一个钟头之前就感闻到这隐隐闷雷"。如此浩大汹涌的怒江，竟然"似涓涓细流"，可见，怒江大峡谷是多么的高峻、孤悬。至于，"腾"与"森"，则都是在渲染怒江大峡谷的险峻。

从上面分析可知，作者一而再，再而三地渲染怒江大峡谷的孤悬、高峻与险恶，这是为什么呢？

通常情况下，面对如此凶险的怒江大峡谷，人会十分恐惧、害怕，但是首领不一样，他异常沉着、冷静（上文已有详细论述，这里不再重复）。这便构成了非常奇特的异质对比与反衬，而且怒江大峡谷越是孤悬、高峻、险恶，越能反衬出首领的沉着、冷静，越能展示首领独特的个性风流。

（三）牛与汉子们的对照反衬

《溜索》一文对牛的渲染很多，分散在文章的各个部分，如第2自然段中的"马帮如极稠的粥，慢慢流向那个山口"等。其中，以课文第15自然段的描写最为详细，渲染最为到位。

> 牛们早卧在地下，两眼哀哀地慢慢眨。两个汉子拽起一头牛，骂着赶到索头。那牛软下去，淌出两滴泪，大眼失了神，皮肉开始抖起来。……牛嘴咧开，叫不出声，皮肉抖得模糊一层，屎尿尽数撒泄，飞起多高，又纷纷扬扬，星散坠下峡去。

这个渲染亦可分为数次分渲染。分渲染一通过牛们"卧"而不是"站"在地下的动作，通过"哀哀"地而不是"悠闲"地慢慢眨眼的神态，来正面渲染牛们过溜索前的害怕。分渲染二通过汉子不寻常的"拽"牛，而不是通常的"拉"牛，通过不寻常的"骂"着赶牛，而不是通常用皮鞭"吆喝"着赶牛，来侧面渲染牛们因为十分害怕而不愿、不肯过溜索的情态。分渲染三通过瘫软、淌泪、失神、肉抖来渲染牛们准备溜索之前的恐惧。分渲染四是最为精彩的分渲染。这个分渲染，又可以细分为更多更小的渲染。如，这里有个矛盾：牛咧开了嘴怎么就叫不出声了呢？看起来是不合理的。其实，那是在写牛的极度恐惧。牛和人一样，当遇到非常危险的境况时，也会因为极度的恐惧而出现一系列躯体症状，比如叫不出声来。这是第一小层的渲染。牛们的皮肉也由溜索前的开始抖起来，变成"抖得模糊一层"，可见牛们有多么的恐惧。这是第二小层的渲染。甚至吓得屎尿撒泄，这是第三小层的渲染。可是作者仍嫌渲染得不够，又从侧面渲染屎尿飞扬和坠下去的情态，仿佛把牛们过溜索时极度的恐惧遍布了整个怒江大峡谷。这是第四小层的渲染。在这个渲染里，作者按照过溜索的过程，从卧地、驱赶、准备、飞渡四个阶段，层层递进地渲染了牛们从害怕到十分的害怕，从恐惧到极度的恐惧，直至完全崩溃的精神状态。

牛们过溜索时是如此的恐惧，那么，汉子们过怒江大峡谷时，又是一种什么样的状态呢？

文中对汉子们的渲染较多，分散在文本的各个角落。其中，课文第 10 自然段对以瘦小汉子为代表的汉子们的渲染最为详细、生动。

> 只有一个精瘦短小的汉子站起来，向峡下弹出一截纸烟，飘飘悠悠，不见去向。瘦小汉子迈着一双细腿，走到索前，从索头扯出一个竹子折的角框，只一跃，腿已入套。脚一用力，飞身离岸，嗖的一下小过去，却发现他腰上还牵一根绳，一端在索头，另一端如带一缕黑烟，弯弯划过峡顶。

这里也有多个分渲染。分渲染一中："向峡下弹出一截纸烟"表现了瘦小汉子对凶险的怒江大峡谷发自内心的蔑视，而"飘飘悠悠，不见去向"，则是对这种蔑视的诗意的强化渲染。分渲染二中，通过"迈""走""扯""跃"等动作描写，既渲染了瘦小汉子毫不迟疑、轻松、干练的情态，又渲染了他的冷静、沉着。分渲染三中"飞身离岸，嗖的一下小过去"的"小过去"很有意味，把瘦小汉子溜索过江时极快的速度，化为由大（离岸近）变小（离岸远）的视觉变化，很是传神。"如带一缕黑烟，弯弯划过峡顶"是对瘦小汉子飞身溜索的勇敢、沉着、冷静的一种赋有诗性意味的赞美。

至此，我们明白了，极度渲染牛们过溜索的恐惧，实际上，是为了跟汉子们飞身过峡谷时的勇敢、沉着和冷静形成鲜明对照、反衬。而且，牛们越是恐惧，对比的力度越大，反差越明显，便越能突出以瘦小汉子为代表的马帮汉子们的别样的风流。

（四）叙述者与汉子们的对照反衬

溜索过峡谷时，作者对叙述者跟随马帮溜索过江时的情状也进行了大量的渲染。"猛一送，只觉耳边生风，聋了一般，任什么也听不见"渲染了叙述者溜索过大峡谷时的速度之快，快到风噪声盖过了一切，同时，这也渲染了一种极度的危险：在如此凶险的怒江大峡谷的顶端，以如此快的速度溜索过峡谷，听听都心惊胆战。"僵着脖颈盯住天"，而不是悠闲地欣赏悬在"空中"的大海，看似"无波无浪"，却让人觉得"深得令人眼呆，又透远得欲呕"，则渲染了叙述者的极限心理状态——深度恐惧。还有那"撕得钻心一疼"还"赶紧倒上去抓住"的那种"命在天上"的带有谶语性质的告诫，把叙述者溜索时的胆战心惊、深度恐惧和为了活命顾不得疼痛的情状、心理刻画得淋漓尽致。

作者为什么要如此渲染叙述者的恐惧呢？同样是为了跟汉子们形成对照、反衬，同样是为了在巨大反差的对比中，突显汉子们的勇敢、沉着和冷静。

这就是说，《溜索》一文虽然不刻意追求情节的完整性，有意淡化了因果性因素，且没有戏剧性的矛盾冲突，但是因为巧妙运用了反衬的写作思维，通过叙述者与首领，怒江大峡谷与首领，牛们与汉子们，叙述者与汉子们的对照、反衬所形成的巨大的审美张力，同样展现了滇西边民勇敢、沉着、冷静的异样风流。

四、风流：两个世界的对照反衬

《溜索》一文的无主叙事独具风流，历来为评论家们所赞赏。

统编教材在"阅读提示"中是这样说的：小说处处通过"我"的观察和感受来写，但从头到尾没有出现"我"字，好像每位读者都是这个"我"，给人以身临其境之感。这是从读者的角度来考量的，自有一定道理。但是，如何让每位读者都是这个"我"，都能成为这个"我"，却又语焉不详。

杜特莱认为，《溜索》一文中或"隐"或"现"的第一人称是一种强调手法，使得自叙者和所描写的风景和情境融为一体。① 这也有一定的道理。但问题是，这怎么就是一种强调手法了？文章又是如何使叙述者与所描写的风景、情境融为一体的？这些都没有进一步说明。

钟本康认为古典笔记小说往往以恬淡、飘逸、超然的态度进行观照、叙事，而新笔记小说则与笔下的人物交流交谈，平和平等，既不超脱于外，也不高踞于上。② 这是从作者与笔下人物之间的关系来考量的，也有一定的道理。不过，仅仅如此似乎还是不够的。因为他们说得都有点玄，很难进一步进行分析和解读。

笔者以为，阿城在一篇访谈中的一段话，或许能为解读《溜索》中的无主叙事打开另外一扇窗：《棋王》（阿城的代表作）里其实有两个世界，王一生（《棋王》的主人公）是一个客观世界，我们不知道王一生在想什么，只知道他在说什么，在怎么动作……另外一个就是"我"，是一个主观世界，所以这里面是一个客观世界跟主观世界

---

① ［法］杜特莱. 不可能存在的小说：阿城小说的写作技巧［J］. 中国文化研究，1994（4）：134.

② 钟本康. 关于新笔记小说［J］. 小说评论，1992（6）：16.

的参照，小说结尾的时候这两个世界都完成了。①

那么，《溜索》一文中是否也有两个世界呢？是否最后都完成了呢？

笔者以为答案是肯定的。很显然，在《溜索》一文中以首领、瘦小汉子为代表的马帮人的生活是一个世界。在这个客观世界里，我们不知道他们在想什么，但是可以透过他们说的话，所做的事情，看到他们的勇敢、沉着和冷静。虽然没有多重性格特点，人物形象较为扁平，但是通过多重渲染与反衬，作者还是较为完美地完成了对马帮人形象的刻画。而叙述者则是另外一个较为主观的世界，从过溜索之前的担心、害怕，到溜索时极端的恐惧，再到过溜索之后"出一口长气，又觉出闷雷原来一直响着"，最终完成了一个叙述者的自我"成长"。马帮人的客观世界与叙述者的主观世界是《溜索》一文中两条或明或暗的线，它们一边并行不悖地共同发展，一边不断地进行对照、反衬。随着马帮人的客观世界和叙述者的主观世界的同时完成，《溜索》一文最大限度地展现了滇西边民异样的世俗风流。

除此之外，《溜索》在语言上也很有特色，独具风流。如"整散相宜""文白相间"以及"短句与呈象、抒情、世俗"的独特的短句美学②。人们对此都有较为深入的探讨，上文中也多有涉猎，这里就不再赘言了。

综上所述，从"非构思"理论的渲染与反衬写作思维切入，我们可以清晰地看到阿城为我们展现的滇西边民的世俗世界和马帮人勇敢、野性、沉着、冷静的独具风流的性格特征。同时，《溜索》的艺

① ［美］施叔青. 与《棋王》作者阿城的对话［J］. 文艺理论研究，1987（2）：51.

② 周唯. 论阿城小说的句式［J］. 中国现代文学论丛，2016（1）：147 - 163.

术实践，也向我们展现了阿城在新笔记小说中所实验着的属于自己的"诗性意象""情节结构""无主叙事"和"言语表达"的独具特色的艺术风流。

18. 富有传奇色彩的田园牧歌

——《蒲柳人家（节选）》解读

统编语文教材教师教学用书中，对《蒲柳人家（节选）》一文（下称《蒲》文）的基本定位是：

> 《蒲柳人家》是当代作家刘绍棠的代表作，它继承了中国古典小说的许多表现技巧和艺术手法，通过写几户普通农家的故事，表现了京东运河边农民的独特风貌，充满浓郁的民族风格和审美情趣。①

在这一定位里，编者主要关注的是：语言表达层面的写作技巧和艺术手法；文本内容层面的京东运河边农民的独特风貌；文本整体层面的民族风格和审美情趣。从这一定位出发进行教学化的理解性解读，是可行的。但是，仅仅从这一角度解读就要审慎了，因为这样会带来三个方面的缺陷——

缺陷一：这是一种静态的文本解读，缺少历史语境的介入。

提到《蒲》文，我们首先想到的是，这是当代作家刘绍棠的代

---

① 人民教育出版社课程教材研究所中学语文课程教材研究开发中心. 义务教育教科书教师教学用书语文九年级下册［M］. 北京：人民教育出版社，2018：56.

表作，曾以其独特的创作风格引起文坛的广泛关注，并获得首届全国优秀中篇小说奖。然后，便对《蒲》文的技巧、手法、风格大加赞赏。当然，这样做无可厚非，不过，我们似乎还应该思考，所有这些为什么会获得人们的赞赏呢？原因自然很多，有民族传统的继承，有作家独特的艺术追求，等等。其中，历史语境的特殊性，我们可能需要特别注意一下，毕竟任何人、任何作品都是历史的产物。

缺陷之二：这是一种表层结构性的解读，缺少动态生成性的深层思考。

《蒲》文的语言表达、思想内容、整体风格和审美特性等，我们当然要好好研读，但是，有一点，我们是需要注意的：这仅仅是一种表层结构性的解读，是一种近乎结论式的呈现。教学化的理解性解读，要求我们知道它是如何形成的，即我们不仅要知道《蒲》文陈述了什么，更要知道它是如何陈述的。这样，我们才能理解得更透彻、更到位一些。

缺陷之三：这是一种独立文本的封闭式解读，缺乏必要的横向比较。

我们必须承认，《蒲》文的确取得了极大的成功，即便放在现在也是文坛上一颗闪亮的明珠，这是毋庸置疑的。不过，没有横向的比较，便没有真正意义上的鉴别与把握。仅仅就《蒲》文谈《蒲》文，终究是有局限的。我们还需要把视野再扩大一点，与别的作家比较，与作者的其他作品比较，这样，才能对《蒲》文有一个更深的认知，更透彻的理解。

综上，就文本解读文本是有一定的缺陷的，笔者认为还可以再向前走一步：把《蒲》文放到历史语境中，用因果思维去考量，看刘绍棠的文学创作走向及其探索的可贵之处；用渲染思维去思考《蒲》文行文表达的独特之处；用比较思维去看《蒲》文的局限之处。这样，我们也许会对《蒲》文有一个更为深刻的理解和更为全面的把握。

一、从因果思维中深刻认知

"非构思"理论认为，所谓深刻的立意，就是写作思维由事物表层现象到深层本质的探索的结果，而这种由表及里的思维，实质上就是一种追寻事物因果关系的逻辑思维，或抽象思维。[①] 刘绍棠的乡土文学风格的形成，选材立意的独特性，不是凭空产生的，而是有着深刻的历史原因的。从因果思维切入，我们或许对《蒲》文会有一个更为深刻的认知。

首先，我们要明白的是，刘绍棠乡土文学风格的形成跟三个人有很大的因果关系：一是"荷花淀"派代表作家孙犁，受其影响，他写出了"荷花淀"式的乡土文学作品；二是苏联作家肖洛霍夫，受《静静的顿河》的影响，他写出了"运河文学"作品；三是乡土文学的开拓者鲁迅，受其影响，他写出了独具中国气派、民族风格的作品。其次，跟他深厚的古典文学功底和他那海纳百川、融会贯通式的学习有关。当然，也跟他的自我定位有关。他在《青枝绿叶的故事》一文中写道："我15岁就确定了扬长避短的创作道路，即写家乡、写乡亲的乡土文学之路。"不过，还有一点是不容忽视的，那就是跟他独特的生活经历有着直接的因果关系。

刘绍棠自幼多灾多难。一岁假死，被赵奶奶救活；四岁土匪绑票，被李大伯所救；五岁溺水，被刘老叔所救；六岁苲子扎伤喉咙，被赵爷爷所救；七岁得痄疸，被田姓老把式所救……刘绍棠说："乡亲和乡土哺育我成人，乡亲和乡土救了我的命，乡亲和乡土待我恩重情深。"[②] 正是怀着感恩戴德的心，刘绍棠以他的小说创作报恩于他

---

① 马正平. 高等写作思维训练教程：第二版［M］. 北京：中国人民大学出版社，2010：274.

② 刘绍棠.《蒲柳人家》二三事［J］. 北京师院学报（社会科学版），1981（2）：15.

的乡亲和乡土。

《蒲》文发表于1980年3月。按道理讲，他也会跟大多数作家一样抚摸伤痛，书写苦难，反思历史，在"伤痕文学""寻根文学"中寻找自己的文学之根，但他却没有这样做。这是为什么呢？原来，"文革"期间，他"得到乡亲父老兄弟姐妹们的爱护、宽容、优待和救助，没有挨打，没有挨批，没有挨斗，没有受着罪"①，出于感恩图报，他高举"乡土文学"的大旗，深情书写故乡的田园风光和风俗民情。

正是因为刘绍棠怀有深深的感恩之情，他的作品才有一个总的主题：讴歌劳动人民的美德和恩情。从这个角度切入，我们便不会仅仅浮在表面去看《蒲》文写了什么，表现了什么，而能够更深刻地从作者的心理层面，去理解，去感悟作者为什么会在《蒲》文中，透过一幅幅风俗画，热情地赞颂那些淳朴厚实的劳动人民，赞颂他们热诚正直的感情，以及那种肝胆相照、扶危济困、赤诚相见的美好品格和高尚情操。②

同时，从因果思维切入，对于刘绍棠那富有传奇色彩的田园牧歌式的文学创作，我们就不会孤立地、平面地看待，而是自觉不自觉地把它放到历史语境中，跟当时文坛所流行的思想主题、艺术风格、语言特色进行比较，就会更为深刻地认识到《蒲》文所表现出来的独特的文风、语言以及审美取向，是如何成了当时文坛的一股清流，是如何成了一道独特的风景。这样，对其历史意义和文学价值便会有一个重新的界定和更为深刻的认知。

---

① 刘绍棠.《蒲柳人家》二三事［J］. 北京师院学报（社会科学版），1981（2）：15.

② 人民教育出版社课程教材研究所中学语文课程教材研究开发中心. 义务教育教科书教师教学用书语文九年级下册［M］. 北京：人民教育出版社，2018：107.

二、从渲染思维中见其独特

刘绍棠的中篇小说《蒲柳人家》一经发表，便以它独树一帜的内容和形式震动了 20 世纪 80 年代的中国文坛。人们对于《蒲》文所描绘的一幅幅 20 世纪 30 年代京东地区北运河农村的风情画津津乐道，对这篇小说所取得的艺术成就啧啧称赞。为此，历代评论家多从语言、结构、风格、审美等方面进行深入的解读。不过，这似乎是不够的，我们不仅需要基于事实的陈述、剖析，更需要知道是如何陈述的，应该如何剖析，这样，对于《蒲》文所取得的艺术成就，我们才能有一个更感性的理解和更为深刻的认知。而这就需要运用"非构思"理论，从渲染思维的角度进行深层解读。

（一）渲染：在线索人物的勾连里

《蒲柳人家》所写的故事发生在 20 世纪 30 年代，杜四家的童养媳望日莲与周檎相爱，但是杜四夫妇另有打算。巡警麻雷子勾结杜四，要把望日莲卖给董太师做小，并要以"抗日"的罪名把周檎抓走。最后，以何大学问、一丈青大娘为首的父老乡亲一起出面挫败了他们的阴谋，望、周顺利完婚。整篇小说共十二节，但这个主线故事只占不到两节的篇幅，其余十个小节随意分叉，记述运河边乡间人物的逸闻趣事。课文只节选了原文的第一、二节，其主线是何满子因为调皮捣蛋，被爷爷拴在葡萄架的立柱上，苦苦等待救命星的到来。这个主线情节，在《蒲》文中同样只占很少的一部分，其余部分同样是随意分叉，记述了一丈青大娘和何大学问的逸闻趣事。

主线只占一部分，其余随意分叉，这种复调式"无主角"的叙事方式，是作者一贯的艺术主张。作者认为一篇小说应包含多个人的多个故事，以适应读者传统的欣赏习惯，因而他的作品在同一主旋律下分奏出不同的乐曲。① 所以，在《蒲》文中一丈青大娘和何大学问不是主要人物，何满子也不是主要人物。那么，何满子在《蒲》文中究竟有什么作用与意义呢？

1. 在线索勾连中推动情节

《蒲》文独特的复调式"无主角"叙事决定了何满子不是主人公，只是一个线索人物。他串起了后面的人物和故事，推动了小说情节的发展。

请看渲染一：

七月天，中伏大晌午，热得像天上下火。何满子被爷爷拴在葡萄架的立柱上，系的是拴贼扣儿。　　（课文第 1 自然段）

这个渲染非常重要，它是全文的写作胚胎，奠定了全文的写作基调，需要仔细解读。

在这个渲染里，我们首先要关注的是"拴"这个字。何满子是被爷爷"拴"在葡萄架的立柱上，不是"站"，不是"靠"，不是"坐"，更不是"躺"。"站"可以休闲地站，也可以惩罚性地站，"靠"与"坐"的休闲意味渐次浓一些，而"躺"几乎就是一种惬意的享受。但"拴"就很不一样了，那是一种人身自由的严重限制，有着浓浓的惩罚意味。其次，要关注的是"贼扣儿"。"贼扣儿"就是个死扣，是防止贼人逃跑的。这样，惩罚的意味又重了一层。第三，我们还要关注"中伏大晌午"这几个字。农村有"冷在三九，热在中伏"的说法，即一年中最冷的时候是三九天，而最热的时候则是中伏天。可见，七月中伏天有多么炎热。这还不算，作者还把拴何满子的时间设定在最热的天里最热的时刻——"大晌午"，天热得

---

① 　徐文海.《蒲柳人家》及刘绍棠小说的民族化、乡土化特点［J］.内蒙古民族师院学报（哲学社会科学汉文版），1992（2）：29.

像下火。

这不禁使人生出疑问：何满子究竟犯了什么天大的过错，爷爷竟要如此地惩罚他？难道何满子是爷爷的敌人吗？如此重重渲染，便为文本叙事设置了一个巨大的悬念，并提供了强大的审美思考的动力。当然，何满子肯定不是爷爷的敌人。那么，问题来了，既然何满子不是爷爷的敌人，那爷爷为什么要这样惩罚他呢？这就催生了另外一个悬念：是什么原因使爷爷如此迁怒于何满子？这个悬念又必然会把读者引向文本叙事的时代背景的探寻。很显然，双重悬念的设置，不但引起了读者强烈的阅读兴趣，同时，也有力地推动了小说情节的发展。

顺带说一句，这里的"葡萄架"很有意味，要稍稍注意一下。既然是惩罚性的"拴"，为什么不把何满子直接拴在外面，暴晒于太阳之下，而是拴在有着浓荫遮盖的葡萄架上呢？可见，爷爷不是真想拴。这是其一。而更为重要的是，作者把具有浓郁田园风味的葡萄架置于十分重要的写作胚胎中，看似无心，却为全文田园牧歌的基调悄悄地埋下了一颗美丽的种子。

再看渲染二：

> 这倒难不住何满子。可是，他有生以来头一回失去自由，心里委屈而又憋闷，两眼直呆呆，双手懒洋洋，一点儿也没有写字的兴致。　（课文第 14 自然段）

这一处渲染在课文第一节的最后一个自然段：在分叉介绍了何满子的奶奶一丈青大娘之后，又回到了叙事主线。这里通过对何满子的眼神、动作、兴致的描写，来渲染何满子失去自由后的极度委屈和憋闷。它在照应渲染一（因为被拴而失去自由）的同时，还有着勾连故事情节的作用。

渲染三：

> 何满子一看见老秀才留下的这些手迹，就想起老秀才那一张阴沉沉的长脸和斑竹白铜锅的长杆烟袋，心里烦透了。　（课文第33自然段）
>
> 现在，只有一个人能搭救何满子；但是，何满子望眼欲穿，这颗救命星却迟迟不从东边闪现出来。　（课文第35自然段）

这一处渲染在课文第二节的最后几个自然段：也是在分叉介绍了何满子的爷爷何大学问之后，再次回到了叙事主线。这里通过何满子想起老秀才的长脸和长杆烟袋就烦恼，通过他望眼欲穿等人来搭救，来渲染他失去自由后的极度委屈和郁闷。它同样在照应渲染一，同样有勾连故事情节的作用。此外，这一处渲染还为下文望日莲姑姑来"搭救"何满子埋下了伏笔。

2. 于儿童视角中抒发真情

何满子不是主要人物，这无异议，但并不表明他就微不足道。刘绍棠说："何满子的性格和'业绩'，大半取自童年时代的我。"[1] 可见，何满子并不是一个可有可无的人物，他是刘绍棠天真无邪的童年化身。作者选择以孩子的视角讲述故事，不仅是对自己熟悉的童年时光的怀恋，更以一份直率又充满希望的赤子之心介入复杂的时代现场，呈现出贫瘠环境中不为成人所察的丰富生活。[2]

---

① 刘绍棠.《蒲柳人家》二三事［J］. 北京师院学报（社会科学版），1981（2）：16.

② 相宜."土命"刘绍棠与"土气"《蒲柳人家》："重读红色经典"之四［J］. 博览群书，2019（9）：17.

请看渲染一：

> 一交立夏就光屁股，晒得两道眉毛只剩下淡淡的痕影，鼻梁子裂了皮，全身上下就像刚从烟囱里爬出来，连眼珠都比立夏之前乌黑。 （课文第 2 自然段）

这里通过光屁股、淡眉毛、鼻梁裂皮、身黑、眼珠黑来渲染何满子的贪玩和略带野性的童真。

渲染二：

> 何满子却隐匿在柳棵子地里，深藏到芦苇丛中，潜伏在青纱帐内的豆棵下，跟奶奶捉迷藏，暗暗发笑。等到天黑回家去，奶奶抄起顶门杠子，要敲碎何满子的光葫芦头；何满子一动不动，眼皮眨也不眨。 （课文第 12 自然段）

这里通过"隐匿""深藏""潜伏"起来跟奶奶捉迷藏，还暗暗发笑，来渲染何满子的调皮、可爱，通过挨打时的"一动不动，眼皮眨也不眨"来渲染他倔强的性格。

渲染三：

> 念着书，一听见篱笆外柳树梢上莺啼燕啭，就想噘着嘴唇学鸟叫，念书跑了调儿；一听见门外过往行船的纤歌声，心里就七上八下，想跑出去看一看，念书走了神儿。 （课文第 23 自然段）

这里通过念书跑调、走神来渲染何满子的贪玩。

看起来这几处描写仅仅渲染了何满子的贪玩、调皮、可爱、倔强和略带野性的童真，但是，当我们把何满子换成"我"去体会时，一种对熟悉的童年时代的怀念之情便浮现在眼前，一种以孩子的视角讲故事、观世界的真情便流露了出来。尤其是第 28、33 自然段：爷爷这一次回来什么都没带，原本何满子对爷爷还心怀不满，对于爷爷说的话，也不大懂，但是，当他听说爷爷这一次被蒙疆军扣住，坐了牢，还险些丢了命后，何满子就心疼起爷爷来，"想进屋把爷爷哄得开了心"。可见，何满子并不是只顾着调皮、捣蛋，而是满怀"赤子之心，真率之情"的。正是因为作者带着这样的"心"与"情"，并将之渗透于全部构思中，读之，才会"时而怦然动心，时而莞尔而笑"①。

（二）渲染：在平凡中的传奇里

民族风格是"传奇性与真实性相结合"，是"通俗性与艺术性相结合"。② 为了把这样的审美观念和审美理想落实到文学创作中，《蒲》文采用了一种非常独特的复调式的"无主角"叙事结构。这样的结构使作品的叙述角度由单一的、固定不变的，而转向多元的、随时可以变化的角度，使作者得以灵活地描写社会生活的纷纭万状的情态。③

1. 刚正不阿的一丈青大娘

乡亲们管何满子的奶奶叫"一丈青大娘"，把她与《水浒传》中武艺高强的著名女将"一丈青"扈三娘相提并论。仅从这个外号本身便可见她的传奇色彩，更何况她泼辣大胆、刚正不阿的性格，更具有传奇意味。而她只是 20 世纪 30 年代京东地区北运河农村的一个普

---

① 唐挚. 漫评《蒲柳人家》［J］. 北京师院学报（社会科学版），1981（2）：17.

② 刘绍棠. 我与乡土文学［M］. 辽宁：春风文艺出版社，1984：238.

③ 徐文海.《蒲柳人家》及刘绍棠小说的民族化、乡土化特点［J］. 内蒙古民族师院学报（哲学社会科学汉文版），1992（2）：29.

通而平凡的农民罢了。这便使得一丈青大娘这个人物形象有了一种特殊的味道。

请看渲染一：

> 嗓门也亮堂，骂起人来，方圆二三十里，敢说找不出能够招架几个回合的敌手。一丈青大娘骂人，就像雨打芭蕉，长短句，四六体，鼓点似的骂一天，一气呵成，也不倒嗓子。　（课文第6自然段）

一丈青大娘的骂，可谓"天骂"，骂得惊天动地，骂得急如雨点，骂出了长短句，骂出了四六体。一个农村妇人平常的骂人，"骂出"了刘绍棠"运河文学"特有的语言风格：以农民口语为基础，用古代诗文规范去炼字、炼句、炼意，以民间艺术去润色其音韵。[①]这等"天骂"本身，不是传奇也是传奇了，实在是令人惊叹。

渲染二：

> 一丈青大娘勃然大怒，老大一个耳刮子抡圆了扇过去；那个年轻的纤夫就像风吹乍蓬，转了三转，拧了三圈儿，满脸开花，口鼻出血，一头栽倒在滚烫的白沙滩上，紧一口慢一口捯气，高一声低一声呻吟。几个纤夫见他们的伙伴挨了打，呼哨而上；只听咔吧一声，一丈青大娘折断了一棵茶碗口粗细的河柳，带着呼呼风声挥舞起来，把这几个纤夫扫下河去，就像正月十五煮元宵，纷纷落水。　（课文第7自然段）

这一处渲染里，"转了三转，拧了三圈儿"，"紧一口慢一口捯

---

① 施秀平. 蒲柳风情，运河乡音［J］. 宁德师专学报（哲学社会科学版），1997（4）：50.

气，高一声低一声呻吟"，很显然借鉴了中国古典小说《水浒传》中"鲁提辖拳打镇关西"的语言风格和民间说唱艺术的表现手法。刘绍棠的这种奔流直下、一泻千里的运河文学语言，在《蒲》文中比比皆是，如第10自然段的"何满子是一丈青大娘的心尖子，肺叶子，眼珠子，命根子"，对此，孙犁曾用"恣肆汪洋"四个字来概括。这种语言的高妙之处在于"化"：将"京东北运河农民口语""民间艺术语言""古代诗词文赋"和"外国小说诗歌"等四种语言融汇成独具个性风格的运河文学语言。[①] 这样的语言本身已经是传奇，至于一个年轻的纤夫仅仅被一丈青大娘打了一个耳刮子，就成了这等模样，一个五六十岁的农村老大娘竟然轻易折断一棵茶碗口粗细的河柳，并带着呼呼风声挥舞起来，如此艺术性的夸张，更是平凡中的传奇。

文中像这样的渲染还有很多，如"种地、撑船、打鱼都是行家"，"她还会扎针、拔罐子、接生、接骨、看红伤"，几乎无所不能。这些虽然是农家生活最为平常的技能，但是一个普通的农村老大娘竟然会这么多，不得不说是一种平凡中的传奇了。

2. 侠肝义胆的何大学问

何满子的爷爷何大学问长得像关公，人高马大，膀阔腰圆，面如重枣，浓眉朗目；性格脾气也像关公一样，侠肝义胆，仗义疏财，慷慨豁达，爱打抱不平。这本身已经是一个传奇，如此一个关公形象的人物，竟然得了一个"何大学问"的绰号，更是传奇中的传奇。像这种平凡中的传奇，文中多有渲染。

渲染一：

> 几百匹野马，在他那一杆大鞭的管束下，乖乖地像一群温驯的绵羊。沿路的偷马贼，一听见他的鞭花在山谷间回响，急忙四

---

① 施秀平. 蒲柳风情，运河乡音［J］. 宁德师专学报（哲学社会科学版），1997（4）：50.

散奔逃，躲他远远的。　　（课文第17自然段）

这里多处运用了艺术性的夸张手法。夸张之一：几百匹野马，竟然只用一杆大鞭，便可管束。夸张之二：几百匹野马竟然被管得像一群温驯的绵羊。夸张之三：偷马贼一听到他的鞭花在山谷间回响，连他的人影还没看见呢，就急忙四散奔逃。他技艺如此高超，俨然梁山好汉，这不是传奇又是什么呢？

渲染二：

在长城内外崇山峻岭的古驿道上，这位身穿长衫的何大学问，骑一匹光背儿马，左肩挂一只书囊，右肩扛一杆一丈八尺的大鞭，那形象是既威风凛凛又滑稽可笑。　　（课文第20自然段）

威风凛凛地扛着一杆一丈八尺的大鞭，本是一个在崇山峻岭之间穿行的普通赶马人的形象，可何大学问却硬要身穿长衫，左肩挂书囊。这已经让人忍俊不禁了，可他路遇文庙，竟然还要作揖上香，"只吓得麻雀满天飞叫，野兔望影而逃"，简直夸张到了极点，让《蒲》文在传奇之外增添了许多喜剧色彩。

（三）渲染：在田园牧歌的情调里

刘绍棠在家乡生活了三四十年，他对家乡的一草一木充满着深厚的感情，他热爱家乡的人民，热爱家乡的田园风光和风俗民情，其作品流露出浓浓的田园牧歌情调。他常常采用简化冲突、净化民俗，淡化痛苦、突出乐观，闲适书写、挖掘情趣等策略进行诗意叙事，以渲染作品的田园牧歌情调。①

---

① 石兴泽. 刘绍棠论［J］. 文艺争鸣，2008（8）：146 – 147.

20 世纪 30 年代，日本的侵略，"小宣统的满洲国"和"德王的蒙疆政府"等傀儡政权的建立，使得人民生活在水深火热之中。但是《蒲》文有意淡化了人民的痛苦，突出了人民乐观的生活。如这次何大学问出古北口赶马被蒙疆军当作共产党抓住，掌柜在牢房里上吊自杀，他自己因为榨不出油来，才侥幸捡了一条命。这本身是一件非常悲惨的事情，本可以大书特书，但是《蒲》文对于掌柜的自杀，只是很淡地提了一下，并没有做过深的渲染与挖掘。而对于何大学问的侥幸活命，文中只是写他跟一丈青大娘争吵、把满腔的怒火发泄到何满子的身上罢了，然后，喝了一壶酒就呼呼大睡了。

这么大的一件事情，作者处理得跟平常的家庭矛盾一般，但实际上作者是在有意回避或淡化残酷的血腥和痛苦、忧愁。作者更多的是通过渲染乡村宁静的生活来表现一种独有的田园牧歌情调。如一丈青大娘站在篱笆外的柳荫下放鸭子，便颇具诗情画意。又如一丈青大娘在这个村里简直就是活菩萨、活观音般的存在，"这个小村大人小孩有个头疼脑热，都来找她妙手回春；全村三十岁以下的人，都是她那一双粗大的手给接来了人间。"再如，何大学问的仗义疏财，"伙友们有谁家揭不开锅，沿路上遇见老、弱、病、残，伸手就掏荷包，抓多少就给多少，也不点数儿；所以出一趟口外挣来的脚钱，到不了家就花个精光。"这样的生活是诗化的生活，这样的村落是世外桃源般的村落。

作者除运用诗意叙事的策略外，还着力渲染田园风光和乡村风俗民情来营造浓浓的田园牧歌情调。课文只是节选了《蒲柳人家》的一部分，没有涉及田园风光的描写，这里便不再细说。乡村民情风俗在课文中也只涉及一小部分，但是已经颇有一些特色。如，何满子光头上留着个木梳背儿，奶奶害怕白无常把何满子勾走，让望日莲给何满子用五彩细线绣了大红兜肚，颇具京东地区北运河农村的风俗民情的味道。其中，最为精彩的是下面一段渲染：

洗三那天，亲手杀了一只羊和三只鸡，摆了个小宴；满月那天，更杀了一口猪和六只鸭，大宴乡亲。她又跑遍沿河几个村落，挨门挨户乞讨零碎布头儿，给何满子缝了一件五光十色的百家衣；百日那天，给何满子穿上，抱出来见客，博得一片彩声。到一周岁生日，还打造了一个分量不小的包铜镀金长命锁，金光闪闪，差一点儿把何满子勒断了气。　　（课文第9自然段）

这段话并不复杂，完全可以改写为：何满子出生后，一丈青大娘给孩子置办物饰，逢着日子便宴请乡亲。不过，这样一来，就成了一种事实的陈述，没有丝毫的感情了。作者没有一笔带过，而是通过洗三小宴、满月大宴、百日穿百家衣、周岁戴长命锁等一次又一次的渲染，淋漓尽致地表达了一丈青大娘因着孙子河满子的出生，而产生的巨大的喜悦之情。而更有意味的是，这些习俗本就是京东地区北运河农村独特的风俗民情，作者在渲染一丈青大娘的喜悦之情的同时，还把一种浓浓的田园牧歌情调展现在了读者面前，可谓匠心独运。

三、从比较思维中窥其局限

刘绍棠富有传奇色彩的田园牧歌式的写作，取得了巨大的成功，震动了20世纪80年代的中国文坛。这是不争的事实。但是，对于刘绍棠在艺术上取得的巨大成就，还是要一分为二地看待的。我们不妨运用比较思维，稍稍拓展一下视野，这样或许有助于我们更为深入地解读《蒲》文。

（一）与别的作家比较

人们在阅读刘绍棠的作品时，总感觉有某些欠缺，总感觉刘作（刘绍棠）反映现实、时代的深度与敏锐度，不如他的老师，也不如不少同辈作家。什么原因呢？除跟他认为"乡土文学"不适于表达重大、尖锐的题材，田园牧歌不适于写政治性太强的作品的理论主张有着莫大的关系外，可能与作家多次明确宣布的固守运河，深挖儒林（儒林村是刘绍棠生活的地方）"一口井"的创作主张有关。①

其实，深挖"一口井"本身并没有错。很多作家都有自己深挖的"一口井"，如托尔斯泰的"一口井"是他度过了大半辈子的土拉省的古老贵族庄园，鲁迅的"一口井"是绍兴鲁镇。可是，为什么没有人说他们的作品不深，不能反映现实，没有时代的敏锐度呢？

那是因为他们在对待"一口井"的态度上是不一样的。

托尔斯泰有他的"一口井"，但他更是面向世界、放眼全俄的，他多次主动出国，去参加战争、旅游或考察……他才成为一代文学泰斗。鲁迅也有过"一口井"，但他认为"写小说必须到处走走""到漩涡中去"。所以，才能成为一代文学巨匠。不过，刘绍棠不一样，他是固守运河，他的写作是完全封闭式的，这样的写作"成也萧何，败也萧何"，既能使他的文学创作形成非常鲜明的特色，又会因为创作视野过于狭窄，而使他的创作带有不可忽视的局限性：不够深刻，有较强的生活过滤色彩。从这个角度来审视，我们便会发现《蒲》文把主题仅仅定位于"讴歌劳动人民的美德和恩情"，似乎少了一些生活的厚重感；把一丈青大娘、何大学问等人物形象定位为侠肝义胆、仗义疏财、疾恶如仇、扶危济困，传奇是传奇了，但是少了一些层次性、复杂性，有脸谱化的嫌疑。

（二）与自己的作品比较

封闭式的"一口井"创作道路无疑是刘绍棠的作品反映现实不够深刻、敏锐的主因。此外，"一口井"的局限还造成了作品的某些

---

① 赖瑞云. 独创与局限：刘绍棠创作道路得失刍议［J］. 当代作家评论，1984（5）：20.

雷同化，甚至内容"自我重复"的现象。①

例如，"运河滩上总要走来一位年青的读书人，他们说话、办事知书达礼，在父老乡亲们的心目中也都有个特殊的位置。但是，这些青年人在小说中更多是负有情节意义上的使命，而缺少独特的个性。"② 如《蒲柳人家》中的读书人周檎，《瓜棚柳巷》中的吴钩。至于像《蒲柳人家》中的何大学问，《渔火》中的马名雅、解连环等大都侠肝义胆、仗义疏财、武艺高强，而且常常有着非凡的经历和丰富多彩的故事。刘绍棠的作品中常常有一两个柔情似水、肝胆相照的女性形象。如果就某一篇文章来看，这些人物形象还是较为鲜明、较有特色的，但是就刘绍棠整个创作来看，就显得有点雷同，有点单调，缺乏个性了。我们的生活本来是复杂的，人物性格的单调扁平化，从某种意义上来讲，淡化了生活本身的复杂性，从而使文本缺乏必要的深度。

另外一方面，刘绍棠的小说总是有意无意地安排一个大团圆的结局。如《蒲柳人家》中周檎最终与望日莲成婚，《两草一心》中梅畹贞带着儿子跟石在重逢，等等。生活中不是没有重逢，不是没有团聚，也不是没有有情人终成眷属，但是如果大多数小说都是大团圆结局的话，就不得不使人生出疑虑来：难道生活这么简单吗？这样的生活是不是失真了？是不是少了一些引人深思的内在东西呢？

如果带着比较思维去阅读《蒲》文，我们就不会固守这一篇，也不会固守刘绍棠本人的视角或教师教学用书的视角去阅读《蒲》文，而会在更广阔的视野下去阅读，去体会，这样才能更准确、更全面、更深刻地理解这篇文章。

---

① 赖瑞云．独创与局限：刘绍棠创作道路得失刍议［J］．当代作家评论，1984（5）：20．

② 南帆．刘绍棠小说的独特风格和固定程式［J］．文艺理论研究，1983（3）：83．

综上所述，从静态的角度来阅读、解读《蒲》文是有缺陷的。从因果思维、渲染思维和比较思维的角度去审视《蒲》文，这样，我们才能既看到《蒲》文的可贵之处、独特之处，又能看到它的局限之处。这样的去的解读，或许更合理、更审慎、更深刻。

主要参考文献

（一）学术著作

［1］马正平．写的智慧（1－5卷）［M］．重庆：西南师范大学出版社，1995.

［2］马正平．高等写作学引论［M］．北京：中国人民大学出版社，2011.

［3］马正平．高等写作思维训练教程：第二版［M］．北京：中国人民大学出版社，2010.

［4］马正平．高等基础写作训练教程［M］．北京：中国人民大学出版社，2010.

［5］马正平．高等写作教学新思维［M］．北京：中国社会科学出版社，2004.

［6］马正平，王东成，高楠，颜纯钧，陈果安，唐代兴等．中国当代写作学的进展［M］．香港：新世纪出版社，1991.

［7］孙绍振，孙彦君．文学文本解读学［M］．北京：北京大学出版社，2015.

［8］孙绍振．文学创作论［M］．福州：海峡文艺出版社，2009.

［9］孙绍振．名作细读：微观分析个案研究［M］．上海：上海教育出版社，2009.

［10］孙绍振．孙绍振如是解读作品［M］．福州：福建教育出版社，2007.

［11］孙绍振．经典小说解读［M］．上海：上海教育出版社，2016.

［12］贡如云．语篇阅读教学论［M］．南京：南京大学出版社，2019.

［13］孔凡成．语境教学论［M］．南京：南京大学出版社，2019.

［14］钱理群，孙绍振，王富仁．解读语文［M］．福州：福建人民出版社，2010.

［15］曹明海．语文教学解释学［M］．济南：山东人民出版社，2007.

［16］龙协涛．文学阅读学［M］．北京：北京大学出版社，2004.

［17］刘九洲．艺术意境概论［M］．武汉：华中师范大学出版社，1987.

［18］段建军，李伟．写作思维学导论［M］．北京：中国社会科学出版社，2004.

［19］朱斌．小说艺术魅力探寻：小说张力论［M］．北京：民族出版社，2015.

［20］朱斌．写作学视域的文学批评：理论与实践［M］．北京：民族出版社，2020.

［21］（英）E·M·福斯特．小说面面观［M］．冯涛，译．上海：上海译文出版社，2016.

［22］（捷）米兰·昆德拉．小说的艺术［M］．北京：作家出版

社，1992.

　　［23］殷企平．小说艺术管窥［M］．天津：百花文艺出版社，1995.

　　［24］毕飞宇．小说课［M］．北京：人民文学出版社，2017.

　　［25］艾春明．毕飞宇小说创作研究［M］．北京：中央编译出版社，2016.

　　［26］许荣哲．小说课（壹）：折磨读者的秘密［M］．北京：中信出版集团，2016.

　　［27］许荣哲．小说课（贰）：偷故事的人［M］．北京：中信出版集团，2016.

　　［28］杜金榜．语篇分析教程［M］．武汉：武汉大学出版社，2013.

　　［29］李洁非．小说学引论［M］．南宁：广西教育出版社，1995.

　　［30］申丹，王丽亚．西方叙事学：经典与后经典［M］．北京：北京大学出版社，2010.

　　［31］尤迪勇．空间叙事学［M］．北京：生活·读书·新知三联书店，2015.

　　［32］傅修延．中国叙事学［M］．北京：北京大学出版社，2015.

　　［33］（美）杰拉德·普林斯．叙事学［M］．徐强，译．北京：中国人民大学出版社，2013.

　　［34］（荷）米克·巴尔．叙述学：叙事理论导论［M］．谭君强，译．北京：北京师范大学出版社，2015.

　　［35］（新加坡）王润华．鲁迅小说新论［M］．上海：学林出版社，1993.

　　［36］王富仁．中国文化的守夜人：鲁迅［M］．北京：人民文

学出版社，2002.

［37］欧阳中石．啸伯永啸：我的师父奚啸伯先生［M］．北京：文化艺术出版社，2010.

［38］刘绍棠．我与乡土文学［M］．辽宁：春风文艺出版社，1984.

［39］阿城．闲话闲说：中国世俗与中国小说［M］．北京：作家出版社，1998.

（二）学位论文

［1］文涛．记叙句生成的写作学原理研究［D］．成都：四川师范大学，2010.

［2］徐升．描写句生成的写作学原理研究［D］．成都：四川师范大学，2010.

［3］邹小康．议论句生成的写作学原理研究［D］．成都：四川师范大学，2010.

［4］林恢．描写思维艺术探析［D］．成都：四川师范大学，2014.

［5］李晓丹．高中句子写作训练研究与实验［D］．成都：四川师范大学，2014.

［6］孙彦君．论孙绍振文本解读的实践及理论建构［D］．福州：福建师范大学，2013.

［7］李本友．文本与理解：语文阅读教学的哲学诠释学研究［D］．重庆：西南大学，2012.

［8］易华．小说叙事动力研究［D］．扬州：扬州大学，2014.

［9］李雪梅．契诃夫《变色龙》的文本解读与教学价值探究［D］．上海：上海师范大学，2019.

［10］李欣童．刘慈欣科幻小说叙事研究［D］．扬州：扬州大

学，2018.

　　［11］王晓东．《孔乙己》阅读史．［D］．福州：福建师范大学，2008.

　　［12］陈丹．《孔乙己》的文学解读与教学解读研究［D］．南京：南京师范大学，2014.

　　［13］李雪梅．契诃夫《变色龙》的文本解读与教学价值探究［D］上海师范大学，2019.

　　［14］鞠雅文．《范进中举》的文本解读和教学内容确定［D］上海：上海师范大学，2015.

（三）期刊论文

　　［1］马正平．广义写作思维的科学、美学、文化学与哲学探索［C］．成都：中华美学学会第五届全国美学会议论文集，1999.

　　［2］马正平．从反映走向与创构、应对的结合：对人类思维概念和分类的当代思考［J］．哈尔滨学院学报，2002（1）.

　　［3］马正平．非构思写作学宣言：后现代主义写作学观念、原理与方法（上）［J］．海南师范学院学报（人文社会科学版），2002（2）.

　　［4］马正平．非构思写作学宣言：后现代主义之后当代写作学观念、原理与方法（下）［J］．海南师范学院学报（人文社会科学版），2002（3）.

　　［5］马正平．赋形·路径·策略·文本：人类广义写作思维的基本原理［J］．哈尔滨学院学报，2002（3）.

　　［6］朱兵，马正平．天人之道的张力空间：中国传统小说的审美空间［J］．燕山大学学报（哲学社会科学版），2010（3）.

　　［7］朱兵，马正平．失败的小说：审美张力空间的匮乏［J］．青海师范大学学报（哲学社会科学版），2010（6）.

［8］朱兵，马正平．原形象征：审美张力空间的拓展［J］．武陵学刊，2010（4）．

［9］赵先栋．论《变色龙》的讽刺艺术：基于文艺学方法的多维度分析［J］．安徽文学（下半月），2013（7）．

［10］苏丁，仲呈祥．论阿城的美学追求［J］．文学评论，1985（6）．

［11］张海生，吴玉玉．论阿城小说的世俗性［J］．齐齐哈尔师范高等专科学校学报，2008（5）．

［12］葛健新．一个世界，两种乡土：论《受戒》与《蒲柳人家》的同源异构［J］．牡丹江大学学报，2018（8）．

［13］徐燕．自为的民生、民智空间的探求：阿城小说世俗性之再解读［J］．名作欣赏，2009（4）．

［14］栾保俊．民族文化在刘绍棠作品中的积淀［J］．文艺理论与批评，1996（2）．

［15］张一玮，李进．《驿路梨花》中的旅行与乌托邦叙事［J］．石家庄学院学报，2016（5）．

［16］姚利芳．"你那儿的世界真好"：谈刘慈欣《戴上她的眼睛》的通俗化表达［J］．名作欣赏，2018（14）．

［17］钟本康．关于新笔记小说［J］．小说评论，1992（6）．

［18］（法）杜特莱．不可能存在的小说：阿城小说的写作技巧［J］．中国文化研究，1994（4）．

［19］刘俊．从《遍地风流》看阿城笔记小说的艺术特征［J］．牡丹江师范学院学报（哲社版），2015（1）．

［20］刘绍棠．《蒲柳人家》二三事［J］．北京师院学报（社会科学版），1981（2）．

［21］周仁政．论《孔乙己》与"纯粹教育"：《呐喊》重读［J］．鲁迅研究月刊，2018（12）．

［22］李锐．三顾茅庐：考验仪式的消解与重构［J］．汉中师范学院学报，1998（5）．

［23］孙绍振．《变色龙》：喜剧性五次递增［J］．语文建设，2014（13）．

［24］胡丹．"儿子"的崇敬与伤感，"我"的理解与感恩：《台阶》文本细读［J］．语文教学通讯，2019（11）．

［25］郭跃辉．从"坐在台阶上"说起：李森祥小说《台阶》的另一种解读［J］．中学语文，2018（7）．

［26］姜毅．《台阶》综述：追求文本解读的多元多维［J］．中学语文教学，2015（5）．

［27］何颖敏．《溜索》语言特色解读［J］．中学语文教学参考，2019（23）．

［28］张爱萍．在真实中虚构：读小说《台阶》［J］．教学月刊中学版（语文教学），2019（4）．

后 记

在我看来，一个语文教师的最大幸福，除了上出几节让自己满意的语文课外，莫过于能留下一两本属于自己的学术论著了。为此，我默默地奋斗了许多年，却始终未能如愿。纠结了很久之后，我不得不暂且放下，潜下心来读书、写作。

一个偶然的机会，我有幸接触到马正平、孙绍振等一批专家学者的专著，深为书中的理论所震撼，便如饥似渴地读了起来。然而，颇为遗憾的是，以我当时的学术素养，不要说灵活运用这些理论了，就连读懂这一系列论著，都不容易。但我没有气馁，一遍读不懂就读两遍，两遍读不懂就读三遍。我不但一遍遍地阅读，还一遍遍地体会、玩味，偶有所得就尝试着把学到的理论运用到教学实践中。通过几年的艰苦努力，终于陆续有论文发表在《语文建设》《教学与管理》等期刊上，有的甚至还被人大复印资料全文转载。

不过，那时候，我并没有系统研究文本解读的主观意图。事实上，随后的几年里，我一直研究的是"非构思"写作教学。后来，一个无意间的发现竟然改变了我的研究方向。原来"读"与"写"并不是壁垒森严的，它们之间不但可以巧妙结合，甚至可以互通，而这个互通的桥梁便是写作思维。前面说了，那时候，我主要研究的是"非构思"写作教学，所以，我思考最多的还是如何运用写作思维进行写作教学。只不过，我对写作思维没有太多的理性感知，无法进行深入的研究，于是我把目光再一次聚焦到文本解读上来。我最初的设想是通过一篇又一篇的个案化的文本解读，积累写作思维模型知识，探索写作模型训练的策略、方法。也就是说，最初的个案化的文本解读，其实，并不是为了研究文本解读本身，而是为了写作教学研究。这就很有意思了。不过，这是另外一个话题，这里暂且不谈。

当真正坐下来运用写作思维解读文本时，我非常震惊地发现，解读一两篇文章或许并不特别困难，可要进行大规模的文本解读，那就很是不易了。这是因为初中语文统编教材中的十八篇小说文本，涉及十六位作家。这十六位作家国别不同，年代不同，写作风格不同，所属的写作流派不同，他们的写作思想及写作审美追求也千差万别。不要说我仅仅是一位一线语文教师，即便是专业的文艺理论研究者，要想把这十八篇小说的独特审美意蕴都解读出来，也不是一件轻松的事情。然而，正是因为不轻松，我才真正地意识到，一线语文教师在教学这十八篇小说时，将会遇到多么大的困难。于是，我便下定决心埋下头来读文献，埋下头来梳理每一篇文本的写作思维路径，埋下头来从写作思维的角度，尽可能地把每篇文本独特的审美意蕴都解读出来。解读出来之后，再在这十八篇文本解读的基础上进行理性总结、概括，期盼能探寻到一套可操作的文本解读的策略与方法。

经过一年多的艰苦写作，后又经差不多一年的修改，今天终于定稿了。我有一种如释重负的感觉。于我而言，我所完成的不仅是一本论著的写作，也不仅是达成了多年的夙愿，更多的似乎是完成了一种交代——一种语文教师对自我、对生命的交代。拙著面市，若能对一线语文教师有些许的帮助，我便很是欣慰了。

写作过程中，我得到了很多师友的帮助。在这里非常感谢四川师范大学教授马正平先生，他多次对我进行细心指导，尤其是美学方面，使我获益匪浅。感谢江苏省第二师范学院贡如云教授和淮阴师范学院孔凡成教授。他们常常在百忙之中耐心地指导我，少则半小时，多则两个小时。他们的敬业精神和学术品格无不令人感佩。出版社的领导和责任编辑马明秀也为本书的出版付出了极大的辛劳，在此一并谢过。

王　清

2021 年 12 月 14 日于江苏宝应

图书在版编目（CIP）数据

小说可以这样读/王清著. ——济南：山东文艺出版社,2022.5
ISBN 978 - 7 - 5329 - 6590 - 8

Ⅰ.①小… Ⅱ.①王… Ⅲ.① 中学语文课—教学研究—初中 Ⅳ.①G633.302

中国版本图书馆 CIP 数据核字（2022）第 062052 号

小说可以这样读

王 清 著

主管单位	山东出版传媒股份有限公司
出版发行	山东文艺出版社
社 址	山东省济南市英雄山路 189 号
邮 编	250002
网 址	www.sdwypress.com
读者服务	0531－82098776（总编室）
	0531－82098775（市场营销部）
电子邮箱	sdwy@ sdpress.com.cn
印 刷	山东新华印务有限公司
开 本	710 毫米×1000 毫米 1/16
字 数	296 千
印 张	23
版 次	2022 年 5 月第 1 版
印 次	2022 年 5 月第 1 次印刷
书 号	ISBN 978 - 7 - 5329 - 6590 - 8
定 价	60.00 元